允也君子

學禮堂访谈録

王锷 主编

凤凰出版社

图书在版编目（CIP）数据

允也君子 / 王锷主编. -- 南京 : 凤凰出版社, 2017.11
（学礼堂访谈录）
ISBN 978-7-5506-2649-2

Ⅰ. ①允… Ⅱ. ①王… Ⅲ. ①沈燮元－访问记②刘晓东－访问记③赵生群－访问记④漆永祥－访问记 Ⅳ. ①K825.4②K825.5③K825.81

中国版本图书馆CIP数据核字(2017)第217200号

书　　名	允也君子
主　　编	王　锷
封面题签	刘晓东
责任编辑	崔广洲
书籍设计	徐　慧
出版发行	凤凰出版社(原江苏古籍出版社) 发行部电话025-83223462
出版社地址	南京市中央路165号,邮编:210009
出版社网址	http://www.fhcbs.com
照　　排	南京凯建图文制作有限公司
印　　刷	南通印刷总厂有限公司 南通市通州经济开发区朝霞路180号,邮编:226300
开　　本	880×1230毫米　1/32
印　　张	9.25
字　　数	240千字
版　　次	2017年11月第1版　2017年11月第1次印刷
标准书号	ISBN 978-7-5506-2649-2
定　　价	52.00元

(本书凡印装错误可向承印厂调换,电话:0513-80237871)

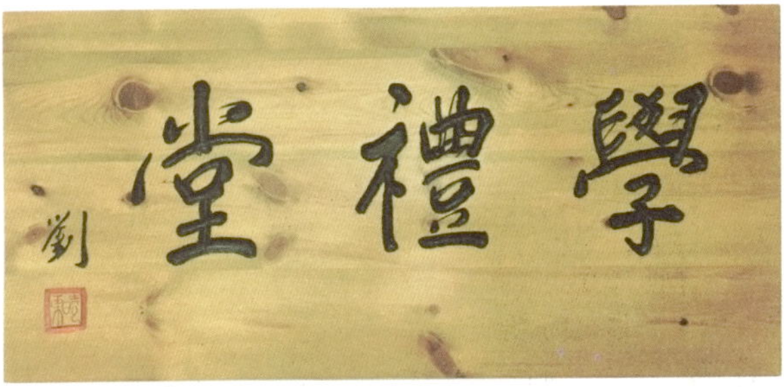
學禮堂
劉

学礼堂师生合影

沈爕元先生

沈先生与王锷在学礼堂交谈

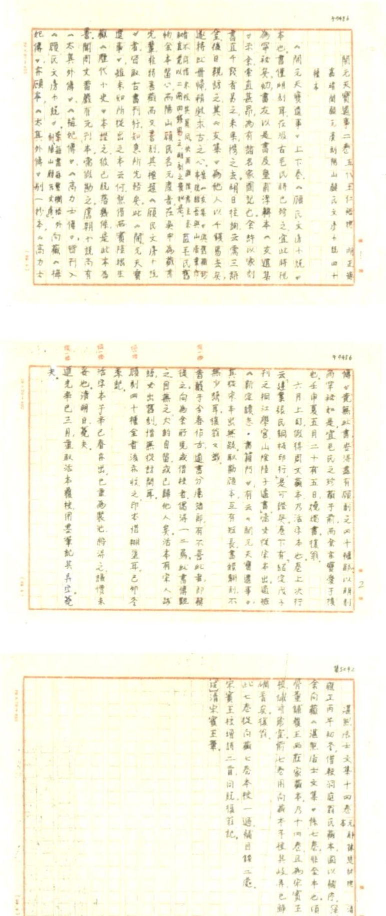

沈先生整理黄跋手稿两种

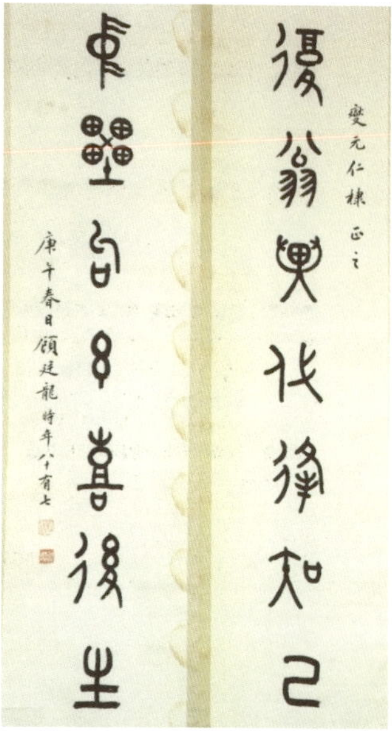

顾廷龙先生赠沈先生对联

《屠绅年谱》

刘晓东先生

刘先生与王锷合影

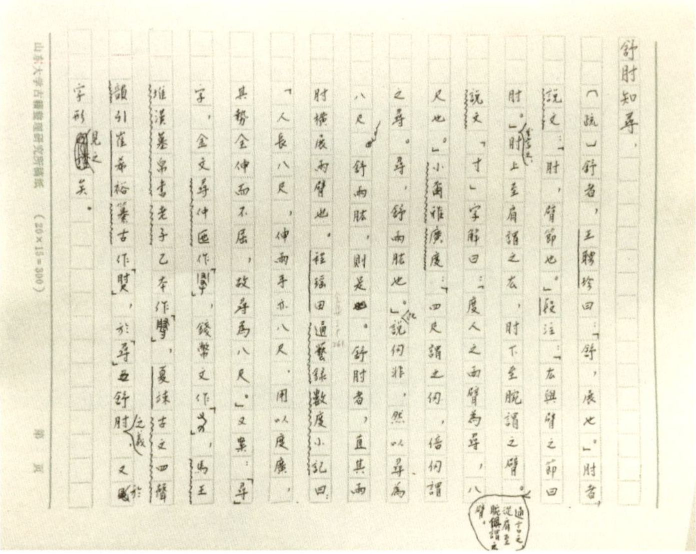

舒肘知尋，

（疏）舒者，王聘珍曰：「舒，展也。」肘者，說文：「肘，臂節也。」段注：「厷與臂之節曰肘。」肘上至肩謂之厷，肘下至腕謂之臂。說文「寸」字解曰：「度人之兩臂為尋，八尺也。」小爾雅廣度：「四尺謂之仞，倍仞謂之尋。尋，舒兩肱也。」說仞非，然以尋為八尺，舒兩肱，則是也。舒肘者，直其兩肘猶展兩臂也。程瑤田通藝錄數度小記曰：「人長八尺，伸兩手亦八尺，用以度廣，其勢全伸而不屈，故尋為八尺。」又案：「尋」字，金文尋仲匜作[illegible]，錢幣文作[illegible]，馬王堆漢墓帛書老子乙本作[illegible]，夏竦古文四聲韻引崔希裕纂古作[illegible]，於尋為舒肘之義，於字形見之矣。

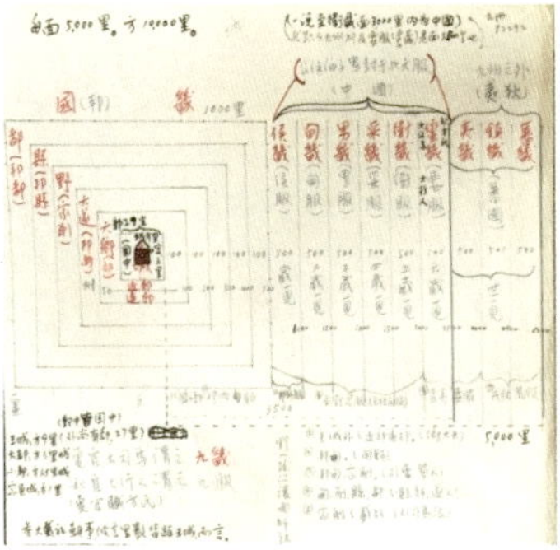

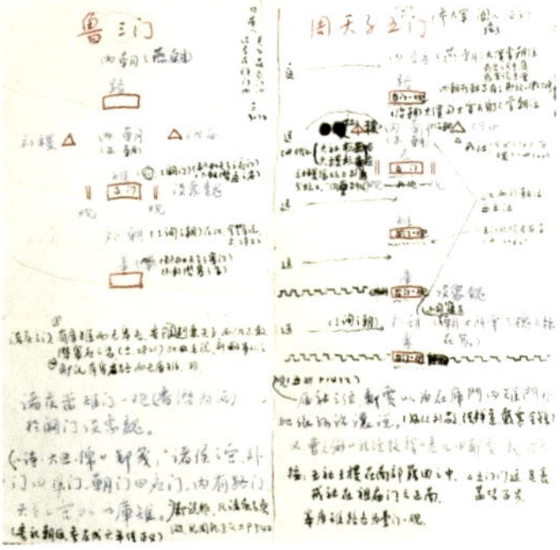

刘先生手稿

赵生群先生

赵先生在学礼堂接受访谈

《史记》修订工作照：吴新江、王永吉、赵生群、苏芃先生

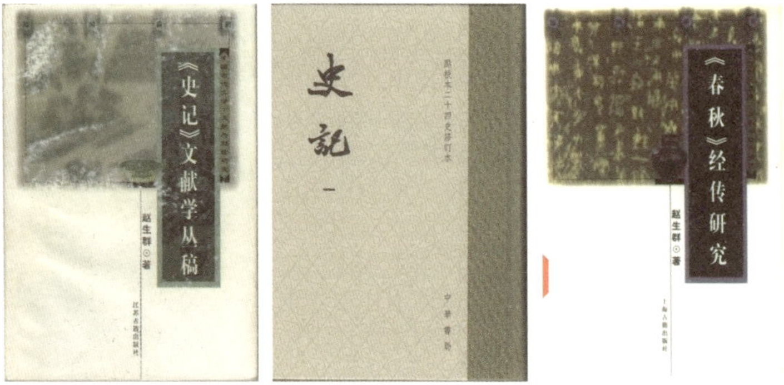

赵先生部分著作

漆永祥先生

漆先生在桂香书屋接受访谈

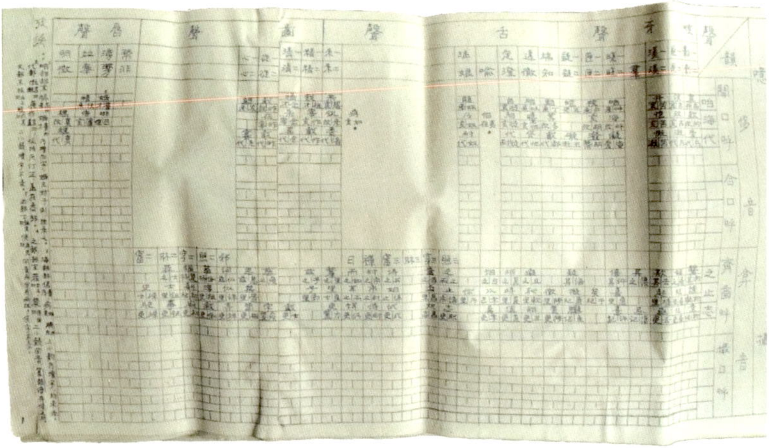

《五声五十一纽图》表格

漆先生部分著作

序

王锷

2013 年 5 月，南京师范大学文学院将随园校区南大楼装修后，作为工作室，分配给教授使用，三楼 314 室就是我的工作室。我每次通知研究生在工作室一起读《礼记》，都要说在 314 室，说者不顺，听者不雅。孔子说：“不学礼，无以立。”我们师徒研读礼书，故名曰学礼堂，学礼堂就这样诞生了。

2015 年 5 月，特邀请山东大学刘晓东教授题写“学礼堂”三字，制作铜牌一块，布置于学礼堂门上，代替 314 号牌。杜泽逊教授代为制作匾额，邮寄随园，悬挂于学礼堂内南壁。学礼堂与杜泽逊教授“校经处”之匾额，都是刘晓东教授题写，故程远芬教授说:“南有学礼堂，北有校经处。”

有了学礼堂，会读《礼记》，就有了固定场所，我们师徒也结束了在随园“流浪”会读经书的历史。某日，弟子侯婕说：“现在微信很时尚，学礼堂应该办一个微信公众号，以便交流。”我思考多日，与众弟子反复讨论，大家一致认为可行。于是，经过大半年的准备，在 2016 年元旦，正式开通“学礼堂微信公众号”，在“古礼漫谈”栏目发布有关礼学知识的文章，试运行了一个多月。

某日，与武汉大学杨华教授电话谈及微信事，杨兄说他正准备开通“礼乐微言微信公众号”。故我们相约于 2016 年农历正月初一，礼乐微言与学礼堂微信公众号同时开通，互相祝贺。学礼堂《贺武大杨华教授礼乐微言微信平台开通并序》曰：

昔者诸侯畏怖，班禄去其史文；群士论争，遗经燔于秦火。君民建国，残籍得传齐儒；父子序书，劫灰方理鲁壁。是以汉殿石渠之中，未央宣室之内，六艺余篇，论制各以所闻；三代异辞，裁断多由攸令。而蒲轮之请，要言不称雄心；利禄之召，正学因遭侧目。其后纷忧陵替，每被郑卫新声；罹乱衰微，渐无关河旧论。何况卢仝博习，前传尽束阁台；张子魁儒，家仪无参士礼。前事往闻，或危且弑。五取二孤，三归八佾。而犹有互聘享，能赋诗；与会盟，严祭祀。然未及始皇，尽离文武。是已罪古人，遑论今日矣。至若术承伯禹，殷族畀王九畴；道振宣尼，宗周传文六典。兰陵著论，稷下最为老师；通德置乡，儒林同尊郑学。详明疏注，孔祭酒之博识；委曲析分，凌教职之释例。是以每至坏崩，必能修起。不坠斯文，因存弼士。

钟祥杨华教授，执教武汉大学。特有心思，雅研礼乐。著作扬辉，令名播远。欣闻先生开通礼乐微言微信平台，是使众人知成均之法，祗庸孝友中和；徐子之容，进退登降拜受。力行待取，勖帅若则有常；慎静尚宽，顾諟天之明命。是以南京师范大学学礼堂同仁佳日奉知，寸衷敬表。共感欢愉，同怀庆贺：

先生论学善持平，承古谈经号孟卿。
每读典谟规旧注，转将礼乐馈群生。
孤存高密文多信，新有曲台记足征。
戮力斯文存古训，导扬蒙昧启华英。

杨华教授《贺王锷教授学礼堂电子庠序开通诗并序》曰：

昔者周公制礼作乐，正朔达于诸侯，礼乐行乎天下。王城宫阙之伟，壮哉其可观也；宗庙肃雍之容，盛哉其可钦也；周旋揖让之节，美哉其可循也；大夏韶武之乐，洋洋乎盈耳哉。当其时也，中国衣冠之盛，四海莫与比隆也。王城大学，乡党庠序，春秋教以礼乐，冬夏教以诗书，学者以次递进，一时选士济济，天下莫与比盛也。

未数百年，陵迟至于春秋之际，蛮夷交侵，海内板荡，礼崩于天下，道溺于千古。暨夫秦亡周室，七庙既隳，周之鬼馁。当其时也，华夏沦丧，夷礼遂行。若夫具区之上，吴越之间，有断发纹身者矣；塞外漠野，九原左右，有膻食毡帐者矣；甚若王畿之内，伊洛之间，有披发野祭者矣。南蛮与北狄交，中国不绝者若线。以观斯时之衣冠文物，又何其衰也。

或曰：第春秋以降，孔孟继起，贤圣迭作，何不能挽颓风于天下、正人心于乱离耶？曰：时与势也。夫君子欲有为于天下者，必乘夫风气。风气之来，庸人亦能勉赴；风气之去，豪杰有所不能振也。

若夫今之世也，华夏衣冠委顿，雅颂正音罕闻，礼无归宗，夷风独盛。黄钟毁弃，瓦釜雷鸣。富而无教，“遄死”多人。忠信卑让，彬士遁形。周末明季，三国五代，依稀仿佛。大经大伦，非绝继之命世者出，而无有重振也。

今有王君子璋先生，以翩翩天下之士，慕恂恂夫子之风，而兴起于百代之下，仰高钻坚，阐微研精，挞幽抉隐。升绛帐于金陵，授圣经于海内。四海学子，欣然向风。金陵文教胜地，大儒继作，垂教有年。昔有钱先生玄，穷究乎五经，皓首于三礼，其著作垂于天地之间，行乎四海之表，嘉惠学林，沾溉后世，中国士子，莫不研求焉。

王君之学礼堂，远绍道统，近承文脉，藉今器而载古道，契天理而承时机，其能言满天下，行满天下，迅若飘风，疾如闪电，谓之“电子庠序”，斯不为过。此非唯兴复古礼，更且重振庠序，可谓善矣哉。

《易》曰，君子以朋友讲习，盖冀收切磋砥砺之效也。《诗》有嘤鸣之旨，《礼》垂独学之戒。君子行道于天下，必连类而进，扶持圣教，共襄斯举，吾侪敢不响应？今者欣闻学礼堂之立，遂为诗以贺之。其辞曰：

先生设帐授遗经，海内从今有鹤鸣。
巨锷摩天光濩落，名贤垂教气纵横。
两班俊士龙骧步，一片铙歌雅颂声。
我辈与君多努力，扶持圣教更峥嵘。

北大漆永祥教授作《贺学礼堂开坛演礼十二韵并序》曰：

三礼向称朴学，号为难治，汉唐以降，蒙尘酱瓿，版本错讹，故训亡羊。清代考据蔚兴，治礼之家，发覆解颐，一洗前朝固陋，几复东汉旧观。然颇附会凿空，又落叶堆叠矣。吾同门友王教授子璋兄，绍绳二戴，师法郑学，偕门弟子于南师随园，开学礼堂，以继述故事，穷究绝学。夫四部载籍，古谓刚日读经，柔日读史，则经史为重；而经史相较，五经尤著；诸经并行，礼学要矣。仁籍礼以显，法籍礼以行，民籍礼以立，国籍礼以安。易礼皆言时言中，礼者时为大，变通之义也；执中而不敧，中庸之道也。知时中之义也，其于易礼二经，思过半矣。故今日礼学，发皇义理，考释训诂，固不可或缺。然格物克己，躬行实践，启牖发蒙，通变中和，益人家国，斯为旨哉。是则吾乃知子璋兄及门下诸贤，于礼阙俗陋、风雨如晦之际，亟亟乎礼学是务之深意也。

六经沉寂后，大雅久云亡。
曲礼三千暗，细微八万昌。

士林驱黻冕，黔首拜金囊。
夫子周游国，康成习仪乡。
后儒轻践履，时辈重揄扬。
绝地思修礼，奋头妨面墙。
稚童须洒扫，青壮要规创。
至道寻常在，鸿经流略长。
知新加邃密，翻旧更商量。
绛帐丹黄染，殊乡黎赤彰。
披图求逸记，按迹表潜光。
春服舞乎咏，清冠沐凤阳。

同学弟陇右漆永祥于乙未岁杪小年后一日匆草于京郊侨紫石斋

学礼堂微信公众号设置“古礼漫谈”“《论语》微阅读”“书目答问”“学礼堂访谈录”“学礼堂快讯”五个栏目。“古礼漫谈”主要发布与礼学有关的文章，“《论语》微阅读”旨在以通俗易懂的文字解说《论语》的现代价值，“书目答问”则推介经学、礼学和文献学方面的佳作，“学礼堂访谈录”发布对经学、文献学研究专家学者的访谈，“学礼堂快讯”发布学礼堂重要学术信息。

2015 年 5 月 7 日下午，南京师范大学古文献研究中心邀请刘晓东教授以《礼学与理学》为题，在随园北大楼进行学术演讲，杜泽逊教授陪同出席。5 月 9 日，刘、杜二位先生光临寒舍桂香书屋，聊天之际，杜兄说：“《国学茶座》准备邀请南京图书馆沈燮元先生撰文介绍治学经验，但沈先生已九十高龄，多有不便，王锷兄可否代劳，通过访谈的形式记录其治学经历。”我觉得是一件好事，便立即答应。受杜兄之托，经过认真准备，于 6 月 8 日，邀请沈先生到学礼堂，进行了三个多小时的采访，时弟子张琪、井超、李佩、李姣、刘晓咏、陶晓婷聆听并录音。访谈录音稿后经弟子井超整理，刊发于《国学茶座》2016 年第 1 期，深受读者欢迎。对沈先生的访谈，在记录其治学经历的同时，也让我们知道了版本目录学界的许多学术往事，受益良多。受此启发，我们准备系列访谈研究经学、文献学的前辈学者和同行专家，在学礼堂微信公众号设立“学礼堂访谈录”栏目，发布访谈稿。2016年5月初，“学礼堂访谈录”首发对沈先生的访谈稿，不料，读者关注度非常高，一天之内，竟然有数千人阅读，这也激发了我们从事学礼堂系列访谈的热情。经过策划，到目前为止，学礼堂已经先后访谈了刘晓东、刘蔷、方向东、赵生群、杜泽逊、程远芬、漆永祥、崔富章、虞万里、叶国良、贾海生、吕友仁、杨华、董恩林、程章灿、万仕国等先生，录音稿由学礼堂弟子整理，被访谈者与我认真审读，反复修改，最后在学礼堂微信公众号发布。

学礼堂微信公众号，是我们师生利用业余时间撰稿采访、编辑发布，没有经费支持，也无任何报酬，纯属于学术公益。然学礼堂众弟子，积极主动，热情高涨，态度诚恳，编校认真。对发布的每篇文章，从撰写修改、编辑校对、排版发布，都细心处理，止于至善。他（她）们太可爱了，他（她）们的认真和付出，终于有了回报，学礼堂微信公众号逐渐得到了读者的认可，关注人数持续上升。尤其是对学礼堂访谈录的关注，超乎想象，阅读者、转发者、点赞者、留言者，不一而足，备受瞩目。

2016年12月7日上午，我在凤凰出版社参加“江苏文脉”工程“文献编”“精华编”初选书目研讨会。中午聚餐时，凤凰出版社姜小青社长青眼有加，希望学礼堂访谈稿能够在凤凰出版社出版，江庆柏教授、赵生群教授和程章灿教授极力推介，我表示感谢之余，便爽快地答应了姜社长。2017年2月16日，受姜社长邀请，同弟子井超到凤凰出版社，与姜社长、崔广洲编辑一起协商学礼堂访谈录的出版事宜，讨论了访谈稿的内容编排、装帧设计、出版发行等问题，基本达成一致意见。后经多次酝酿，4月10日，与凤凰出版社正式签订了出版学礼堂访谈录（丛刊）合同。

《学礼堂访谈录》第一辑选取学礼堂对沈燮元、刘晓东、赵生群和漆永祥先生的访谈。沈先生是当今著名的版本目录学家，参加过《中国古籍善本书目》的编纂，在古籍整理、保护和鉴定等方面，造诣深厚。刘晓东先生受业于殷孟伦教授，专攻音韵学和训诂学，精通经学、礼学，著有《匡谬正俗平议》《大戴礼记义疏》等著作。赵生群先生是研究《左传》《史记》的著名学者，著有《〈史记〉文献学丛稿》《〈春秋〉经传研究》《春秋左传新注》《〈左传〉疑义新证》等著作，主持修订的点校本《史记》，备受学术界欢迎。漆永祥仁兄主要从事中国古文献学史、清代考据学、宋诗整理与研究、《燕行录》研究等，著有《乾嘉考据学研究》《乾嘉考据学新论》《江藩与〈汉学师承记〉研究》《汉学师承记笺释》等著作。通过我们的访谈，四位先生讲述了他们的学习经历、治学经验和治学方法，陈述了他们的所思所想，对一些重要学术问题发表了精彩见解。我们以访谈形式，将他们的治学经历记录下来，既反映他们的治学历程，也记录了当代学术研究的一些重要信息，极具启发性，相信读者一定会喜欢。四位先生从事实学研究，孜孜矻矻，勤奋不已，传承文明。孔子说："故君子寡言而行，以成其信。《小雅》曰：'允也君子，展也大成。'"故本辑取名《允也君子》。

《学礼堂访谈录》第一辑《允也君子》能够出版，首先要感谢沈燮元、刘晓东、赵生群和漆永祥四位先生的辛勤付出，感谢刘晓东先生题签！其次要感谢凤凰出版社姜小青社长的大力支持！也必须感谢学礼堂弟子瞿林江、张琪、王宁玲、井超、李学辰、侯婕、李佩、刘晓咏、陶晓婷、曹晋婷、李姣、李猛元、董政、吕梁和王少帅等同学的鼎力协助，没有他（她）们，就没有今天的学礼堂微信公众号。

2017.5.18 初稿

2017.5.25 定稿

目　录

序……………………………………………………………………………… 001

智者乐，仁者寿——沈燮元先生访谈录…………………………… 001

沈燮元先生简介………………………………………………………… 003
一、读书过程与治学经历……………………………………………… 005
二、《屠绅年谱》与年谱的编撰……………………………………… 007
三、《周贻白小说戏曲论集》的整理与戏曲研究…………………… 010
四、图书馆情缘………………………………………………………… 012
五、《中国古籍善本书目》子部主编………………………………… 016
六、黄丕烈题跋、诗文集的整理与研究……………………………… 020
七、近百年版本目录研究成绩与缺陷………………………………… 023
八、学界交往…………………………………………………………… 026
九、版本目录学的作用及其学习……………………………………… 028

大音希声——刘晓东先生访谈录……………………………………… 033

刘晓东先生简介………………………………………………………… 035
一、求学经历…………………………………………………………… 037
二、学术师承…………………………………………………………… 039
三、蒋维崧先生与《汉语大词典》…………………………………… 044
四、《匡谬正俗平议》………………………………………………… 049

五、《大戴礼记义疏》…………………………052
六、经学研究…………………………054
七、音韵学与古文献…………………………062
八、礼学与现代社会…………………………068

沉潜左史，继往开来——赵生群先生访谈录…………………………083
赵生群先生简介…………………………085
一、求学经历…………………………087
二、《太史公书研究》…………………………092
三、《〈史记〉编纂学导论》…………………………098
四、《〈史记〉文献学丛稿》…………………………101
五、修订《史记》点校本…………………………109
六、《史记》研究的方向…………………………117
七、《〈春秋〉经传研究》…………………………119
八、《春秋左传新注》《〈左传〉疑义新证》…………………………127
九、《国语》《战国策》之我见…………………………135
十、南师大古文献专业…………………………138

考据乾坤大，耕耘日月长——漆永祥先生访谈录…………………………145
漆永祥先生简介…………………………147

一、求学经历…………………………………………………149
二、师从李庆善先生……………………………………………165
三、师从孙钦善先生……………………………………………172
四、《乾嘉考据学研究》…………………………………………177
五、参加《全宋诗》编纂…………………………………………181
六、《汉学师承记笺释》…………………………………………187
七、江藩与《江藩集》……………………………………………190
八、《江藩与〈汉学师承记〉研究》……………………………196
九、《东吴三惠诗文集》…………………………………………204
十、清代考据学研究……………………………………………211
十一、清代学术研究的其他著述………………………………217
十二、《清人文集篇目分类索引全编》…………………………223
十三、《燕行录》研究系列………………………………………229
十四、《韩国旅游锦囊》…………………………………………240
十五、“大学国文”课程与《大学国文选本》……………………245
十六、北大招生工作与在甘肃招生……………………………254
十七、中文学科教学与研究生教育……………………………257
十八、散文、诗歌与札记创作……………………………………266
十九、师友渊源与交往…………………………………………270
二十、未来与目标………………………………………………276

智者乐，仁者寿

——沈燮元先生访谈录

沈燮元先生

沈燮元，男，1924 年 7 月出生，江苏无锡人，汉族。版本目录学家，南京图书馆研究馆员，已退休。早年曾从周贻白先生学习小说、戏曲，编有《周贻白小说戏曲论集》；进入南图工作后，发表有《明代江苏刻书事业概述》《韩纯玉〈近诗兼〉稿本的发现》《记岛田翰所见之中国古籍》等学术论文多篇；著有《屠绅年谱》，1958 年由上海古典文学出版社出版；曾参与编纂《中国古籍善本书目》，任子部主编，并因此于 1995 年获文化部和国家古籍整理出版规划小组颁发的“突出贡献”荣誉证书及奖牌；1995 年被聘为《中国古籍提要 • 丛书卷》顾问；2000 年被聘为《中国古籍海外珍本丛刊》学术顾问；2012 年作为特邀专家参与“过云楼藏书”鉴定会；2013 年聘为江苏省古籍保护中心专家委员会顾问。沈先生是全国古籍保护领域著名的版本目录学家，在古籍整理、鉴定和保护工作上作出了杰出贡献。从事古籍整理、研究与保护工作六十余年，具有丰富的古籍保护从业经验，成就斐然，退而不休，以古籍整理为终生事业，对南京图书馆乃至全国古籍保护工作作出了突出贡献，在古籍版本研究领域具有一定影响。

一、读书过程与治学经历

王锷：沈老您好！我受山东大学杜泽逊教授委托，对您进行专访，非常感谢您光临学礼堂，并接受我们的采访。您今年已经九十二岁高龄，仍然精神矍铄、身体健康，我们感到非常高兴！首先请您简要介绍您的读书过程和治学经历。

沈燮元先生：抗战胜利以后，我先考的是苏州美专，读了一个学期。后来，刚好无锡国专从广西复员回来了，学校分两部分，分校在上海，本部就在无锡，所以我就考进了国专。当时考进去的人不多，只有二三十人。我考的成绩还蛮好的，作的一篇文言文，发榜时，名列第二。进去以后，一共读了三年。我们读的本科，预科的话，要读《论语》《孟子》《孝经》，我们就没有读。国专是一座书院式的学校，后来逐步添了许多新的课程，像《中国文学史》、《中国文化史》、专书选读等。当时朱东润先生开两门课，一门《中国文学批评史》，一门是《史记》；本来在江南大学的李笠先生来兼课，开训诂学；周贻白先生是戏曲专家，因当时目录学没人教，他开的目录学；冯振心开《老子》，他后来到广西师范学院去了。因为当时时局不稳定，读书安不下心来，我就和同班同学冯其庸、张仁迪二人去上海分校读了一个学期，因上海的学分跟无锡的学分不同，所以我们后来又回到了无锡。上海的老师中：童书业先生教春秋史；王佩诤先生教目录学；

葛绥成教地理；王蘧常先生教诸子学，中华书局给他出版了一本《诸子学派要诠》，讲课用的就是这本书。最终，我们三人都在无锡毕业。

王：**沈先生，当时你们无锡国专的老师中，哪些对您的影响比较大？**

沈：两个，在上海是王佩诤先生，他先跟金松岑，后来师从章太炎。无锡是周贻白先生。读书不能光靠上课，学问学问，一个是自己学，一个是要主动问，你不问，别人不知道你懂不懂，不懂就要问。

王：**也就是说，不光是上过课的老师对你影响大，关键是你不懂就要请教他问他。**

沈：对。周老师对我的影响主要是在戏曲小说方面，王老师对我的影响主要是版本目录学方面。

无锡国专图书馆（来鹤楼）

二、《屠绅年谱》与年谱的编撰

王：沈老，早在20世纪四五十年代，您就撰写了《屠绅年谱》，并于1958年由上海古典文学出版社正式出版，请问您为什么要给屠绅编年谱？

沈：作《屠绅年谱》时，当时我很年轻，还在学校里读书，喜欢戏曲小说。鲁迅《中国小说史略》一书中就讲到了屠绅，同时我也看梁启超的《中国历史研究法》，提出作年谱。有两种人最难作，一种是功业大的、事情多的难作，像乾隆时代的阿桂；袁枚也很难作，因为材料太多。一种是材料少的也难作，比如梁代的江淹就不太好作。

《屠绅年谱》插图：屠绅像

屠绅是属于材料少的。我之所以作他的年谱，一个是因为比较喜欢戏曲小说，另一个原因，就是因为他材料少，我就偏偏要去试试。这篇稿子，开始我是寄给上海赵景深先生的。我跟赵先生相识，还是和周先生有关系，周先生有部稿子要在上海世界书局出版，当时凑巧我要去上海办事，周先生就托我把稿子带去，这样，我跟赵先生就相识了。赵先生在上海的报纸上编了两个专栏，一个是《东南日报》的《文史》，另一个是《大晚报》的《通俗文学》。

这两个专栏，我都投过稿。1957年，因工作调动，我到了南京，上海古典文学出版社胡道静先生来组稿，我就把《屠绅年谱》交给了他。当时定价只有两毛钱，听说现在网上已卖到了四十元。这本书的题签，还是请吴湖帆先生写的，瘦金体，很美。可惜当时把写有题签的一页宣纸拿到出版社去了，没留下来做个纪念。

王：您编《屠绅年谱》，除了受梁启超先生的启发之外，还有没有别的原因？因为屠绅并不是一个很有名的学者。

沈：因为我喜欢中国古代小说。我引以为自豪的是，屠绅这个题目，后来有很多人还在继续做，比如暨南大学王进驹、台湾世新大学王琼玲、黑龙江大学许隽超、南京萧相恺等，但是基本素材，都跳不出我年谱这个圈子。又如鲁迅的《中国小说史略》，尽管现在发现的材料比以前多，但目前所写的小说史，都超不过这本书，因为他框架搭得好，别人无法突破。

王：沈先生，其实现在学术界从事年谱编写的人不多，而且大家对年谱也不是那么认同，您编年谱已经过去很多年了，请问您怎么看待年谱与学术研究的关系？

沈：我个人认为，年谱对学术研究还是很有用处的。我当时受梁启超《中国历史研究法》很多影响。年谱让我们知道这个人的生平，《孟子》上说“又尚论古之人，颂其诗，读其书，不知其人可乎”。所谓知人论世，就要求对这个人的家世、生活环境、社会背景了解清楚，因此年谱具有很高的史料价值。你如要研究某个作家，从年谱入手，可得事半功倍之效。阮元在清代经学里的贡献和影响可谓大矣，他的《经籍籑诂》一书，就是由他的学生故旧合作编成的，就因为这项工作，培养了一大批人，但是在阮元的年谱《雷塘庵主弟子记》里没讲，这是很可惜的。所以，我认为年谱是中国学术史里很重要的一个课题。

王：大概近十年吧，台湾“中央研究院”历史语言研究所陈鸿森先生在给清代一些所谓的“小家”作年谱，比如洪颐煊、丁杰等，花了大量的精力和时间。听他自己讲，他喜欢编这些。而除了编这些之外，他在谈到清代学术的时候，对于清代学术界那些人物的往来了如指掌。同时，他也鼓励现在的年轻人编年谱。你们应该见过面。

沈：他的设想很好，我们见过两次面，但都没说上话。

王：我跟他还比较熟，下次他到南京的话，我请您来。

沈：他的东西，我看得不是太多，我是从他给漆永祥《汉学师承记笺释》作的序中看到他在搞这方面，有好多东西，因为在台湾出版，大陆不容易见到。

王：他两年前把近十年编的年谱的目录给我送过，回头我给您找找。

沈：如您找到的话，请复印一份给我。

三、《周贻白小说戏曲论集》的整理与戏曲研究

王：沈先生，刚才您讲到在国专的时候，跟周贻白先生学过小说戏曲，他的主要特长是戏曲，怎么教了目录学？

沈：因为当时目录学这门课找不到人教，目录学并不是他的强项。

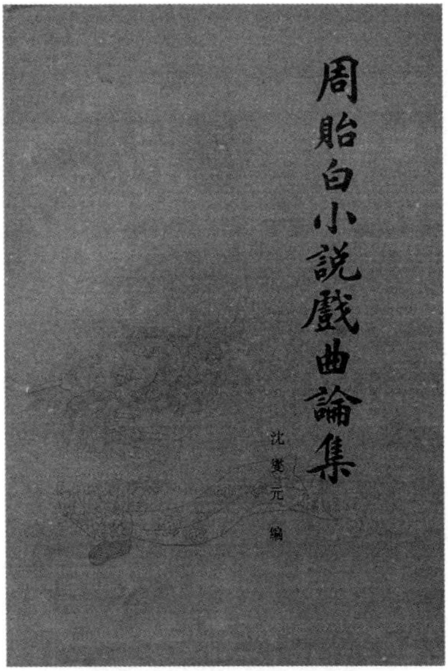

《周贻白小说戏曲论集》

王：您后来编过《周贻白小说戏曲论集》，量蛮大的，六七百页。

沈：这部书是我在上海时编的，当时我参与编纂《中国古籍善本书目》，住在招待所里，我写信给他的儿子，嘱他把稿子全部寄来，包括在期刊上发表过的文章，重新加以整理。在整理过程中，并不是一帆风顺，比如其中有一篇文章，《中国戏曲中之蒙古语》，因为太专业，有一些句读实在不好点。

王：当时跟周先生学戏曲，您对哪种戏曲比较感兴趣？

沈：我主要对明清传奇比较感兴趣，但有时也写讲故事什么的，如我曾写过《刘智远故事的演变》，发表在《大晚报·通俗文学》上。

王：说起来有一个题外话，过云楼的主人顾笃璜先生，您该很熟，现在应该还不到九十岁。2007 年左右，我和山大的杜泽逊、清华的刘蔷、《文献》编辑部王菡四个人到苏州去，一是访问顾先生，看看过云楼，另一个是去找黄丕烈的故居。黄丕烈的故居最终是在一个豆腐坊找到了。

沈：我也去找过，现在没有了，变成四星级大酒店了。

王：当时还在，刘蔷还拍了照片回来。我们找顾先生的时候，他还带我们看了怡园，中午叫我们到教忠堂去，那是清代诗人沈德潜的故居，有块匾，匾上有“教忠堂”三个字，是顾廷龙先生写的。顾笃璜先生当时是在维持昆曲的传承和演唱，就在教忠堂办公，经费基本上都是靠“化缘”。他当时跟我们讲，当地人看昆曲，要花五毛到一块钱，就这样的戋戋之数，还有人不愿意拿出来，因此要维持很艰难。

沈：昆曲的文辞太美了，像汤显祖《牡丹亭》那样的作品，可称是达到了戏曲的顶峰，一般作家是作不出来的。

四、图书馆情缘

王：无锡国专毕业以后，您基本上一直在图书馆工作吗？

沈：毕业后，当时上海还没有解放，一时找不到工作，承顾廷龙先生帮忙，到了合众图书馆。当时他不叫馆长，叫总干事。我拿到的工作证是干事。合众图书馆是私立图书馆，创办人叶景葵先生（1874—1949），浙江杭州人。光绪进士，初入赵尔巽幕府，后任大清银行正监督，1914年起任浙江兴业银行董事长，抗日战争时期，创办私立合众图书馆，将个人藏书全部捐入，为保存祖国文献做出了卓越贡献。后来并入上海图书馆。

王：您在合众图书馆工作了几年？

沈：时间很短，大概半年光景，1949年上海解放了，我想回家了，顾老跟我讲，您看看路上好走，便回来。我后来没去，不然就在上海图书馆工作了。当时还有一个好玩的事情，那时国民党的军队没有退出上海，还在沪西一带负隅顽抗，图书馆被国民党军队占领，做了据点，大门口堆了沙袋堡垒，国民党士兵头戴钢盔，枪上了刺刀，在大门口站岗。工作人员只能从后门进出，日常工作一切停顿，没事可干，顾老就叫我抄书，抄的是吴大澂的《皇华纪程》。当时社会上还流行所谓“应变”这个词，顾老半带玩笑说，我们是“抄书应变”。这部书共二万多字，用毛笔抄的，小楷，现在还在上图。书抄完，真巧，上海解放了，我就回家了。

王：回到无锡，您又找什么工作？

沈：在无锡图书馆耽了一下，时间也不长，去了北京，到中国戏曲研究院资料室工作。我是搞戏曲文献的，当时叫我整理京剧剧目。搞了半个月光景，对北方生活实在不习惯，我就回来了。回来工作没有了，就去了苏南区文物管理委员会。文管会后来又搬到苏州，不久，我就调到南京来了，一直到现在。1955 年 10 月来的，到现在，整整六十年了。

王：您真正可以说是“老”图书馆工作者了，基本上一生都在图书馆。

沈：从年龄上讲，的确可以加个“老”字。另外很奇怪，但也很偶然，除了在图书馆，我和南京的高校也结了不解之缘，曾经在南京大学、南京师范大学、南京中医药大学都兼过课，讲版本目录学，还在江苏教育学院，上过几百人的大课，也去过北京大学图书馆、人民大学图书馆进行过学术交流。

沈先生在图书馆古籍部

王：您在图书馆这么长时间，基本都是跟古籍打交道吧。

沈：对。负责古籍编目和采购工作，北京、上海、苏州、扬州、杭州、安徽等地我都去过，主要是买书。

王：建国以后，无论是我们大陆的学术界还是港、澳、台地区学者，或者周边国家的学者，对我们大陆公共图书馆古籍部的工作有时是不太满意的。不太满意的主要原因，他们到大陆图书馆看书的时候，有个别图书馆的藏书很难看到，搞研究的人看不到原本，心里都会不太舒服。作为一位在古籍部工作六十年的老馆员，请问沈先生您怎么看待图书馆古籍的收藏保护与阅读之间的关系？怎么处理这个关系应该比较好些？

沈：图书馆的工作，尤其是古籍阅览这一块，比普通阅览要复杂一些。如以清代光绪三四十年的刻本为例来说，到今天都已经一百多年，其他的明清刻本都是几百年以前的东西，加以都是纸质，有时还会遇到水、火、虫蚀等意想不到的灾害，所以能保存到今天，实在不容易。但是现在读者提出来要看这许多几百年前的东西，这就形成了矛盾的对立。我个人认为，图书馆什么书都可以开放的，但主要要看对象。如果是比较珍贵的书，那就应该设法扫描或提供复印件，这样或许能解决某些看不到原书的问题。

王：很多古籍给不给人看，正如您刚才说的，要分清对象，同时也要解决一些具体问题。您在南图工作了六十年，觉得南图古籍藏书有哪些方面的特色？

沈：在清末，中国有四大藏书楼：铁琴铜剑楼、海源阁、八千卷楼、皕宋楼。皕宋楼的书现在在日本静嘉堂文库，铁琴铜剑楼、海源阁的书都在国家图书馆，八千卷楼大部分书都在我们这里。1965 年，朱偰将其先人朱希祖先生的郦亭的藏书捐赠给了南图。1991 年，我们又收购了苏州顾氏过云楼的大部分藏书，其中有很多罕见著录的宋元珍本和抄稿校本，其学术价值和文物价值可与八千卷楼藏书后先媲美。

王：沈先生，要做八千卷楼藏书的题跋，包括丁丙兄弟俩的题跋研究，南图当然是首选，丁氏兄弟等在藏书后的题跋，也应该是像您做黄丕烈藏书题跋一样，要整理出来。听南图说要做，不知道有没有进行？

沈：目前还没有。但复旦的石祥写了博士论文《杭州丁氏八千卷楼书事新考》，上面讲到了一些，他是陈正宏教授的学生，答辩时我也去了，他这部书现在已经正式出版。

王：八千卷楼的书全部到了南图吗？

沈：当时就没有全部来，但是主要的都在南图。八千卷楼的书流散在外面的还有不少，上海、北京都有，有时拍卖会上也偶尔会有八千卷楼的藏书出现。

五、《中国古籍善本书目》子部主编

王：我们政府专门组织编《中国古籍善本书目》，沈先生您是子部的主编。其实外界对于《中国古籍善本书目》编辑和出版的情况，除了你们图书馆界当时参与的人外，学术界对这段历史知道的并不是太多，请您为我们介绍一下相关情况。比如《中国古籍善本书目》编撰的缘起、进程、价值，等等。

沈：这个说来话长。1975 年 10 月，周恩来总理已在病重期间，对我国文化遗产的保护还很关心，做出了“要尽快地把全国善本书编出来”的重要指示。这个指示下发到了国务院，当时的国务院副秘书长吴庆彤负责此事，他立即通知北图。北图馆长是刘季平，北图又串联了上图和南图。

1978 年 3 月，国家文物事业管理局在南京召开会议，传达了周总理的指示，研究编辑《中国古籍善本书目》的工作步骤，制定书目的收录范围、著录条例及分类表等事项，决定在上海办公。经、史、子、集四部由北图、上图、南图三馆分担，南图这边分到的是子部。上海工作结束后，又到北京集中。因为当时这三个馆的藏书原来都有基础，北图有八本线装的善本书目；上图没有正式出版目录，但它内部有一个复写本目录；南图也编过五本善本书目，没有对外公开，目前稿本仍在南图。所以我们三个馆的藏书都不需要重编，三个馆的目录合起来，其他馆的藏书往上加就行了。

集中到北京以后，把全国图书馆工作人员抽调了一部分来，住在香厂路的国务院招待所。当时生活很艰苦，一天只吃两顿饭，上午十点钟一顿，下午四点钟一顿。顾廷龙先生任主编，冀淑英、潘天祯是副主编。顾老带去了上图两个人，沈津和任光亮。

王：当时编这个书目的时候，对善本的定义跟以前是不一样的，就是所谓的“三性”具备。这个“三性”是怎么来的？

沈：头一次会议，北图提出来，善本的范围标准定在嘉靖之前，嘉靖以后都不收。讨论中，大家认为这样不行，嘉靖以后的作品都收不进去了。古代人，像乾嘉时期的学者，他们看善本的标准，一般定在嘉靖，嘉靖以后就不算善本，因为时间离着近啊。我们现在不能再有这个观念了，有时甚至在光绪间刻的书，也要考虑收录进去。例如光绪时期广雅书局刻的赵一清《三国志注补》，我们就收了进去。为什么呢？首先是因为内容好，以前从没有刻过，其次是板子已经劈掉，没有了，因此成了孤本。

王：当时定“三性”的时候，谁来拍板？大家讨论还是就由谁来拍板？

沈：当时由编委会提出来，交大家讨论。尽管后来有人对此有异议，最后还是跳不出“三性”这个圈子。所谓“三性”即历史文物性、学术资料性、艺术代表性。就历史文物性来说，例如唐朝的写经，不是文物是什么呢？又如彩色套印本《萝轩变古笺谱》《程氏墨苑》，刻得这么精美的东西，能说没有艺术代表性吗？至于学术资料性，就更不用说了。所以，当时“三性”的提出，还是有它一定的道理的。

王：这书从编完到今天，也有二十年左右时间了。您作为当事人之一，您认为《中国古籍善本书目》在学术界最大的贡献是什么？

沈：这部书目从出版到现在，虽然已历二十年，但是目前还没有哪一部书目，在收书的数量、藏书的单位、著录的详明等方面，能超越它。因为当时电脑还没有现在这样普遍，我们在审核某个图书馆卡片，发现有疑问，不是看原书就是要核对书影，所以不是光看了卡片就了事，因之著录的可信度高。另外，除北图正式出了善本书目外，上图、南图以及其他中小型图书馆都没有出版过目录，这次把压箱底的东西都拿出来了，为学术界使用善本提供了极大的方便。这样大型的古籍联合目录，不仅在我国图书馆界是首创，在近代藏书史上也是第一次，值得大书特书。

王：作为《中国古籍善本书目》编者之一，您觉得这部书有没有缺陷，有没有遗憾？

沈：有。因为当时没有利用电脑检索，因此有个别的书，分到了两个地方。另外有两个当时曾经考虑过而后来因旁的原因没有实行的问题，一是著录行格字数，二是编著书名索引、人名索引。行格字数，当时编委会讨论过不止一次，主要是各馆上报的卡片，有的字数算的是满行，有的没有算满行，因此行格的著录不够准确。索引编得太慢，就因这两个问题没有及时处理好，被别有用心的人钻了空子，在 2003 年 4 月和 2005 年 5 月前后出现了两次打着《中国古籍善本书目》幌子的盗版书。

王：我经常使用《中国古籍善本书目·经部》，在查的时候，我就发现，尤其是明代的一些版本，没有具体的刻书年代，往往只能说明刻本，但是同样一部书，同样写的明刻本，在著录收藏单位的时候，往往会有很多单位。像这样，书名、卷数、作者、版本一样的书，又收藏在不同的图书馆，会给读者带来困惑。换句话说，《中国古籍善本书目》缺乏书的行款等细节方面的介绍，读者就不了解藏在不同图书馆的同样一本书的差别。

沈：这个问题，在表面上看只能这样。如果再细致说明的话，一是要加行款，其次就得作提要，这样才能解决问题。

王：当时在编的时候，有没有考虑要把每部书的行款等版本特征介绍清楚？

沈：这个问题我在前面已讲过，在编委会上，讨论过不止一次，主要原因是有的图书馆报上来的卡片行格不准确，还有一点，如果把行格放上去，整个书目的篇幅就会很庞大，有的人甚至提出来要把书上的藏书印章都弄上去，这样的话，不仅具体操作起来有困难，而且旷日持久，不知猴年马月才能出齐。即以《中国古籍善本书目》，从1989年10月出版的《经部》算起，到1998年3月的《集部》为止，就花了整整十年时间。

王：作为一位主要参与者，您觉得参与《中国古籍善本书目》的编纂有没有收获？

沈：当然有很多收获，因为工作需要，看了许多平时不容易看到的书，以前是没有这个机会的。因此，个人水平提高了很多。

六、黄丕烈题跋、诗文集的整理与研究

王：刚才听您讲，当您做《中国古籍善本书目》工作时，顾老要您先把做的黄丕烈题跋暂时放一放。其实，黄丕烈的题跋已有好几个人做过了，您怎么想到又要重新整理？

沈：从光绪十年（1884）开始，潘祖荫就刻了《士礼居藏书题跋记》六卷，一直到民国八年（1919）缪荃孙的《荛圃藏书题识》十卷，以及缪刻以后，还有好多人做过整理工作。但是这些整理的人，多半没有看到原书，题跋都是托人代抄，因此有时同一部书有几个题跋，往往分了几处。缪本还遗漏了不少，因此 1933 年、1940 年王大隆两次又补遗了一百八十一篇。直到目前为止，缪本和王本还是各自为政，没有把分散的题跋缀合在一起，查起来很不方便。

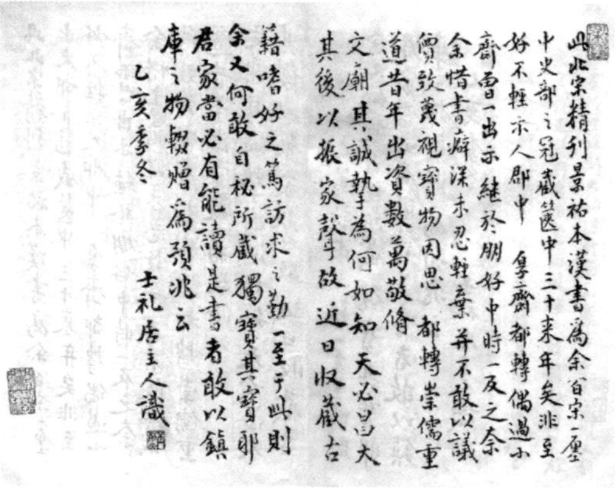
此北宋精刊景祐本漢書為余百宋一廛
中史部之冠藏篋中三十來年矣非至
好不輕示人郡中 參齋都轉偶過小
齋曾一出示繼於朋好中時一及之余
余惜書癖深未忍輕棄并不敢以議
價致褻視寶物因思 都轉崇儒重
道昔年出資數萬敬脩
文廟其誠執事為何如知天必昌大
其後以振家聲故近日收藏古
籍嗜好之篤訪求之勤一至于此則
余又何敢自秘所藏獨寶其寶耶
君家當必有能讀是書者敢以鎮
庫之物輟贈為頌兆云
乙亥季冬 士禮居主人識

《汉书》黄丕烈题跋

王：也就是说，缪荃孙搞的黄丕烈题跋本身有许多不足之处，后人在做的时候，这些缺陷没有得到及时纠正。您现在编的跟缪荃孙编的有哪些不一样？

沈：我是在缪荃孙、王大隆的基础上重新编纂。第一步，把原来书上有几个题跋分散在几处的集中在一起，题跋文字用原书或照片书影和刻本对校，这里有几种情况，一是刻本上的字刻错，二是跋文不知被何人臆改，三是有的行书或草字被误认，我都一一改了过来。更难得的是，我还发现缪、王二人没有见过的黄跋好多篇，都补了进去。一起大概共有八十多万字。

王：将来分类还是按经史子集排序？

沈：是的。本来我想把黄丕烈的诗文跟题跋放在一起，这样的话，书太厚，读者不方便使用，因此先把题跋印出来，诗文集以后再出。

王：诗文集也做好了？

沈：也完成了。

王：诗文集量有多大？

沈：文少诗多，总共约二十万字。

王：题跋应该结束了，学术界都在翘首以盼。大家都知道您在编这个题跋。有没有考虑选一些好的书影摆在书的前边？

沈：这个可以考虑。

王：我觉得您可以选一些好的书影，比较精彩的，多了不说，可以在书前放十张左右。

沈：这个问题不大。

王：您看到的黄丕烈的藏书印章很多，也许有作假的。您能够分辨出真假，把一些真的黄丕烈藏书印章放上去，对读者来讲，还是很有作用的。

沈：当我正在整理黄丕烈题跋的时候，顾廷龙先生送了一副篆文写的对联给我，上联是“复翁异代逢知己”，下联“中垒钩玄喜后生”。这是顾老对我极大的鞭策与鼓励。

王：现在做版本目录这一块的人并不是太多，学者对这个名词，叫法也不一，有人叫版本目录学，也有人叫目录版本学，您觉得怎么叫比较合适？

沈：叫法尽管不同，内容只是一个。通常来讲是叫版本目录学，实际是先有目录后有版本。

七、近百年版本目录研究成绩与缺陷

王：您从事版本目录学也已经六七十年了，学术研究每过一个阶段，都会回顾这段的成绩，或是总结这段的缺陷。对于近百年的版本目录学的研究，我们应该怎么看待？有哪些成绩和缺陷？

沈：目录学这一块，到现在可以说“后出转精”了。以前对这门学问，不是太清楚的，主要是看不到书或是看到的书少，因此对版本往往会发生误判，如著名藏书家叶德辉即把明刻本的《盐铁论》误认为是弘治本。解放以后，国内外几位著名的藏书家，如傅增湘、周叔弢、陈澄中、翁万戈等人的珍藏，都捐献或转让给国家图书馆，出版了许多精美的图录，使人眼界大开。2007 年 5 月，经中央批准，正式成立了国家古籍保护中心，具体职能，积极开展全国古籍普查登记工作，建立中华古籍综合信息数据库，编辑《国家珍贵古籍名录》等，大大改变了过去的目录比较含糊或著录不够正确等情况。

王：像上海图书馆顾老他们搞的《中国丛书综录》，你们做的《中国古籍善本书目》，还有以前王重民先生编的《中国善本书提要》，包括北图的古籍善本书目，这些应该说能够代表我们这个时代在版本目录学方面最高的成就，可不可以这么说？

沈：应该可以这样说。但是我个人觉得提要工作好像做得还不够。

王：如果在版本目录学这一方面，我们想做的话，您觉得哪些工作可以接着往下做？

沈：要做的工作很多，从事这项工作的人，第一，要具备扎实的文献功底，包括写作技能。要把古代目录学的著作摸摸底。最早最好的书目提要有两个，一个是《郡斋读书志》，另一个是《直斋书录解题》，还有清代乾隆年间编的《四库全书总目》，都是很好的解题目录。

王：也就是说，做版本目录学方面的研究，这几部书是要精读的，要下功夫的。

沈：是的。有一次去广州开会，一个大学里读书的年轻人，说他搞不清藏书志、读书记、解题等名词有什么区别。我个人认为，中国的目录，除公藏目录外，绝大多数属于私家藏书，尽管提法不同，然究其内容，实质都是提要性质，如以张金吾《爱日精庐藏书志》为例，凡一书必先列某某刻本，兼载各家序跋，再就原书加以考证、校雠，然后会集所得，各为解题。各书标目，悉依原本。因此，我认为像以后出版的《皕宋楼藏书志》《铁琴铜剑楼藏书目录》《善本书室藏书志》都是一脉相承，渊源有自。

王：学术界有这样的提法，我们以前编的古代的目录书，大致分类的话，一类是官修的书目，比如《崇文总目》《四库全书总目》，一类是私家藏书目录，像《郡斋读书志》《直斋书录解题》，等等。除了这两类之外，还有一类，就是所谓史志目录，如《汉书·艺文志》《隋书·经籍志》等。这些目录的编纂对我们后来的版本目录学研究打下了非常坚实的基础。但是目前，无论是对公立图书馆的古籍，还是对私人的藏书，目录怎么编，有学者提出藏书志和提要目录的编法不是一回事。比如在图书馆编目录就是藏书志，提要目录什么地方都可以编。专门提出藏书志的做法，您觉得合不合适？

沈：这我就搞不清楚了，自古以来，载籍极博，读者岂能一一看到原本，如果有了提要，便能一览而知某书的大概内容，像宋代的《郡斋读书志》《直斋书录解题》，清代的《天禄琳琅书目》《四库全书总目》以及后来的《爱日精庐藏书志》《皕宋楼藏书志》《楹书隅录》《铁琴铜剑楼藏书目录》《善本书室藏书志》等，都是同一体例。对每书述其学术源流，而兼及版本、校雠、跋文、印记等。尽管名称不一，有所谓解题、书目、书录、书志、藏书志、藏书记、读书记，等等，主要都是讲书的内容。

王：现在学术界好多人写文章，喜欢求新，喜欢变换花样，但还是离不开这个。

八、学界交往

王：沈先生，在跟古籍打交道的几十年当中，您跟很多前辈学者像顾老、王重民、冀淑英先生等都有来往，您能不能给我们谈谈你们之间的交往，互相之间的影响，等等？

沈：我跟随顾老工作，从解放前合众图书馆算起，一直到参加《中国古籍善本书目》为止，已有十几年时间。我在老先生旁边，他言传身教，我得益匪浅。解放前，顾老一直在燕京大学图书馆工作，1938年即编有《章氏四当斋书目》一书，1941年，又和潘景郑先生合作，编《明代版本图录初编》，为版本断代研究开创了先河。

王重民先生，河北高阳人。北京高等师范学校毕业后，大部分时间都在北京图书馆工作，自1934年起，即被派赴国外，先后在法、英、德、意、美等国，搜求流散在国外的珍贵文献。著有《中国善本书提要》《校雠通义通解》《中国目录学史论丛》《敦煌古籍叙录》《敦煌遗书论文集》等重要著作，尤其是在搜集和整理敦煌文献方面，做出了杰出的贡献。

冀淑英1942年毕业于辅仁大学，初在北京大学图书馆参加编纂李盛铎藏书，后入北京图书馆，编辑《北京图书馆善本书目》（与赵万里先生合作）、《自庄严堪善本书目》、《常熟翁氏世藏古籍善本丛书》影印说明等，是赵万里先生的重要助手。

王：如何评价冀淑英先生在版本目录学上的成就？

沈：有句话，顾老没跟第二个人讲过，有一次，我们请顾老来南京开会，他和我讲过这么一句话：“冀大姐看版本，是用两只眼睛看的。”他说冀大姐看版本用两只眼睛，言外之意，有的人看版本只用一只眼睛。一只眼睛的意思，就是片面地看，不知道我解释得是否对头，这可以说是顾老对冀淑英同志学术上的最高评价。

王：这确实是很高的评价，说明冀先生把赵万里先生那一套传统继承下来了。

沈：有本书你们可以拿来看看，《冀淑英古籍善本十五讲》。北图有很多年轻人跟她学，请她把北图的善本讲一讲，她就把北图所藏善本的来龙去脉，讲得清清楚楚。这部书，里边还有很多插图，看看很好玩。搞中国的东西，要博览群书，什么东西都要看，一物不知，儒者之耻，这样基础才能打牢。

王：您跟陕西师范大学黄永年先生有来往吗？

沈：老朋友，解放前就认识了。比我小一岁，他曾经送过一本《唐史史料学》给我，写得非常精彩。

九、版本目录学的作用及其学习

王：现在很多从事学术研究的人，并不看好文献学，更不看好目录学，觉得这些东西与学术研究关系不大，您怎么看待这种想法？

沈：有的高校里的老师讲纯文学，他们认为诗歌才是纯文学，杜甫、李商隐是纯文学，说文献学不是正统，不是纯文学，从事文献学研究的人受到歧视，这种说法有很大的片面性。文学也需要讲文献学。

王：现在大学里文献学最早用的教材是郑鹤声、郑鹤春的《中国文献学概要》，后来又陆续出版很多文献学的书，比如张舜徽先生的《中国文献学》等，都比较旧了。从目前学科划分来说，我们现在从事的这一块叫古典文献学，历史系那边有历史文献学，图书馆学下边有个文献学，其实这三块，我觉得没有什么大的区别。

沈：您说得对，没有什么区别，实质上是一个东西。据我看，文献学最好的教材，还是杜泽逊那本《文献学概要》，讲得还比较接近。

王：不管文献学怎么划分，怎么来谈、怎么叫，它的核心应该是什么？能不能说版本目录学就是它的核心？

沈：也可以这样说吧，但又不能完全这样讲。王欣夫先生的《文献学讲义》上，也有和杜泽逊《文献学概要》相类似的说法，王先生认为文献学的三个内容：一、目录；二、版本；三、校雠。是三位一体，不能分论的。

王：我们可以这样说，版本目录学应该是治学的门径。讲目录不讲版本，讲不清楚，讲版本不讲目录内容，也说不清楚。

沈：目录归根结底它要达到校勘的目的，不是为目录而目录，目录把各个本弄在一起，《汉书·艺文志》上讲了，要像对待仇家一样，把错误校出来，正像前面王大隆先生说的那样，目录、版本、校雠是联在一起的，不能分开。

王：我们现在学科划分里边，要把这三个分开来，以我的理解，我们要谈文献学的话，目录、版本、校勘是离不开的，我要校勘必须先要找版本，找版本离不开目录。现在有人又讲，文字、音韵、训诂也是文献学的主要内容，把它们也拉进来了，您怎么看？

沈：文字、音韵、训诂是三种独立的学科，学科本身自有其规律可循，其著述品种可达千种还不止，如此庞大的学科，文献学如何容纳得下，又怎么能算作文献学的内容？

王：就我个人还有周围一些朋友的理解，文献学的内容就是您刚才讲的，杜泽逊书上讲的，目录、版本、校勘，这是核心。如果把范围稍微扩大，辨伪、辑佚也勉强可以进。除了这些，再讲什么呢？

沈：这个问题，我认为可以进一步讨论。我说的只是一孔之见。

王：您讲的很有道理。这里边有个问题，我们以前上大学的时候，上课就会问老师有没有教材？老师会说没有教材，我讲的就是教材。当时的大学老师是自己编讲义的，而这个讲义每年又在变化当中。现在的大学教育，从上到下都特别强调教材。既然有了教材，我们就得按照教材去上课。有了教材以后，带来的最大弊端是教学僵化了。

学生有了教材之后，可以自己看，老师讲课的时候，他们有时听，有时就不听了。学生脑子里形成的知识体系也好，学习方法也好，就僵化了。当你跟学生讨论的时候，学生就可能会说您讲的跟书本不一样，等等，怀疑老师讲的是错的。所以我们传统行当里的认识和现在的要求是有脱节的，不能说我们传统的就完全错了，但是按教材的要求来说，有些东西就没法弄。比如我要考试，按照教材来考，对老师和学生来讲都方便。但是这不利于做学问，如果专门做学问那是两回事。就像您刚才讲的版本目录，真正做和背的东西是两回事。比如《四库全书总目》，学过的都能背下来，但是我要是让学生说《四库全书总目》到底讲了什么，经部、史部各讲了什么，学生就不见得能答上来了。我们传统的核心的东西一定要抓住。所以我刚才向您请教文献学的核心是什么，您讲讲文献学的核心，对他们来说，会有启发，会有好处。现在在网上查也好，找到教材看也好，里边都存在很多问题，但是这些书作为教材以后，又影响很大。学生会认为他们讲的是对的，我们讲的是错的。所以请您讲讲，还能起到正本清源的作用，让他们知道版本目录学是干什么的，文献学是干什么的。我刚才向您请教，目的也在这里。

沈：我讲的跟杜泽逊书上讲的基本上差不多吧，否则一张纸也是文献，一副对联也是文献，到底搞什么呢？核心问题是我们要通过目录这条路径，把古书里存在的谬误改正过来，通过目录知道这部书一共有多少本子，再通过校勘得出结论，哪个本子最好，哪个本子最劣。

王：也就是说，要研究某一部书，首先要利用目录调查这部书有哪些版本，通过校勘才能回答各个版本的优劣，它们之间有什么关系，这样就行了，任务就完成了。如果通过对这部书的研究，连这些任务都完不成，那显然就没有做好这个研究。

沈：你说得对。

王：沈先生，替学生再问您最后一个问题，学版本目录学究竟有什么作用？怎么样才能学好？

沈：搞中国古代的东西，不能脱离版本目录，脱离了版本目录，你的研究不会好的，没有找到最后的归宿。一本书，整理得好的，就是因为目录版本搞得清楚。清代学者王鸣盛就说：“目录之学，学中第一要紧事。必从此问途，方能得其门而入。”目录学又好像是一把万能钥匙，你如能掌握了它，好多学术之门都可以向你打开，能够达到事半功倍的效果。我建议你们要把张之洞撰、范希曾补正的《书目答问补正》多看看，中华书局和上海古籍都出版过，中华本好一些，上面柴德赓先生有篇重印序很重要，不仅把书的来龙去脉说得清清楚楚，实际还对读此书的人起了导读作用。柴先生在序里说得很清楚：“这是一部指示治学门径的书，目的很明确。”读了这本书，知道哪些书是基础的，哪些书是必读的。当然最好是看原本，如果对文言文理解有困难，近人有些文白对照的书，也可以看看，像杨伯峻的《论语译注》《春秋左传注》，陈鼓应的《庄子今注今译》，都不错，你们现在有的已经读到博士研究生阶段，很不容易，我希望你们坚持下去，决不要半途而废，要确定一个目标，以后要搞什么。

王：有些基础的东西很重要，读书要读基础书，做学问也先要对基础的东西搞懂。

沈：老师就在旁边，不懂得就要问。你们王老师很了不起，我很佩服他，他做的是经部，很不容易，另外走的是正道。

王：您讲的对他们很有用，启发很大。谢谢沈老。希望以后对我要多多提携，对我们的学生多多指导。

沈：古人说，“知今不知古，谓之盲瞽；知古不知今，谓之陆沉”，我希望你们在座各位，既能博古又要通今，做一名合格的文史工作者。

沈先生为学礼堂题字

2015年6月8日，王锷老师于学礼堂采访沈燮元先生。访谈稿由井超整理，已经沈先生、王老师审定。

大音希声

——刘晓东先生访谈录

刘晓东先生

刘晓东先生，1945年生，山东大学教授，博士生导师。1978年考入山东大学中文系古代汉语专业研究生，受业于殷孟伦、殷焕先教授，专攻汉语音韵学和训诂学。1981年获硕士学位。毕业留校后作为蒋维崧先生助手，参与《汉语大词典》的编纂工作。1984年转入山东大学古籍整理研究所，从事科研与教学工作，专攻礼学、经学。撰有《匡谬正俗平议》，主编《清经解三编》《清经解四编》等。

一、求学经历

王锷：刘老师，您好！非常感谢您接受学礼堂访谈！我们访谈，我随便问，您随便答。我大概拟了一个提纲，分为三个方面。第一个方面，聊聊您上学、治学的经历；第二个方面，谈谈您做的研究工作，与经学、与《大戴礼》、与《匡谬正俗》、与《皇清经解》有关的一些问题；第三个方面，谈谈您对礼学与当代社会关系的一些思考。

上次您在南师大做的讲座，我觉得很好。刘老师，请您首先谈谈您上学的经历。

刘晓东先生：行！我们要是漫谈，就比较轻松了，我不必引经据典。我们随便谈一谈。

咱们都是从解放以后，在新的教育制度下培养起来的。我自己感觉到，我之所以走到今天，最主要的动力是爱好。原来我也不是干这个专业的，但是我喜欢这个东西。当然，也不是一开始就喜欢礼学。其他的，文学，以及一些基本典籍，《史记》《汉书》都喜欢，比较杂。后来兴趣就一点一点的集中和缩小，从对传统文史哲学问的兴趣，慢慢集中到经学与小学，然后又慢慢从经学的《十三经》中缩小到礼学，基本上就是这么个情况。

真正下功夫看书，还是在“文革”后期的时候。人都是这样，越让您看不到书的情况下，您才越想读书。我和蒋维崧先生聊的时候，蒋先生也说：“人都是在没有书的时候才看书，我现在有点书了，反而看不了了。”当时正是不能看书的时候，那个时候我也是年轻，求知欲太旺盛，爱好弄这些古典学问。另外，当时也是有一些想法，当然这个想法不一定合适，那就是不要和时代、政治过于贴近，这样就形成了一个“为学术而学术”的习惯，这是自然而然形成的。至于我学这个东西最后能够得到什么，不予考虑。

我生于一个传统文化较浓的家庭。当“文革”时期在农村的时候，既没有想到我的学习对民族、国家有什么利益，也没想过这些研究对我自己有什么好处。为什么读这些书呢？就是因为喜欢。上研究生以后，跟着殷孟伦先生，对于自己治学的系统性逐渐就清楚了。我当时学的还是古代汉语专业，专门研究音韵、文字、训诂，就是所谓“小学”。当时“只问耕耘，不问收获”，我只管种地，至于种出来什么，能不能丰收，那个连想也没想，可以说没有任何功利心的目的。

“文革”那个时候，没有考研究生那一说，那时我对前途很迷茫，并没有想过以后我要怎么样。至于以后能做点研究，那更是做梦也没有想到。因为没有功利性的目的，读书比较专心，把基础砸得比较结实，就是一遍一遍地弄这些最基础的东西。在最基础的这些方面，我感觉还是要弄得比较结实一些。但同时也会产生一种弊病，一直到现在都是，就是对学术前沿缺乏了解，对目前的学术状态缺乏把握。现在年轻人通过上网，一下子就可以查出关于某个问题有多少种说法，已经有多少相关的著作，包括什么台湾的硕士论文都能找到。我现在已经形成了一种习惯，就是读书。对于一个问题现在已经研究到什么状况，我是尽量了解，但是还差得很多，不能很及时地了解，这也是我的一个弱点。

二、学术师承

王：您上学的时候师从两位殷先生，他们上课有什么特点，有什么区别？

刘：没有，正式填报的时候导师就是两位先生。但是到了最后一年的时候，要写毕业论文，他们两位老师就分开了，这几个同学论文归老殷先生（殷孟伦先生）指导，这几位同学的论文归小殷先生（殷焕先先生）指导。我是老殷先生指导的。老殷先生大概是1936年毕业的罢，与小殷先生年龄差得不大。小殷先生在南京上学的时候和蒋维崧先生是同班同学，但是小殷先生当时得了肺结核，休学一年，这样他毕业的时候就比蒋先生晚了一年。他们同班同学还有彭铎、周法高等。老殷先生毕业早点，当小殷先生和蒋先生还在上学的过程中，老殷先生就已经留校当青年老师了，所以蒋先生、小殷先生都称老殷先生为老师。

王：老殷先生和徐复先生是一起跟着黄季刚先生？

刘：对，那是在中央大学的时候，小殷先生比老殷先生晚一点。后来他们的治学方向发生了变化，小殷先生专门治音韵学，就跟着罗常培先生做音韵学的研究。罗常培先生实际上也跟着黄季刚学过。50年代开会的时候罗先生就跟小殷先生说，他和老殷先生是一辈的。

王：从学术角度讲，老殷先生和小殷先生对您有哪些影响？

刘：这两位先生的风格、治学路数都不太一样。小殷先生是专攻语言学，尤其是音韵学，他50年代写过不少东西，还为“文改会”写过东西，汉语拼音方案什么的。语言之外的东西，小殷先生一般不涉猎。老殷先生是遵章黄的传统，涉猎面广，他对古典文学相当熟悉。小殷先生说老殷先生是博雅之士。老殷先生对文学、小学、经学，都涉猎，都弄得很精、很博。小殷先生专攻语言文字，他的思维很细腻，很善于发现一些别人不注意的语言现象，从这些语言现象中发现一些有规律的东西，对于培养我们的思维的条理性、细致性很重要。老殷先生不是这样，他对诗词歌赋样样精通。

王：那个时候您跟他们学习，也是采取上课的形式吗？

刘：是上课，但是很自由、很灵活。教的风格也不一样。小殷先生给我们讲音韵学，他的思维非常难捕捉，经常和电光石火一样，讲着这个问题，你刚想仔细听听，他一下子转到另一个话题上去了，一开始我们不太适应。我们比较适应的是比较系统的授课方式，有教材，第一章、第二章什么的。他的思维非常快，上句话讲什么，下一句就讲另外一个东西去了，我们跟不上他的思维。老殷先生主要是闲聊多，上课很自由，想起什么说什么，他不是不知老之将至，他是不知下课之将至。有的时候他一聊能聊到中午快一点了，有的时候我们就坐不住了，那个时候徐超是我们的班长，我们就说：徐超，跟老师说一声！徐超就上去跟老师说，殷先生就说：哦哦哦！下课！老殷先生是把聊天和学问结合在一起。

王：老一辈学者好像都有这样的风范，把聊天和学问相结合，甚至有的时候聊的比讲的还精彩。

刘：对！聊的时候有互动，他还没想到，您问到了，他就讲出来了。这个是课堂里讲不出来的。

王：从学生的角度，您怎么总结两位殷先生一生的学术成绩？

刘：两位殷先生因为种种原因著作都不多。小殷先生被打成“右派”，坎坷二十年，有时候都吃不上饭。他在50年代的时候曾经也比较红火过一段时间，身兼八大要职，有“文改会”，还有很多。但是一旦被打成“右派”，就什么都不能干了。老殷先生政治压力比小殷先生小，老殷先生是内定“右派”，不给您“戴帽”，对您控制使用，不能当官，不能出国，等等，那是由组织上掌握的，本人并不知道。我们入学的时候，正值全国改正“右派”，山大中文系书记宣布，老殷先生才知道自己是内定“右派”。两位殷先生的东西都不太多。《子云乡人类稿》是老殷先生的集子，但是收的并不全，我给我老师建议过，我知道我老师民国的时候还写过一些东西。老殷先生就说不收，所以只收了一部分。建国前，老殷先生在四川大学写过一些文章、一些讲义，后来觉得不满意，悔其少作，大多都没有收入。

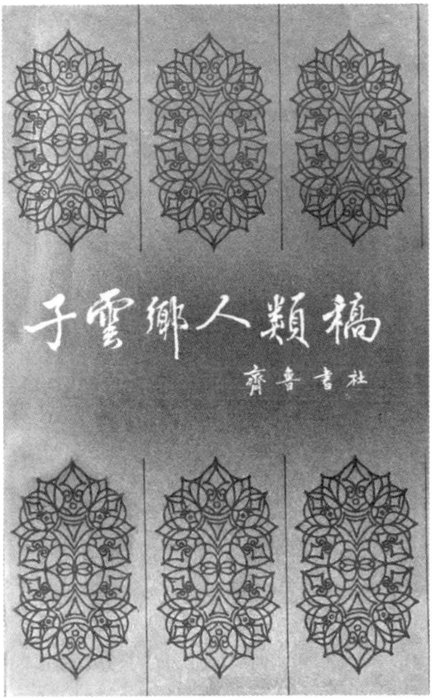

《子云乡人类稿》

老殷先生和我经常闲聊，讲他上学的事。他上学的时候在南京，放假了就去苏州找太炎先生，有些问题要请教他。黄季刚先生给他说，你请教老先生问题，如果他张口就回答，这个答案是靠得住的；如果老先生想想再回答您，这个答案怕是靠不住。毕竟年龄大了，你是有备而来，他是无备而答，他考虑不到那么多，需要想一想，这一想回答就不会很准确了。老殷先生曾经直接向太炎先生问学，但是他不是太炎先生的学生，他是黄季刚先生的学生。孙世扬本来也是黄季刚的学生，孙世扬学得好，章太炎就请他到家里给他的儿子当家庭教师。章太炎的《章氏丛书三编》，都是孙世扬给他整理的。孙世扬虽然后来跟徐复先生一样，都在太炎先生身边待了好几年，但都是黄季刚先生的学生。

有些事后来都传为笑谈。黄季刚、孙世扬过年过节都在太炎先生家坐着，底下的人送茶，茶当然先给客人，就把茶先给黄季刚先生。黄季刚先生心想我到老师家来，不能要第一杯茶，就把第一杯茶递给太炎先生，第一杯茶让老师先喝。太炎先生就把茶递给了孙世扬，觉得孙世扬是他的家庭教师，要先给他喝。孙世扬也不敢喝，黄季刚先生是他的老师，他又把茶递给黄季刚先生，这杯茶就不知道谁该先喝了。这都是很有名的章门轶事，总之辈分是很严格的。网上有些轶事，根本就传走形了。网上有的时候把这些轶事弄成噱头，夸张得很乱。

有些轶事，确实是外界都不知道的。有些事情是黄季刚先生给老殷先生讲，老殷先生亲口给我讲，这是外人都不知道的。比如说，他们在日本的时候，有一次，黄季刚先生回来得比较晚，已经关门了，没法进房间。太炎先生就喊：季刚，你到我房间来睡吧！黄季刚就和老师去挤榻榻米。黄季刚先生给殷先生讲，太炎先生半夜起来，叼着烟在屋里狂走，嘴里嘟嘟囔囔得骂。黄季刚先生说当时自己困得不得了，心想反正太炎先生不是骂的慈禧太后就是康有为，我不管他。后来听着不对，原来不是骂的他们，而是骂的杜预，注《左传》哪句注得不对。这些轶事外界知道的人很少。这说明章太炎先生思考得非常深入、非常认真。

章太炎先生晚年以中医自豪，认为自己的中医水平非常好。实际上，他中医是用古方，也就是所谓“经方派”。殷先生说，他到苏州去见太炎先生时候感冒了，太炎先生主动热情地给他号脉，开了一个药方。殷先生出门走时，孙世扬送他，孙也懂中医，他要看看老先生给殷先生开的什么药，他看了以后说这个药不能吃，可能越吃越厉害，就把药方偷偷改了改。殷先生吃了药，第二天见章太炎先生，太炎先生问这个药怎么样，老殷先生说很有效，确实减轻了。太炎先生很得意，非常高兴。孙世扬就在一边偷笑，他不敢给太炎先生说他换了方子了。这种轶事还很多，因为我愿意和老殷先生聊天，也知道不少这类事情。

太炎先生的《左传》研究是有变化的，一开始贬低杜预，推崇贾谊、刘歆、贾逵、服虔，后来重新返回，认为还是杜预的解释合适。这个转变的节点，通过太炎先生骂杜预这个事情，我们可以知道，起码他和黄季刚在日本的时候，他还没有转过来，还是贬低杜预的。这对探索他学术思想变化的时间，也是很重要的。

王：您那个时候跟着二殷先生，磕不磕头？

刘：不磕头。黄季刚先生给太炎先生是磕过头的，老殷先生给黄季刚先生也是磕过头的。我们上学的时候，是革命的年代，不兴这些旧的礼节了。但是殷先生去世，我们都是磕头的。

三、蒋维崧先生与《汉语大词典》

王：刘老师，谈谈您和蒋维崧先生交往的情况。

刘：我 1981 年研究生毕业以后留校，正好蒋先生负责《汉语大词典》的编纂，他是山东省业务的总负责人。那个时候编《汉语大词典》是五省一市，山东是山大一个点、山师一个点。下面还有几个点。我毕业以后有些点就已经合并了，人员也抽调到山东大学。山东大学有一个编纂组，山师有一个编纂组，那个时候很需要人。我进入编纂组的时候就已经比较晚了，看书收词、做卡片的工作已经结束，到了开始编写的程序了。人员不够，蒋先生点名把我要了过去。我研究生毕业实际上就是直接进入《汉语大词典》编纂组了，我去了之后让我担任蒋先生的助手，帮助蒋先生审稿。对别的老师、同事们写的稿子，要进行初审。我认为这项工作对我帮助非常大，那个时候编词典这种工作大家都不太愿意干。国家政策是编纂人员为了编《汉语大词典》，其余事情一概放下，没有教学任务，也不允许发文章，大家要把所有的精力投入到编词典的工作上来。这是一个好汉不愿意干，赖汉干不了的事情。蒋先生那个时候经常提醒我们，虽然编《汉语大词典》很辛苦，但是看大家是不是一个有心人。如果你是个有心人，那么在里面能够获得相当多的知识。这是一个良心事，我把词典编好了就行了。但如果你要想有所提高，就要当一个有心人。《汉语大词典》用的书比较杂比较多，我们自己有资料室，藏书还是比较多的。我就借着《汉语大词典》的编纂，大大扩展了自己的知识面。原来上研究生的时候专业性比较强，净是看《广韵》、《尔雅》、经书这些。编《汉语大词典》用的书很多，什么唐人小说、《搜神记》、《聊斋》，什么都用。我借着这个机会，尽量把这些书都摸一遍，《丛书集成初编》《四部丛刊》，一本一本看。虽然不能深入地看，但是我是跟这个书见过面的，我知道是怎么回事，这使得我不再局限于文字音韵训诂这些方面了。再一个，蒋先生学问非常非常好，但是他也是不写东西。他能发现很多突破性的看法，有些流传了几百年的错误解释，他都能找出错误的根源，并加以纠正，用心非常非常细。

我在蒋先生身边，就是跟蒋先生学一些治学的方法。那个时候也是年轻，我现在想想也是羞愧得不得了，我有的时候还和蒋先生争论争论。蒋先生是从不争论的，他不同意的地方他就不说话了。他不说话，就表示他是不同意的，他绝对不会反驳你。有的时候，我说一些东西，他就点着头笑笑，走到他的书架旁，摸出一本书递给我。我一看，坏了，我错了。到后来，蒋先生一摸哪本书，我就知道错在什么地方了，都成了条件反射了。蒋先生也告诉我，别的老师要是提出什么问题的时候，不要急于回答。人家提出这个问题，必然是对这个问题进行了长期的思考，人家思考不通，发生困难了才来找你。但是我们并没有对这个问题专门地思考过，你如果马上回答，回答的可能不准确。

蒋先生给我举丁声树先生的例子，丁先生是主编的《现代汉语词典》。丁声树先生也是建国以后不大写东西的，写了一本《古今字音对照手册》，这本书编得非常精，但它是常用字的对照手册，并没有把《广韵》里所有的字定出音来，当然现在大家都是做全的了，所以他的这个小册子使用率也不高了。丁先生年龄比蒋先生稍微大一点，学问极好，他主持编《现代汉语词典》。《现代汉语词典》编得非常好。别人问丁先生问题，丁先生都是先说这个问题我不太清楚。别人就觉得，丁先生这么大学问怎么这种普通问题都不大清楚啊。丁先生当场不回答，过两天递给您一张纸，这个问题解决得非常非常漂亮。他听到你的问题，并不马上回答，要回去思索思索，回去找找材料，这样才能解决问题。你仓促回答，回答的可能都是面上的问题，人家都知道。蒋先生治学非常严谨，他教给我很多治学的方法，和他在一起简直是如坐春风。蒋先生和殷先生的性格恰恰相反，殷先生非常直率。

王：《汉语大词典》如果和台湾的《中文大字典》比的话，各有什么优缺点？

刘：台湾的《中文大字典》和日本的《大汉和辞典》都是我们编《汉语大词典》的重要参考书。台湾《中文》中收了很多人名、书名，但是《汉语大词典》不收，只收语词，它们在内容收词方面是不一样的。《辞源》也收人名、书名，但是《汉语大词典》这些是一概不收的。再一个，《汉语大词典》比《中文》要精，材料要全。台湾《中文》在编的时候基本是沿袭日本《大汉和》的语料。《汉语大词典》是看书收词，从中国的重要典籍中直接钩索。收词的时候，每人负责一两部书，好比说你一本《聊斋》，杜以恒一本《三国演义》，看看是词的，就画出来，做成卡片。《汉语大词典》把传统文献中有代表性的，基本上都收进去了。在此基础上，把原来已有的辞书，好比说《辞源》、《辞海》、《康熙字典》、《经籍籑诂》、台湾《中文》、日本《大汉和》，都剪成卡片，进行参考。《汉语大词典》不是完全沿袭以前的辞书。《汉语大词典》还是古今并重的，有不少现代汉语的词，不少都是从新文化运动以后的作品中找的。当然，新文化运动后作家的水平也不一样，巴金、老舍，这是很重要的。但是有一些作家的作品，句子也不太通顺，用词也不太标准，蒋先生当时就说：某某人作品的词，能不收就不收，他不通啊！（笑）都是现代作家，水平不一样，你收谁不收谁，要谨慎。对于收词，有的时候大家也会讨论、争论。那个时候正好出现了一个新词——国脚，就是国家足球队的队员。当时我们就讨论，是收还是不收。我们看卡片，一开始用这个词的是《羊城晚报》，广东的。因为国家级的棋手叫“国手”。最后大家讨论，还是决定不收，因为这个词刚刚出现，它能不能立得住，还是个问题。还有一些“文革”时期出现的词，使用非常广泛，但是也不收。因为“文革”已经过去了，那些词也就完了，像“破四旧”这样的词，没人再去用了。收词，还要看看能不能经得起历史的检验。现代的词倒是好说，就是个选不选的问题。古典文献的词，有时候就麻烦，有些词是松散的结构。有的词，在先秦中出现，后代不用了，这个一般也就不收了，因为它没有生命力了。

《汉语大词典》也有很多不足之处，当时要求进度，这是一个国家项目，是一个国家行为，需要看到项目的成果。质量和速度是一个不可解决的矛盾，又要加快速度，又要保证质量。当时只能是在这两者之间尽量保持平衡，不能说是尽善尽美了。

王：《汉语大字典》您有没有参加？

刘：《汉语大字典》主要是李格非、赵振铎主持的。这两个大辞典算是姊妹篇，《汉语大词典》是对词的解释，《汉语大字典》是对单字的解释。这两部书是当时部头最大的工具书，很多地方需要沟通。《汉语大字典》和《汉语大词典》的编纂人员过一段时间就要在一起商量某些问题。比如说，《汉语大字典》收的一些字不是常用字，汉字只要有的字它都要收，无法回避，不能挑挑拣拣，不能说这个字不用了，我就不收它了，这是不行的。很多字，在编辞典之前没有确定普通话的读音，有些已经死亡的字，好比《集韵》里面，那么多乱七八糟的字，那些反切，在普通话里应当读什么音，这是要商量的。同一个字，《汉语大字典》认为应该读一声，《汉语大词典》认为应当读二声，那你让读者怎么办呢？这是矛盾的，这是不行的，所以有些问题要沟通一下，别让这两部最大的工具书都不一样，读者会无所适从的。很多字词的读音、解释，这两部书都要统一起来。

1984、1985 年，《汉语大词典》就结束了，那个时候正好全国成立古籍整理研究所，山东大学也是刚刚成立，所长还是当时的校长吴富恒。吴富恒校长是不管具体事的，日常管理是董治安老师。刚成立的时候，古籍所还是空的，光有建制没有人。当时古籍所还请了很多老师做兼职，还没有固定的人员。这个时候正好我们《汉语大词典》结束了，就把我们《汉语大词典》的人马，百分之八十都拉到古籍所里面来了，这样古籍所算是真正有了编制内的人员了。从那以后，我就开始做古籍整理工作了。

王：您对经学的兴趣也是比较久了，真正开始做这方面的研究是不是在《汉语大词典》结束后开始的？

刘：作为知识储备是比较早的，我读《十三经注疏》的时候是在"文革"时期，还没考研究生呢。但是那只是一个知识储备，往仓库里装点东西，并没有说要作为一个研究方向。编《汉语大词典》是一个杂家，天文、地理、植物，碰到什么都要解释。到了古籍整理研究所以后，一开始我还是搞得语言文字。到了 90 年代，我才渐渐地有一个自己的方向，决定搞经学。

四、《匡谬正俗平议》

王：《匡谬正俗平议》是在什么时候做的？

刘：应该是在编《汉语大词典》的时候，那个时候各种书看了很多，包括很多宋元人的笔记。当时还没有电脑，我弄这个东西是比较困难的，每一条材料都是我从书上直接抄下来的。比如说《经典释文》的反切，那时候《经典释文》还都是线装书呢，要一个一个抄，那是相当相当麻烦的。每一条都是查抄出来的，不是检索出来的。编《汉语大词典》的时候，知识比较杂，所以杂七杂八抄了些材料。当时抄的时候是无心的，抄的材料不少了，这些散见的材料，需要一个汇总的方式。《匡谬正俗》正好是关于经学里的一些文本问题、俗语问题、音韵问题，我的材料可以依傍到《匡谬正俗》上。我就是找一个框架，把我的东西装进去。至于《匡谬正俗》的写作时间，不好说，比较长。真正撰写的时候比较快，材料都是现成的，理顺了就行了。

王：您觉得《匡谬正俗》这个书有哪些特点？

刘：这个我真说不上。我就是给它做了一个，既像是疏证，又不像是疏证的东西。做疏证有一定的限制，疏不破注，他怎么说的，你就要怎么解释，你不能反驳他，他说错了你也要顺着他说。你反驳他，就不叫疏证了。疏证不太能发挥自己的看法，像孔颖达、贾公彦，都受限制。做疏证我感觉到受束缚，我就叫“平议”。有道理的地方，我加以进一步的说明；我认为没道理的地方，我可以不同意他，提出自己的见解。长期以来，我不好写东西。想做一个课题，一般是围绕这个问题收集材料，这样才顺一些。我不是这样，我是无目的的。我一本一本书地读，我并不是想写什么，读着觉得有用的就抄下来。至于这个材料要干什么，我不知道。最后材料多了，我就想把它捏成什么。我是先有材料，然后决定干什么。

王：有一个问题请教您，《匡谬正俗》里面有一个字，这几年用得也比较频繁，就是“拾阶”。这几年报纸用得很多，包括习近平给人民英雄纪念碑献花篮，就说是习主席和什么人“拾阶而上”，这个音究竟应该读“shí”还是“shè”呢？

刘：不光是这一个字的读音问题，这涉及到一批字的读音问题。传统读如何，现代读如何，这是一个矛盾。前段时间，百家讲坛也有一些，“仁者乐山，智者乐水。”究竟读“lè”还是读“yuè”，还是读“yào”，等等的。如何处理这些问题呢？我认为，应当以现在规范的普通话读音为准，读什么就是读什么，但是应当知道这些字的传统读法，按照《经典释文》的反切来。《经典释文》的反切完全是根据文本的意义来的，那是比较准确的。这个事情不太好说，我有的时候上课也用现代汉语读，但是会告诉学生这个字古代怎么读，就是你别拿我当傻子，我不是不知道传统读音，我是知道的，但是我现在按照普通

《匡谬正俗平议》2016 年 4 月版

话来读。这些问题不必太统一，这是一个见仁见智的问题。你一定要遵循传统，该读“shè”要读“shè”，否则你没学问、没看懂。但是针对社会交际，按照现代读法也就可以了，不能认为这就是错了。现在依据《新华字典》《现代汉语词典》就可以了。如果是在一个学术论坛，或者是讲《礼记》的课上，我们要说清楚这个字该念什么。如果在更广泛的社会层面，“shí”就“shí”吧，也不算错！

王：您们当时编《汉语大词典》的时候，对于如何处理这个标准，有没有讨论？

刘：有！编《汉语大词典》是要音义分开，不同的音对应不同的义，音和义要匹配。现在您说的这种情况在社会上太多了，改不胜改。你要是一定要去纠正，也不太好办。你按照现在普通话去读，很多人认为你没学问，不懂。你要是一定要按照传统古读，人家也会反对，认为你是酸丁，酸不溜的。都不讨好。（笑）

王：《经典释文》里面的有些“又音”是不是也是为了适应社会的发展？

刘：不是。《经典释文》里的“又音”比较复杂，它有的时候用又音的形式表示假借字，直接把假借字的音弄上，非常复杂。比如说，有一个字，用了不同的反切，某某反，又某某反。徐某某反，徐邈，或者刘昌宗，等等。这个不同，有的时候必须考察一下。有的时候，这两个反切切出来的音没有不同的意义，那么这两个不同的音可能是由于其余的原因，或者是方音的影响，等等。有的时候，用另一个反切，实际上等于用了另外一种解释，音不同则义不同。《经典释文》的体例和《广韵》《集韵》这些韵书不一样，音义书和原书是不可分割的。比如说《礼记音义》，它必须是作为《礼记》这个书的附属品，是为《礼记》服务的，它不可独立。韵书就不是这样，它不依附于任何一部典籍，它只是审音辨义而已。

五、《大戴礼记义疏》

王：您做《大戴礼记义疏》是什么时候？

刘：那是到古籍所以后了。当时我有一个同门的师兄弟，叫朱正义，已经去世了。我和朱正义关系很好，我们两个就商量，一个人做一本书，在《十三经》的边缘上，因为《十三经》清人已经搞得很透很透了，我们无法超越了。我们两个商量好了，我弄《大戴礼记》，他弄《国语》，这是我们两个私下商量的。朱老师1990年就去世了，是游泳溺水，他没有做完。

“文革”的时候我也看过《大戴礼记》，当然那个时候只是随便翻翻看看而已。

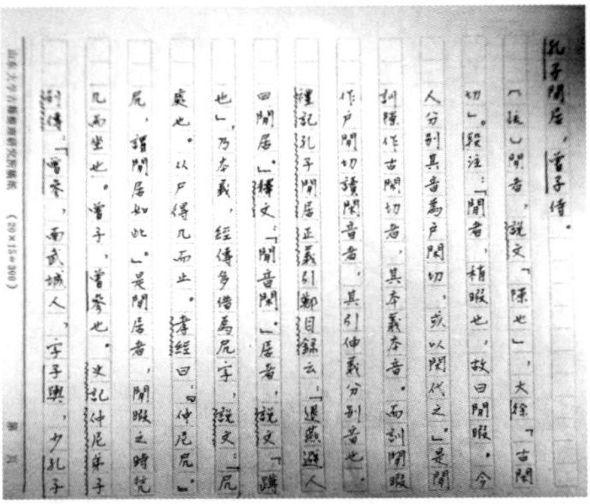
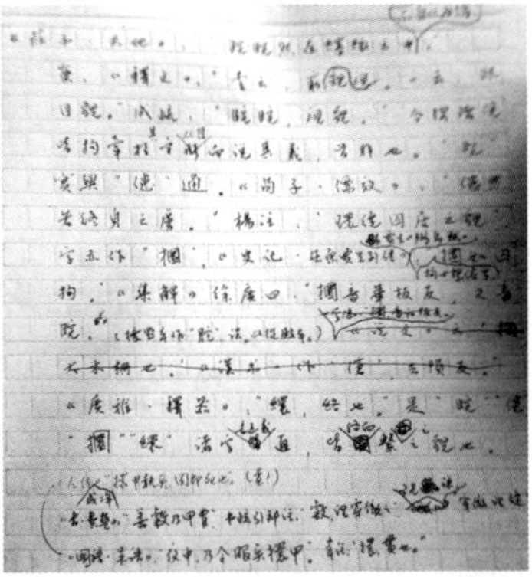

刘先生《大戴礼记义疏》手稿

王：《十三经注疏》中，注、笺、传，这些概念大家还是清楚的。唐代人给经典作疏的时候，好像就有点乱似的，贾公彦叫《仪礼疏》，孔颖达他们做的叫“正义”，后来清人也有叫“正义”的，胡培翚、孙诒让他们都叫“正义”。您现在做《大戴礼记》又叫做“义疏”，义疏、疏、正义，究竟有没有区别？

刘：既可以说有区别，又可以说没有区别。说没有区别，是因为实际上是没有大的区别的。但为什么还说有区别呢？它们的区别和它们的名称并没有直接的关系，同样是义疏，你也做我也做，这里面就不同了。它们的不同，并不在于它叫正义，它叫疏，而是他们做的本身有差别。

王：那您做《大戴礼记》为什么不叫“正义”而叫“义疏”？

刘：作为作者，起名除了要回避其他已有的著作，还有其他的原因。我做《大戴礼记》，我不敢叫“正义”。正义，带有一种权威性、标准性，甚至带有官方性；叫“义疏”，就有点不显山不露水，其实做法是一样的。您问得简直一针见血。郝懿行的《尔雅义疏》和王念孙的《广雅疏证》从体例上没有什么不同，当然具体做法、特色有差别，水平也不一样，那是另外一回事。我这个书，叫“正义”也是这么个做法，叫“义疏”也是这么个做法，但是我总感觉叫正义有点自我招摇。孔颖达、孙诒让他们叫正义，地位高，我就回避一下，再一个也表示谦让。（笑）

王：《大戴礼记义疏》是已经完成了，还是在改？

刘：还在改。拖得时间比较长了，原来的时候，我引的一些版本并不好，后来我们出了一些更好的版本，更标准，这是一个方面。再一个，后来读的书越来越多，材料也越来越丰富，有一些内容我要增加，比如说郭店楚简，里面还会有一些间接的材料。还有，一些个别的观点，我要做一些调整。但是基本上是定型了，只是做一些调整，相当麻烦。我需要有一个相当完整的时间，不干别的事，塌下心来，从头到尾把这个稿子通一通。

六、经学研究

王：我记得您编了一个书叫《经学源流》，那是怎么回事？

刘：那是出版社的规划，《经学源流》是一套书中的一本。那是出版社上的一个选题，召集人来做，我就认领了《经学源流》，当时我就找了几个关系好的年轻同学一起做这个书。书的前言、通稿是我做的，内容是各署各名的。内容上好像是分经，《左传》选一点，《仪礼》选一点，就好像是一个群经选本一样。那个书出了以后，也引起了一些人事矛盾。后来出版社也说是不是再修订修订，单独出版，我也没答应。这书我自己都没有，还是我当时送给杜老师，他在我需要的时候又还给我了。我一想到牵扯到相当多的人际关系，就不太好处理了。

王：您读《十三经注疏》也是看的线装本吗？

刘：我看的就是《四部备要》本，还有什么脉望仙馆本，民国的什么书局本，根本没法讲版本。那个时候我也有儿子了，我一个手摇着儿子的小车让他睡觉，一个手看注疏。到后来，那个砖地面都磨出了一个很深的印子。《十三经注疏》里面，读得最熟的是《左传》和《三礼》，我比较喜欢。《十三经》里面我不太喜欢的是《周易》，它太玄，这可能和人的性格有关系。章学诚说："高明者多独断之学，沉潜者尚考索之功。"我感觉到我的性格，弄些实实在在的东西，一点点抠，饾饤之学，那比较符合我的性格。天地玄黄那些，我就感觉有些不喜欢，所以我的《周易》水平很低，就是把注疏看过，汉《易》我明白，像虞翻、荀爽这些，仅此而已，没有再做深入的研究。下功夫多的就是《左传》《三礼》。

王：《左传》读来有意思，但是《三礼》还是比较枯燥的，您怎么会对《三礼》感兴趣呢?

刘：那个时候生活本身就是枯燥的，什么书都没有，看看这些枯燥的东西反而不觉其枯燥。

王：《清经解》正续编，您怎么看待这两种书?

刘：我认为从内容上，《续经解》比《经解》还要重要一些，它们编写的时代不一样，阮元所处的时代早一些，在他之后出现的一些更重要的著作他还没来得及收进去。《续经解》收的还是比较全的。

王：那您为什么后来想起来编《三编》《四编》呢?

刘：这也是一个机缘。本来我早就有这么个想法，但也只是想法而已，根本就没想过具体来做，没机会。齐鲁书社对这个事情很感兴趣，愿意做这个事情，于是我就把原来的想法付诸实现了。

王：有《清经解》正续编，还有《三编》《四编》，是不是就把清代的经学著作基本上一网打尽了呢?

刘：不能这么说。还有一些比较重要、篇幅不大的东西还是应当收的。《清经解》里面收了严杰的《经义丛抄》。严杰就是把一些很零碎的经学著作都搜集起来，做了一部整体的东西，叫做《经义丛抄》，被收入《清经解》。再就是一些价值判断问题还是可商榷的，我收了这个书，你收了那个书，你认为那个书比这个书还应当收，这都是问题。不能说是一网打尽，只能说是尽力而为，把重要的搜集一下。

当时拟目的时候还考虑到一些问题，有些东西的确比较重要，正续《经解》都没有收，现在《续修四库全书》收了，我们再收是不是合适，是不是算重复收？但是有的书的确重要，我和杜老师商量了，虽然《续修四库》收了，但是还是要收，不能落下。那本书人家《续修四库》已经用了最好的版本，如果我们也用《续修四库》，那不又重复了吗？不光书重复了，版本也重复。这些，我们两个去齐鲁书社和他们商量，有些实在避不开了，《续修四库》确实用的已经是最好的版本了。我们也考虑过换版本，但是换了又不如《续修四库》的好。于是我们决定，直接用《续修四库》的底本，不用《续修四库》本作底本。我们的影印，各方面都比它好。这样，我们和《续修四库》就不是父子关系，而是兄弟关系了。《四编》有一种也是重复了，当时也是我的疏忽，我提出书，杜老师提出版本，但是有的时候人家出版社找不到这个版本，或者是收藏单位要价太高，没办法，就只好换书。一部书换了好几遍，换着换着就糊涂了，就会重复，相当麻烦。

王：随着古籍整理事业的发展，大家开始大量整理《清经解》里面的古籍。您觉得《清经解》正续编、《三编》《四编》的书都需要标点整理吗？

刘：不需要。各个时代有各个时代的标准，他们按照他们当时的标准，认为比较重要的书，我们现在看起来可能学术价值并不是很高。这些书如果整理的话，往后放，慢慢来。另外《清经解》《续经解》字都比较小，凤凰出版社出版的此二种书的字还比较模糊，只能查阅，不适合整理，现在齐鲁书社也在做大字的正续《经解》，两栏的，和《三编》《四编》配套起来，这就可以阅读了。

王：清代很多学者有文集，像段玉裁、顾广圻，他们文集当中有大量和经学有关的文章，有的甚至是成卷的，当时做这个的时候有没有考虑到把这些也收进来？

刘：考虑到了。很早之前，杨树达先生就有这个设想，就是编一部新的《经义丛抄》，把价值高的单篇经学论文搜集起来。但是始终没有人来做这个事情，我也想做。清代人有很多很有价值的观点都不是专著，都在他们的文集里面，如果把它们收集起来，可以分经重编《经义丛抄》。山师大的晁岳佩老师就做了一个民国时代所有礼学论文的影印，国家图书馆出版社出的《民国期刊资料分类汇编》，很有价值。

王：经学这几年开始热起来了，这样发展下去，研究经学的人也会越来越多。根据您的思考，您觉得经学再要做，哪些是急需的？

刘：经学就是站在经典的立场上对经义的发挥。汉武帝推尊儒术、罢黜百家，虽然那个时候独尊儒术了，但是那个时候儒学是很不成熟的。汉武帝时候，儒家的文献非常不完备，还在陆续地出现，河间献王献书等等。儒家的文本也不统一，解释更是五花八门，诠释也不深入。汉武帝独尊儒术实际上是一个超前行为，从经学的角度讲，那个时候儒术还没有成熟呢，就好像现在一个毛坯房就上市了，孔子那套还没成熟呢，就先推出来了。到了刘向、刘歆校书，那才从文本上、文献上规范起来、完善起来，经过东汉，贾逵、马融、郑康成这些人，对经典的诠释也逐渐丰富起来。这还是有一个过程的。《汉书·艺文志》还是称为“六艺略”，司马谈《论六家要旨》：“言六艺者，折中于夫子。”那都还是称为“六艺”。一直到了《七录》，虽然不存，但是序目在《广弘明集》里面存着，说是王俭写《七志》的时候才改了，把“六艺略”改成“经典志”。王俭还是七分法呢。到四分法就好了，经史子集，经典的名称才确立起来。六艺略到经典志，到经部，性质上没有多大改变，但是从目录学上的改变，也是有相当大的意义和效果的。

经学，必须站在经典的立场上，把《十三经》作为经典来研究。对一个经典的研究重在诠释，对它一层一层地解释，郑康成、孔颖达，不断地诠释。经学形成了一个很有特色的学问。诸子就不是这样，诸子只管发挥自己的见解，引用经典只是来辅正自己的观点。经学和诸子的研究方法、研究特色、研究思路都不一样。研究《诗经》，也有研究得很不错的，但是他们是从文学角度来研究的；研究《尚书》，也有研究得很不错的，但是他们是从史学角度来研究的。严格地说，这些不能算是经学，最起码是不能算作纯正的经学。虽然研究对象是相同的，但是观察角度是不一样的。如果说凡是对经典的研究都叫做经学，那太宽泛。比方说，研究《周易》的，完全用辩证法去研究，那就属于哲学了。经学是中国独有的学科，任何外族国家都没有，和西方的《圣经》学是完全两回事。西方人也研究经典，他们的经典就是一个——《圣经》。经学是独有的，独立于文史哲之外的学科。虽然从民国以来，像三家分晋一样，文史哲把经学“三家分经”，好像经学学科就没有了。研究经学就好像很封建，意味着倒退。实际上根本就不是这么一回事，经学有自己的特色和研究方法。

王：从学术的角度讲，经学要往前走，还要做哪些工作？

刘：从研究方法和研究旨趣上，也是一个二元对立。一个是适时，适合时代，这是今文派的做法。再一个就是存古，这个古文派的观点。经学究竟如何服务于现实？现在都是希望有一种直接性的服务，把经义拿起来直接为现实服务，这样往往会牵强附会，把经典里面没有的意义附加进去。古文派主要认为存古，那么经学对现实就是一种间接性的意义，不是拿过来就能用，而是用经典里面的意义，潜移默化地形成、培养自己的民族性，这是长期的，能够让中华民族认识并保持自己的文化特色，这很重要。中国文化缺乏符号性，缺乏一部共同的经典。经学主要还是学理性的，而不是宗教性的，是主要作为学问来研究的。我们主要在国内生活，我们要是出去移民或者留学，就会发现找不到一个表象性的东西。宗教是可以的，一部《圣经》，一部《古兰经》，有自己的生活戒律，走到哪都能保存。可是中国用什么来保存呢？《四书》能够代表吗？不行，因为必须要有一定的文化基础，《四书》不适用于平民大众。《三字经》《弟子规》呢？也不行。找不到一个代表著作，也找不到一个代表人物。

中国，最高级的就是把人“圣化”，而不是“神化”，孔子是“大成至圣先师”，最高的就是圣人，不是神人，是讲现实的。你要想找一个代表，各有各的代表，五花八门。有拿孔夫子当代表的，有拿孙悟空当代表的，有拿关羽当代表的，还有拿常山赵子龙当代表的，还有拿毛泽东当代表的。咱们在国内体会不到，如果在国外，生活在另外一个文化系统中，我们要保存自己的文化，保存什么？没有一个共同认同的代表的东西。听说华侨陈嘉庚在自己墓里，既有孔子像，又有如来，还有孙大圣，好像还有二郎神杨戬。中国人只要失去了自己的生活环境，在自己的文化认同上就容易迷失了。在唐人街上立个古典牌坊，摆两个石头狮子，代表不了中国文化。中国缺乏宗教性，儒家毕竟是“学”，不是“教”。作为“学”，你就可以去研究它；作为“教”，你是不能研究的，只能遵从。“教”是可以让各个阶层的人共同接受的。我们研究“三礼”，完全是学理性的，是学术不是宗教。

王：能不能研究出一个能让大家都认同的东西呢？

刘：对，应当研究一个共同能接受的东西。但是中国文化两千多年不认同神，只认同人，最高的就是圣。正因为这样，所以不好找代表。现在大家也老想找一个代表，到处办孔子学院，打出孔夫子的旗号来，这样实际上效果不大。这里面原因很复杂，国家办孔子学院的方式和宗旨是有待进一步研究的，而且孔子学院没法纳入人家官方的教育序列，钱都是咱们自己拿。您在外面的孔子学院学习，又没有毕业证书，又没有学位认同，进入不了人家的体系当中。

中国传统文化怎么保存？官方的要求都是功利的，你必须马上起效果才行。经学，考证这么一些典章制度、礼仪程式，有什么现实意义呢？它是间接的，从中可以慢慢培养传统文化的意识，这是一个深层次的培养，这是需要一种生活环境、生活方式，需要一种具体的不断重复的行为来加以改变。《大戴礼记》说："习与性成。"你的习惯形成你的性格，作为一个民族也是这样，一个民族的经历形成一个民族的灵魂。在这个过程中是一种无感状态，是潜移默化的，实际上已经受到了影响。对你影响最大的是你所忘记的事情，因为它已经进入你的下意识了，你自己都没有感觉。我套用杜甫的诗，"随风潜入夜，润物细无声"，礼学就是"随行潜入性"，随着你的具体行为潜入到你的性格里去，"润质细无声"，滋润了你的本质。有些东西最怕炒作。你要认同这种文化，并在这种文化中慢慢地被滋润，这才是一种深层次的民族性改变。

王：我昨天和杜泽逊在那聊，也是说到这些。我们做一个东西，总想做好，有的时候也会受到各种各样的限制。

刘：我现在看到有些年轻人做的东西，确实不容小看。有些博士生没毕业几年，我看他们的文章、著作，相当有深度了，我们还是后继有人的。

王：现在高校的年轻人，比我们的条件好得多，其一，大部分不用挨饿，我们那个时候还要挨饿。其二，我们那时候很多书是看不到的，现在你想看到的书几乎都有。在这样的情况下，如果自己喜欢学，又有好的老师点拨，就能快速地进入。我们上大学的时候，自己不懂，跟老师接触的机会也少，这样就会失去很多机会。有的人读研究生还好点。现在，只要你学，你要想问老师，自己的老师不懂，他会给你介绍老师。总之有各种条件让你学习，有些脑子灵活的学生就能快速进入。还有的学生基础不好，但是只要他喜欢，还是能学到东西的。

刘：是这样的。

刘先生伏案工作

王：刘老师，您整理过马骕的《绎史》？

刘：那也是出版社的项目，他们要弄《二十五别史》，也是开会，定一定人选，分头去做，马骕的《绎史》就是我整理的。本来这是我自己的一个事情，快收尾了，正好搬家，从二十三号楼往三十九号楼搬家，弄得“地覆天翻慨而慷”，我就受不了了，就把那些东西交上去了，出版社的人把剩下的尾巴做完了，所以《绎史》从署名上不是我一个人的成果。

七、音韵学与古文献

王：刘老师，您对音韵学很有造诣，那您学音韵学是老师教还是自己学呢？

刘：我基本上是自学，上研究生之前就已经比较熟了，但是那时候没有更多的书看。有些地方我知道我不懂，但是我看不到我想看的书，然而基本的道理是通了。殷先生之所以能够让我入门，相当大的原因是那个时候我已经通了音韵学了。考上山东大学了，有些想看的书能够看到了，之前一些不明白的问题也就知道了。有的时候殷先生再几句话引引路，就更加清楚了。

王：现在从事文献研究、传统文化研究的学生，是学汉语拼音长大的，这个和传统的音韵学是不同的。现在他们要学音韵学，都觉得音韵学很难，进不去。从您自己自学的过程，您能不能讲讲如何自学音韵学？

刘：如果不是专门研究音韵学、语言文字学，那么把道理通了，能够运用它理解古代典籍了，这基本上就可以了。原来音韵学就被称为绝学，看不到摸不到，文字学好歹还有形象，甲骨文、金文什么的，能看到。音韵学看不到、摸不到。一东二冬，在普通话里念是没有任何差别的，但是《广韵》里就是有差别的，反切不同，韵部不同，这就让人很难以理解。尤其是北方人学音韵学先天不足，北方人音素相对简单。相反，广东人、福建人，有很多音人家在自己嘴里面就发出来了，你一说话音就不一样。有些时候要硬逼着自己做，好比说看《广韵》，一东二冬，我怎么也分不开。但是人家韵书上已经分开了，那肯定就是不一样的，你让我说，我也说不出来，要硬逼着自己记住，先承认他的分法是有道理的，然后辨别确定它们的音值。学音韵学实际上也就是一个音类和音值的问题。音类，就是你先要把音分成不同的类别；音值，就是它确凿的读音。一东二冬，读音是不同，你给我读一读，我要听一听，我听不见，那还是看不到、摸不到，这是音值。要是不是作为专业，音值我们知道就行了，审辨发音精微无误，那是搞方言的学者应该掌握的。搞方言的学者耳朵也灵，审音能力很强，音稍微有一点不同就能听出来，还能用国际音标准确地表示出来。但是我们搞古文献的不必要求这么高。我们只知道某几个字在上古是属于同一个韵部的，它们声母是一致的，这样它们可能是某一个字的假借字，在这个地方读不通很可能就是这个原因。这样就能为我们读古书服务了，这就行了。张之洞说："由小学入经学者，其经学可信；由经学入史学者，其史学可信。"但是现在不行了，咱们的教育方式不一样。人家那个时候是从小读《四书》《五经》出来的，我们是从小学现代汉语出来的。等我们小学通了再去学经学，早就死在半路上了。等你把小学通了，起码是七八年过去了，你还研究什么经学。我们现在不能走古人老路了，从小知识结构就定型了。

王：如果抛开汉语拼音、国际音标，我的目的就是读懂古书，那我应该怎么学音韵学，读什么书？

刘：一个是把《广韵》里面的声、韵、调的情况弄清楚，记住这些常用反切上字，基本就能知道声母。段玉裁说过："同谐声者必同部。"好比说，之，我们知道是什么部了，从它谐声得出来的"寺"等等的，肯定是一个韵部的，好像《古代汉语》第三册都有，有一个附录。把这些声符字都记住，基本上就能见字知音了。随便看一个字，好比说是“集韵”，我知道上古“集”属于缉部，“韵”是文部，马上我就知道他们是什么了。这样阅读古书就把握了一些语感了。

民国的时候，搞语言文字就已经分开了，传统派和新派。传统派就是章黄这一些。新派就是高本汉传进来这些，一直到现在，用国际音标，标这个标那个，成了一个音标游戏了，你看看现在新派的论文，连汉字都不太多，满篇都是符号，这样又走到极端了。新派，像罗常培先生他们，一般在北方是在北大清华，传统派重镇是在南京。新派认为传统派，你们搞得语言学根本不是语言学，是语文学，语言文献学，我们才是真正的语言学。我的老师殷先生毕业以后，他也可以去苏州教书，就是和徐复先生他们一起到章太炎国学讲习班去，殷先生没到太炎先生那教书，他就去日本了，他给我说：“我就想看看那些所谓的新派都弄些什么东西！”他去日本跟着盐谷温，他汉学很有名，不是说鲁迅的《中国小说史略》还是抄的盐谷温的吗？殷先生在日本翻译了一部日本的《赋史大要》，再一个翻译了帕默尔的《语言学概论》。殷先生跟我说，他知道了那些所谓的新派，弄那些东西瞒不了我。什么叫语文学呢？我们的文字音韵训诂，是脱离不开文献的，与文献密切结合，所以他们嘲笑我们是语文学。语言学呢？他们根本不管这些，文献对他们来说只是可用的一种资料而已，他们有一套新的语言学理论。现在影响最大的还是王力先生这个系统，一个是他占据了北京大学这一个阵地，先据要路津。再一个，王力先生治学的路子有自己的特点，他是一半传统派、一半新派，两方面全都跨着，都很精，这样两派都能接受。但是两派也都有批评，传统派认为搞得太洋气；新派就认为王力先生搞得太保守。王力先生的弟子郭锡良先生、唐作藩先生一直继承他的衣钵，编的《古音手册》这些，都是现在搞学问离不了的工具书了。

王：我听杜老师说您对《广韵》非常熟，手抄七遍，都能背，

您对《广韵》的知识是不是就是这样学到的？

刘：我个人是这样的。“文革”时期，我只有一本《古逸丛书》本《广韵》，线装的，我现在还保留着呢。那个时候没有书，只能有什么书看什么书。我现在已经不看线装书了。

王：《广韵》比较枯燥，怎样能弄得比较熟？就是不断地翻吗？

刘：就是不断地翻，自然就会记得牢固一些，这是一种死办法。“文革”前，我买的《黄侃论学杂著》，现在还有，纸都黄了。有几部书是陪我度过最艰难岁月的，《黄侃论学杂著》是一本。我那个时候看《论学杂著》，也是似懂非懂，但是毕竟是有所得的。再根据《论学杂著》说的来看《广韵》。

王：现在高校本科的古代汉语教学有一些缺陷，部分讲古代汉语的老师比较重视语言学理论，导致了学生考试能力很强，但对古书的阅读能力很差，您怎么看这个问题？

刘：古代汉语教材的体系基本上还是王力先生定的，有文选，有通论。通论部分，就是归纳出一些规律性的东西来。但是在你阅读量很小的情况下，这些规律是空的。就好像我们学外语一样，光学了不少语法知识，但是阅读能力、写作能力并不强，让人家外国人看，你们学这些没用，根本用不着学这些语法规律，一天到晚地讲，不会也会了。就好像小孩学语言，他不懂得什么规律，但是他跟着大人学，慢慢地什么都会了，所以外国人不赞成抽出一些干巴巴的规律性的东西来学。我们也是，宾语前置什么的，你背过了，考试保证拿高分，但是阅读不一定行。

我认为应当增加古书的阅读量。我的看法也是比较偏的，我没上过大学文科的本科，所以对于本科的古代汉语、古代文学这些东西，原来一直没接触过。到了考研的时候，为了应付考试，弄了两本王力先生的《古代汉语》，我才知道里面还有那么些名堂。我原来的阅读

刘先生讲课

能力是看书看出来的，《十三经》我都看了，你让我写点古文，我也能写得文从字顺，但是我也不懂宾语前置、名词的活用之类的，你问我，我不懂，但是你让我读，我能读得懂，也会写。这是我的一个偏见，因为自己没有经历大学古代文学的系统学习。你有的时候把大学语文的东西拿来问我，一问也能把我问愣了。

王：部分古代汉语的老师，比较倾向于重视那些规律性的东西，学生考试能力强，读东西读不了。大学本科课程里，文字音韵训诂也是开的，但是还是不会读。是学生没学好呢，还是老师没教好呢，还是别的问题？

刘：音韵学也好，训诂学也好，也是给你总结出很多规律性的东西，给你总结出什么是反训，什么是声训，什么是假借字，什么是同源词，全都概念化。概念知识是一回事，但是如何把积累的知识运用是另一回事。就好像是学古代汉语，考试分数很好的同学，他们能看得懂的，就是教材里面选的这几篇，你另外再选几篇，就不行了。这个东西挺麻烦的，比如说讲音韵学，讲的一些基本的知识，用处是不大的，讲完这些基础知识之后，往往停步不前，不能够运用上，相当于白学。教材、老师的教学，都应当有一些改变。讲训诂学，不要单纯的从规律到文献，应当是从文献到规律。《周易》也好，《尚书》也好，《左传》也好，这句话前人解释的不通，王引之《经义述闻》解释通了，王引之为什么能发现这个问题呢？可以倒过来谈，从文献到规律，这样同学们就知道路子了。如果从规律到文献，虽然积累了很多基础知识，但是还没讲到用呢，同学们就已经烦了。

现在的分数制比较麻烦，作为学生，我首先要能得高分才行。但是还是必须从文献开始，比方说《左传》里面记载楚王看到谁谁的夫人很美，说“楚王繩之”，同学就问“繩”怎么讲啊，还能用绳子捆起来？其实这是一个假借字，“繩”在《说文解字》里面是“譝”，“誉也”，赞美的意思。为什么这个“繩”是“譝”的假借呢？我们再说，它们都是由“黽”得声的，都是谐声字，只不过一个是绞丝，一个是言字旁，它们在上古是一个韵部的。你这样倒过来学生是比较好接受的，你先从文献中的语言现象倒过去讲，学生就明白了。现在老师也没办法，学生的教材就是这么个教材，学生只要学好了教材，分数就高，评优秀什么的，人家就能占优势，这有一系列的问题。我们要是硬性改变，那是我们的个人行为，我们想让学生学得好，这样我们出发点是好的，但是这样教了以后，学生得不了高分。学生得不了高分就埋怨老师，于是老师就还是按照教材按部就班地讲，该背的背，一二三四这些规律。一考试，学生得高分，学生就认为这老师真好。

八、礼学与现代社会

王：刘老师，您为什么会专注于礼学研究？

刘：最终我为什么搞礼学呢，一个是我们站在文献、经学的角度研究它；另一个，在研究过程中还能促使自己的一些思考。譬如说，虽然我们研究的是“三礼”，但是“三礼”的具体内容从秦代以后就已经大变了，很多的仪式不通行于后代。但是礼的原则和精神，我认为是永恒的。只要有人的社会存在，就必须有礼。人的生存是群体性的，任何一个人都不能仅仅依靠自己的能力生存于自然界。光依靠自己，可以说连一只狗都不一定打得过。人是一种群体性的生存，要想维护这样一种群体性状态，就必须运用某种理论和手段，我认为这就是礼。我们要拓展“礼”的意义，它不仅是国家和民间的存在。即使在现代，你就是成立一个公司，你也是需要礼的，老板有老板的做法，员工有员工的做法，任何一个人都不能超越。你作为一个员工，要是把自己放在老板的地位上，明天就把你开了。所以必须有一套秩序，用这套秩序来结成人与人之间的关系，通过这种关系形成这么一种共存的状态。任何一种社会组织，都是需要礼的，而且它们对礼的要求更为严格，成员之间结合得非常严密。他们都是靠着一种秩序。庄子说：“盗亦有道。”强盗也有道。我说：“盗亦有礼。”没有礼，共存状态就不能维持，不管什么社会组织，早就解散了。

我认为只要人与人在一起生活，就必须有礼来维持这种秩序，形成这种共同状态。研究“三礼”，会促进我个人的一些思考，看起来我们研究“三礼”和现实社会是非常遥远的，杜佑都说是“方今不行之典，于时无用之仪”。那么为什么礼从先秦到后代，非要进行改变？前人也曾经说过，比方说《仪礼》，说《仪礼》太繁，所以，后来《仪礼》就行不通了。我认为，礼到了后代，像《仪礼》，为什么行不通了？因为用不着了。为什么用不着了呢？“曲礼三千，经礼三百”，太繁。但为什么礼又把社会铺天盖地的笼罩着呢？因为当时的社会需要它。人的理念、人的行为，都需要一个对它进行逐渐培养、定型的过程。三代运用礼的时候，正好是让人定型的时候。当三代结束，人已经被礼基本定型之后，就会形成一种桎梏，就是一种束缚了。好比我们培养一个盆景，我想让它成为一个特定的样子，一开始就必须严格地用绳子什么的把它定型。当它已经定型了以后，这些东西我们就完全可以解开了，因为它已经长成这个形状了，所以那些制约它的东西就用不着了。我对礼也是这样看的，礼在当时可以说是一种全方位的制约，之所以到后来要改变它，并不是因为它太繁琐。人就是这样，你只要需要它，就是再繁琐，它也会行得通的，因为你需要它。之所以不用它了，并不是因为它太繁琐，而是我们用不着它了。除了跪跪拜拜，献酬交错，礼有的时候也会引起人的思考。具体仪式中我们能悟到一些人生、社会、历史这些深层的东西，不光是了解具体的仪式本身。也就是说，虽然我主观上不太想和现实过于贴近，但是实际上当某种学问，你深层地研究它，它是摆脱不了现实的，你想摆脱也摆脱不了。我随便一说就说远了。

人，既应当了解现实，也应当了解历史，知道古人是怎么生活的。了解历史而不了解现实，这种人失之于“迂”，很迂腐。但是有的人是了解现实，对现实的一切吃得很透，人情社会把握得非常准，了解现实而不了解历史，这种人失之于“俗”，很庸俗，在社会上路路通，对现实社会非常熟悉，但是缺乏一种历史感。做学问，通过对现实的感受，可以帮助我们去了解一些历史的情况，通过对一些历史情况的了解，也可以加深我们对某些现实现象的理解。礼，是在正史书当中属于“志”之类的，不是有“礼乐志”什么的吗？它的知识性是比较强的，它不是传记性的。我们学历史，都愿意看传记性的，它可以激发人的感情，也特别吸引人。但是志，学历史的人，除非是搞专门研究的，否则对志不太感兴趣，甚至有一些人没看这些，直接去看本纪、列传，认为那才是历史线索。礼是知识性的，但是透过这些知识可以反映出一些理念来。有时虽然是在一点一点研究什么胡培翚、孙诒让他们的观点，但是也倒逼着你思考一些其余的东西。礼为什么这样做，它想表示什么，都会促使人的思考。有些人只是把研究礼作为形而下的东西，作为一种知识的堆砌，也不对。在把握知识的同时，礼还能促使你的思考。我是这样想的，所以有时读“三礼”的时候，就不单纯是知识的堆砌，也是理念的产生和发现。别人看起来很枯燥的东西，我就看起来有滋有味，原因就在这个地方。

王：我们现在读古书也好，读礼书也好，大家经常用一个词，叫“礼崩乐坏”。人们一谈到先秦礼乐制度的时候，特别喜欢用“礼崩乐坏”。既然我们说先秦时候礼崩乐坏，孔子那些人一天到晚忙忙活活要恢复礼乐制度，想要有所作为，先秦传下来的一些典籍比如说“三礼”，这样的

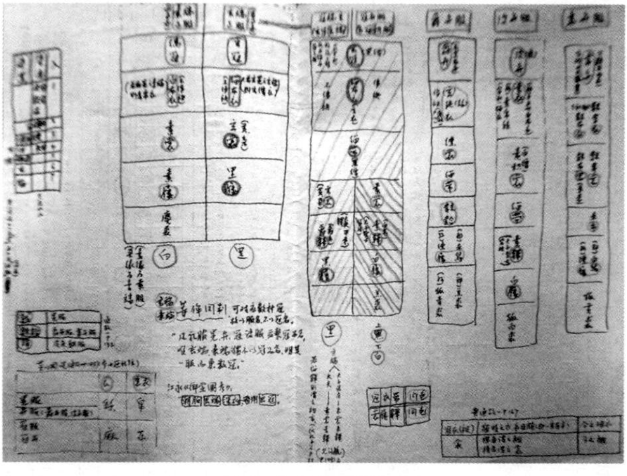

刘先生所绘冕服图

书当时编写成并且流传下来，他们想干什么？目的是什么？换句话来说，如果先秦是“礼崩乐坏”的话，起码春秋战国是“礼崩乐坏”，那么一直到秦始皇，到现在，几千年时间，是不是也是一个“礼崩乐坏”的局面呢？刘老师，这个怎么理解呢？

刘：我个人这么想，从典籍和文献上来看，春秋时期是多种文化多元共存的时代。但是从经学上来看，周公制礼是一个统一的、一元化的，但是到了东周、春秋，尤其是到了战国，开始不断地加以改变，不断地冲破原来的礼乐系统，这个也是儒家的观点。实际上，我认为，先秦始终没有一个礼不崩乐不坏的阶段，这个阶段就没有过，不存在一个全部实行统一的礼、全部实行统一的乐的局面。

从《史记》上说，分封以后，鲁国的伯禽，三年才向周王朝汇报治理的情况。齐国齐太公的儿子，三个月就向周王朝汇报情况了。周王就问他们了，你们时间差别怎么这么大呢？原话我记不住了，反正就是这个意思。鲁国的国君说，我花费了三年时间才推行了我们周王

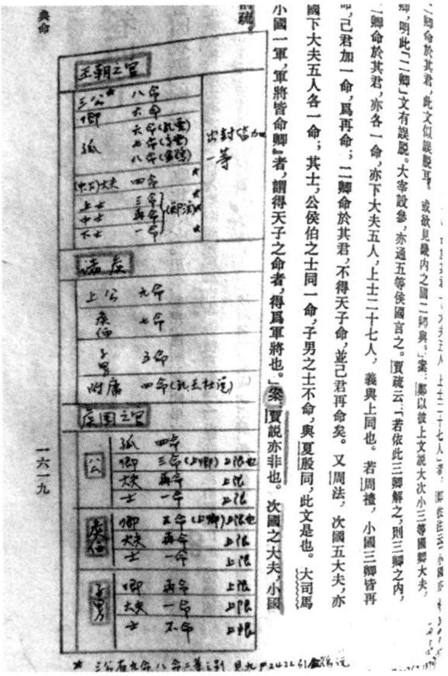

刘先生所绘王朝之官表

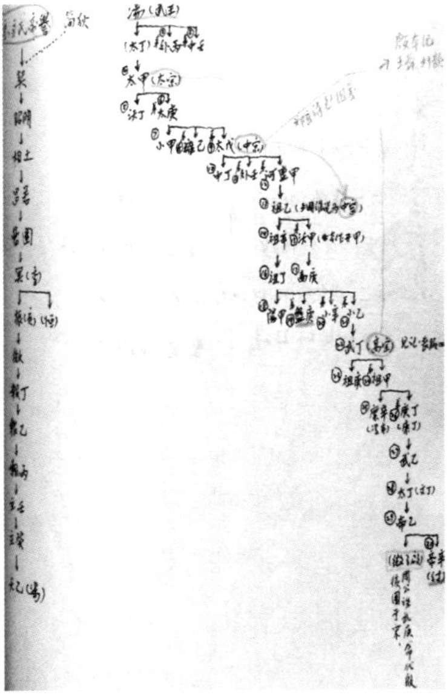

刘先生所绘周世系表

朝这一套礼乐文化制度，所以汇报得晚。齐国国君就说了，我基本上就是依靠齐国地方的风俗习惯，把他们稍微整顿一下就可以了，所以我三个月就完成了这个任务。所以周王朝的各个诸侯国，周文化的程度是不一样的，行使周礼的程度，差别是很大的。而且当时还有些前代文化的遗留，杞国是夏文化的遗留，宋国是商王朝的遗留，这些都是一个共存的状态。我们看《仪礼》，有的时候出现“夏祝”，有的时候出现“商祝”。也就是说他们都保存着自己文化系统里遗留下来的一些内容。

孔子多次对不同文化进行比较，在这件事上“吾从周”，那件事情上从殷。孔子在文化上本身就有一个非常大的选择余地，不是说全国全部是周公化的。礼不崩乐不坏的阶段是不存在的。后来所谓的“礼崩乐坏”，只不过是说当时的文化状态进一步的混乱，就用了一个名词，叫“礼崩乐坏”。郑玄注礼的时候，一说不通了，就说是“夏殷礼”。朱熹嘲笑他，说他一说不通就这么说，“大抵想赖将过去”，讲不通了怎么办？大概他想赖过去，说这是殷礼、这是夏礼。实际上我认为郑玄的说法还是有道理的，朱老夫子对郑玄的批评有点过分。当时的礼文化就不是一个系统的，就是多元的，多种系统共存的。郑玄注说有些礼是“夏殷礼”也，并不意味着他就错了，或者他想赖将过去。到孟子那个时候，对于很多礼书，“诸侯恶其害已也，皆去其籍”。诸侯都认为这些礼书妨碍自己，所以把这些礼书该废的废，“皆去其籍”。从来就没有一个全部都实行周礼的时代，如果大家都实行了周礼，那么“礼书不做可也”，大家都这么做了，我还写礼书干什么呢？但是也不能说大家全都不按照周礼，那么“礼书不传可也”，大家都“恶其害已也”，都烧了它，怎么传呢？所以说当时的状态，就应当是多元的。起码在春秋时期，各个诸侯国周礼化的程度不一样，鲁国应当是周礼化最深的国家，“周礼尽在鲁”。传统的经学家始终认为周公制礼，这个礼是全国性的、官方的，全国都要实行。随着时代的变化，走得越来越远，到了战国时候礼坏乐崩，成了乱七八糟的状态，这是一个传统的看法。实际上有些问题不太好解释，春秋时代实际上实行周礼的地方就不太多了。

我记得陈汉章写过一篇有名的文章《〈周礼〉行于春秋时证》，就提出了不少春秋时期与周礼相合的地方。但是他提出的只是相合的，不合的就更多了。春秋时期不合周礼的部分怎么解释，传统学者都有自己的看法，比方说章太炎先生，他认为周公虽然制礼——这点他是相信的，这是传统经学家的一个基本点、立足点，但是他认为到了宣王改制，到了周代中兴的时候，那个时候礼乐就开始有些改变了，就像王安石变法，这样就能解释春秋时期的礼制和周礼为什么有不同了。春秋时期，到了“桓文霸制”，甚至到了连五霸都不出现的时候，诸侯国更自由散漫了，于是说礼坏乐崩。礼坏乐崩，只能说是周礼的礼坏乐崩，也就是周文化礼乐制度的坏与崩，并不是广泛的礼乐制度的崩。可以说礼乐制度永远不会崩也不会坏，只会不断地改变它的仪式和内容。但是作为礼乐制度的本体它是一直存在的，只要有人类它就会存在，只不过是改变具体的、表层的仪式罢了。叔孙通制朝仪，经学家对他很贬低，觉得他给刘邦制朝仪，简直是大变古，是很负面的。实际上，从历史角度看，他是一个正面的，他知道到刘邦这个时候应当制定什么样的朝仪，他适应了时代的发展，也就是《周易》随卦所说的“随时之义大矣哉”，礼如果不变化，早就消亡了。

王：所以说，礼只是周代国家制度层面的变化。

刘：对，是变化的。而且是政权越来越分立，中央的控制力越来越弱化，到了后来周王朝似有似无，根本控制不了局面了，所以说礼坏乐崩。礼坏乐崩只是针对周王朝的礼的。

王：从您对“礼崩乐坏”的深入思考来看，这个词什么时候都可以用。哪个时代不是“礼崩乐坏”呢？

刘：只能说一个具体的文化系统的礼乐，它的坏与崩。如果真是礼坏乐崩，中国早就成了动物界了，汉代崩一下，到了三国时候再崩一下，那么越来越崩，现在还有吗？那不就成了森林法则了？

王：建国以来，百姓的物质生活的确有了很大的提高，但是精神层面是不是好，不一定。您觉得我们是不是有必要建立当代的礼仪制度？

刘：时代已经变了，中国已经走向世界了，不是原来那个闭关锁国的大中华了，人们的生活状况时刻都处于国与国的联系之中，比方说我们使用的东西，有日本进口的、有德国进口的。现在国与国的关系日益密切，更加倾向于互相依赖，谁也难以再把自己的国家封闭起来。一旦放开，再想封闭起来就相当困难。在不断受到异性文化的干扰，这是说不好听的，说中性点可以叫影响，我国不断和不同文化的国家交往，发生密切的关系。在这个过程中，产生了一个两难的悖论：想在交往非常密切的情况下形成和保持自己的民族文化特色，这是非常困难的。古人想这么做比较容易，由朝廷发布就可以了，因为我们的文化不和异族文化打交道。现在我们要想制定一套自己的礼仪程序，比古人难得多。我们也可以反过来说，我们正处在一个与世界文化接轨的状态，在这个状态下往往会失去自己的民族特色、民族性，就成了“无我”了，自己没有了，完全跟着人家跑，这又形成了一种弊端。从这个方面来说，更应当制定一套有自己民族特色的礼乐制度了，这样才能在世界竞争的大格局中保持自己的文化特性。这个事情我认为是有必要，但是我考虑不出来如何操作。

我们不能和“五四”时候的人那样那么激进，要么是抱着古代的东西去死，要么是抛弃古代的东西去生，当时把这个弄成了一个关乎中华民族存亡的对立问题了。对于传统的文化，像礼乐这些，你抱着它就等于灭亡，你抛弃它就等于生存。“五四”时候的人比较激进，但是现在我们不能把他们对立起来，应该把他们结合起来，让中国人既有自己的民族特色，自己的民族文化能够立于世界民族之林，同时又不能把自己弄得很孤立，把自己弄成世界文化范围内的文化孤岛，这也是很可怕的。这是个悖论，我不是没考虑过这个问题，但是没想出很妥善的方案，只是认为很有必要。

古人想这么做比较容易，由朝廷召集一批礼乐专家制定一套礼乐制度就可以了。现在我们要想制定一套自己的礼仪程序，比古人难得多，好比说我们现在中央找一些礼学专家去制定一些礼仪规范，那样能不能得到社会的接受还是个问题。学术研究得越精，越脱离群众；研究得越高深，和社会的距离越大、越脱节，越不会得到广大社会阶层的认同与支持，这不是几位水平极高的礼学家能够解决的问题。礼，或者文化，总是有表性文化和隐性文化。文化由高层创造，虽然与社会有些脱节，但是假以时日，也会有一个渗透作用，向下层社会渗透。我这里说的上层下层，不是对人的贬义，只是社会结构。这个渗透过程中有一个摩擦，有一个淘汰率。比如说这个礼学家设置了非常好的礼仪制度，达到了一百度，但是当你渗透到广大的社会中去的时候，也就剩下了百分之二三，其余的都耗损了。不过虽然耗损严重，它也对社会产生了影响，只是这个影响需要过程。这个过程有长有短，越是高深的理念需要的渗透时间就越长。总的来说，做比不做好。现在一定要防止对立化，民国把这个对立弄得太严重，不是生就是死，不是你就是我。梁漱溟他们，竭力强调民族文化的重要性，强调得不得了，但是他们忽视了如何与异性文化沟通交流的问题；反过来，光想着与别的文化沟通、交流、接轨，忽视了自己的特色，也不行。两方面应当有一个结合，真是不好办。但是这个事情是应当办的。

王：刘老师，现在我们说“三礼”，您觉得“礼学”这个词成立吗？礼学下面该怎么做呢？

刘：成立！礼学是包括“三礼”在内的一个学问，统称为“礼学”，就好像“《诗经》学”“《周易》学”，我感到如果《诗经》《周易》能够成为学的话，那么“三礼”独立性更强，更应该成为学。搞“《诗经》

学”，实际上从文学角度多一些，经学角度比较少，而且《诗经》的独立性还不如礼学。礼学既有丰富的文献，又有非常细致的东西可做。礼学本身具有学术的独立性，里面有礼学理论的支撑，要什么有什么。礼学的独立性、特色性比《十三经》里面其余的经都要大得多。“《周易》学”界限不太好定，从文献上就很难界定。《汉书·艺文志》中《周易》在六艺略，另外诸子略中还有。《周易》一直是分两大类，一类是“学术《易》”，也可以叫“学者《易》”“书斋房《易》”；另一类是“江湖《易》”，专门讲术数的，他们粘连在一起，分不开，《汉书·艺文志》就已经开始划分了。后来，在“《周易》学”的发展中，什么都往里挤，江湖味太重。

礼学再做，我想也就是三大块，一块是文献，版本校勘；一块是对礼本身内容的研究；再一块就是理论的研究。礼学内容是很丰富的，王聘珍写过《周礼学》，曹元弼又写过《礼经学》，一部书都能成学，何况礼学呢？礼学要理论有理论，要实践有实践，要文献有文献，太丰厚了。

王：刘老师放开谈了！刘老师刚才对礼的一些问题，不光思考得很深入，总结得也很精彩，尤其您刚才说到对历史不理解，失之于俗，很准确！八九十年代以来，社会上不断掀起“国学热”潮，请问您怎么看待这种“国学热”？

刘：中国传统文化和西方文化系统有一个比较大的差别，西方文化，无论研究任何一门学问，都要先确定概念的准确性，概念非常严密。同时，运用概念来进行更加严密的逻辑性的推理，用严密的逻辑推理把这些非常清晰的概念串联起来。咱们中国传统文化恰恰不太讲究这些，咱们中国传统文化的许多概念具有模糊性，比方说国学，第一，谁能够下一个定义？第二，你下了定义，是否能够得到所有人的认同，这又是一个问题了。国学究竟是什么，这是一个难以回答的问题，也可以是一个不必非常准确进行回答的问题。大家一说国学，心里基本上都有一个概念，就是传统的这些学问。至于再把国学这个概念进一步严密化，大家就不去考虑了。至于深层得去考虑，也很难加以概括。

我印象中，国学好像是晚清西学东渐以后才强调的一个名称。国学，可以说就是自己民族的传统文化，概况得比较广。正因为国学这个概念是一个比较模糊的概念，不是西方非常严密、科学的概念，所以大家对它的理解完全可以有不同的角度。刚才我们说的那些古琴、太极拳等等的，是不是国学呢？我们说是。但是你要说他们算不上国学，那也是有道理的。这样来说，我的说法好像有点和稀泥似的，实际上这就是中国传统文化本身给我们带来的结果。经过三千年的发展，中国传统文化，也就是我们所说的国学，可以说是无所不包，这样就会形成一种情况，这种情况我可以用两句俗话来概括。第一句话：你看什么它就是什么。第二句话：你要什么它就有什么。我们有时候从网上也能看到，国学也好，儒学也好，很多人把它骂得很厉害，孔夫子他个人品德的低劣，他个人的劣迹，他对中国历史的倒退性影响，等等，把孔夫子骂得一无是处，你说有道理吗？有道理。我们也可以把孔夫子的功绩说得非常大，有道理吗？有道理。也就是说，你想找他反面的东西，有的是。比方说你骂国学、骂孔学，你写文章可以找一百条例证。你找一百条，我还可以找一百零一条呢。也就是说，传统文化形成了一个内涵极其庞大的资料库，你可以在里面找出任何可以支持你看法的材料，随手就是，我们的文献还是比较丰富的，可以说要什么有什么。我想论证我的观点，找材料吧，一抓一把；你想证明和我相反的材料吧，一抓也是一把。

咱们中国传统文化对于概念，始终是“核心有定，边缘不清”，它的核心意义我们大家都可以认同，至于它的边缘概念，比方说国学，它的边在哪里？找一个界限，这边就是国学，那边就不是，很难。这个边缘是模糊的，可大可小，很有弹性。但是它光模糊是不行的，它的核心意义是确定的。起码我们三个人在一起说国学，谁也不会迷糊，大家都知道大体上国学是什么。但是从边缘上进行切分，就不好办了。这些概念，我想也不必切分得这么清楚，再一个也切分不清楚。网上在争论什么是国学，什么不是国学，这是争论不清楚的，也没有什么意义。就好像是咱们说搞经学，什么是经学？就是研究群经的学问。那么什么是经呢？核心意义是确定的，就是《十三经》，但是边缘是不清楚的。段玉裁讲二十一经，他要加上一些；章太炎要减，像《论语》《孟子》这都属于子，“三传”那都属于传，所以《十三经》应当大大裁剪，裁剪完了可能不是五经就是七经了。也就是说，什么是经，边沿是切分不清楚的。但是我们传统上是不去切分这些概念的，清代三百年这些学者，谁也没有专门去解释过经学的概念，但是耽误不了他们做学问的，两部《经解》都出来了。现在来说，我们研究一个问题，往往先界定概念，什么是，什么不是，把这个概念用西式逻辑语言，也就是一系列的定语、限制词，弄成一个大长句子来界定。我觉得传统学问上用不着这样，没必要，没意义。核心意义清楚，都知道经是什么，大家都认同，那么大家研究就是了，一定要把意义界定得非常严格，概念界定得非常科学化，那光去弄这些东西了，经书就别研究了。

王：“五四”以来，鲁迅、胡适都说过不要读经之类的话，章太炎又办国学讲习班，说经还是要读的。最近这几年又有人在讨论这些问题，他们讨论的依据就是，鲁迅、胡适他们都说经不用读了，你们还读什么呢？不管是“只管耕耘、不管收获”，还是针对社会现实，您觉得我们要不要读经，读点什么才好？

刘：这个问题相当难以回答。回答问题，有的时候他并不是针对这个问题而来的，而是借着回答问题的机缘，作为一种自我思想表现的机会。鲁迅先生也好，胡适先生也好，他们的回答是一个非常表层的东西，我们决不能把他们这种表层的东西奉作圣旨。实际上他们自己的知识结构和深层看法，可以说完全藏在下面，就好像是冰山一样，上面只是漏出一点。我们看到的冰山是三角的，实际上它根本不是三角的，水面上一个样子，水面下面一个样子。他们显露出来的，按照佛家来说，只是针对机缘。

比方说，鲁迅说：我认为应当少读——或者不读中国书。他回答这个问题是针对当时的社会现象的，他对某些社会现象不满，所以他要运用自己的答案，来针对性地表示对于当时一些看法的不满，并不意味着他觉得就不读古书了。鲁迅也好，胡适也好，他们读的老书比我们读的还多，回答问题是回答问题，真实状态是真实状态。有时候我也跟同学们说，不要光听这些大学者说什么你们就认为是什么了，这是不行的，要吃亏的。（笑）

回答问题有强烈的针对性和应机性，有些学者还有意识地不表露真实态度，比方说，你问他：你认为对你影响最大一本书是什么书啊？他回答了是某一本书。其实那是谎话，对他影响最大的那本书根本就不是这本书，他不会把真实情况告诉你的。有些学者是要隐藏自己的，就像写书法的人，都要讲究盖面，我是写欧体的，但是我写出来不愿意让别人看出我写的是欧体，所以我用赵子昂或者董其昌的一些笔法给我盖盖面，让你看不出来，一看以为是赵体，他自己也说是赵体，结果你跟着他学，那就坏了，上当了，你永远也写不出他那个样子。学者回答问题有各种情况，也有的学者是下相当大的苦功得出一点感悟，有时候就不愿意轻易告诉别人，就像练武的人一样，他不愿意告诉别人他的绝招，你要是问他，他给你胡指划，说我这招是少林寺学来的，其实根本不是，表面上是少林动作，实际上他内部的功力、劲头根本就不是少林拳，是另有来头的，是不会告诉你的。人家花了几十年悟出那么点东西，他不会轻易告诉你的。回答问题和听问题都要保持一点警惕性。某位学者确实学问非常高深，我们确实非常佩服，但是有些时候他的回答你也不能死心塌地地信，它里面有一些很微妙的、不可言传的东西，只可意会。鲁迅也好、胡适也好，他们当时正在搞新文化，他们一定要把自己打扮成一个新文化的创造者，他们不愿意再让人说是旧派，要和旧的决裂，这样才有利于他们的开创。你问鲁迅读了什么书，他还真把自己的书单子拉出来吗？那完了，那人家会说鲁迅搞新文学这底子不还是老书吗？这不但影响新文化的传播，而且也影响他的形象和地位。这里面的事相当复杂，有些是非学术性因素，大概属于人情世故这些问题。你问他什么，他有时候是无意识地回答得不准确，有的时候他是有意识地回答得不准确。

咱们说国学，没有必要下一个定义，把国学界定得一清二楚，没必要也做不到。比如我好歹把它反复考虑，界定得很清楚了，我认为是不可动摇的，结果我给王锷您一说，您都不认同。您弄出一个定义，您也觉得很得体，您告诉杜以恒，他又不认同。所以说大家不要纠缠到这个问题里面。

王：文化有文化的特性。

刘：对！它是人文，不是科学技术。

王：刘老师，您下一步做完《大戴礼记义疏》，有没有考虑过接下来做什么？

刘：考虑过，但是还没想出一个名字来，应当是关于礼学理论的。上次我去南师大交流，题目是《礼学与理学》，那就是其中的一部分。我的资料是一个文件夹一个文件夹的，手写的，里面资料很多，就是没有时间把它捏成一个文，名称都没想好。这个东西应该是分方面的，好比说礼学与神道的关系，礼的本身是社会性的，是违反自然秩序的。人生下来本来是平等的，礼必定要巩固不平等。正因为礼违反自然秩序，所以就需要人不断地给它强化和加固，还要给它找出理论和依据。礼，有时候就用天道作为依据，“天尊地卑，乾坤定矣”，用自然现象作为人等级不平等的根据。礼本来是排斥神道的，它完全是人道，不是神道，但是它又要运用神道来帮助礼实施。天上的日月星辰，也

刘先生与弟子杜以恒交谈

分君臣，这实际上是把我们人的理念投射到天上去了，天只是一个屏幕，再用天上的现象作为必须施行礼的依据。

王：我们可以继续用南师大专题讲座的形式请您作报告，这样每次一个题目，弄上十次，这个东西就差不多了。再让学生整理，您添补材料。

刘：可能也只能这样了。我有的习惯不自觉地受老一辈的影响，老先生们都是桌子上有什么纸都往上写，蒋先生都往烟盒纸上写，当然现在的烟盒都不能当纸用了，是硬盒了。蒋先生什么纸都用，我这个习惯也是受蒋先生影响的，桌子上不一定有什么纸，我摸过来就写，很乱，始终没有把它整理。90 年代，当时社会情况比现在开放一些，当时年轻，思想也比现在激进一些。那个时候我就想，我把这些东西定了一个名，现在想想真是幼稚可笑，叫《ㄧǐ 屋人语》，就是ㄧǐ

屋里面人说的话。我用汉语拼音来代表两个字，既代表“三礼”的“礼”，又代表宋代理学的“理”。我自己都想过，自己设计封面，把封面设计成黑色的，等等，当时思想也是比较激进。

王：现在来看这个名字也很不错啊！

刘：还是太幼稚，里面有很多激愤之言，现在想想，必须要磨去。

王：您对我学礼堂微信有什么建议吗？

刘：没有没有。要是非要说，就是注意学术性、趣味性、实用性的结合。要是再活泼一些，可能点击率能更高一些。我估计看微信的，绝大多数是年轻人。太古雅了，对他们不大有吸引力。

王：刘老师，辛苦您了，采访您两个下午！十分感谢！

刘：没有，不辛苦，很开心！

2016年4月14日至16日，王锷老师在山东大学五宿舍采访刘晓东先生，访谈稿由杜以恒整理，已经刘先生、王老师审定。

沉潜左史，继往开来

——赵生群先生访谈录

赵生群先生

赵生群先生，1957年2月生，江苏宜兴人，现任南京师范大学文学院教授，博士生导师。著有《太史公书研究》《〈史记〉编纂学导论》《〈史记〉文献学丛稿》《〈春秋〉经传研究》《春秋左传新注》《〈左传〉疑义新证》等，修订点校本《史记》，发表学术论文130余篇。兼任中国历史文献研究会副会长、中国《史记》研究会副会长、国际儒学研究会副会长。点校本《史记》（修订本）入选《光明日报》“2013年十大文化亮点”、《中华读书报》“2013年十大文化事件”，获得教育部第七届高等学校科学研究优秀成果奖一等奖、江苏省哲学社会科学优秀成果奖一等奖、“致敬国学——2014首届全球华人国学大典”之“年度卓越传播奖”、宋云彬古籍整理奖等多项奖励。

一、求学经历

王锷：赵老师，非常感谢您接受我们学礼堂的采访。首先请您讲讲上学的经历。

赵生群先生：我们这代人，中学阶段读书不多，尤其是几乎没有读过什么古文。我高中毕业以后，回到家里生产队劳动了两年多，那时候特别辛苦。我们生产队人多地少，一百几十个人只有七八十亩地，生产队在一个集镇，镇上办了很多的厂，粮管所、加工厂、农机厂、供销社之类的，田地很多都被征用了。虽然田地少，但是活很苦。我年轻的时候真的是吃过苦的。农机厂生产的设备送得很远，上海、镇江都有，制造大的机器，一个铸件可能有七八百斤，甚至上千斤，四个人来抬。上石灰、磷肥，两百多斤的担子都挑过。我印象比较深的是，以前粮管所有简易的露天屯，就是用泥巴和稻草圈起来放粮食的，非常高，夏天的时候，要把屯的麦子、稻子拿出来晒，早上挑出来，下午挑进去，一挑十天半个月都有，稻子一担一百五十斤，加上扁担和箩筐就是一百六十几斤，麦子一担一百六十斤，一共就是一百七十几斤，上去都不敢往下边看。

王：就是架一根木板，挑下来，再挑上去。

赵：对。我们叫跳板，长得不得了。

王：也就是说，高中毕业之后，在农村干了两年活，然后才参加高考。

赵：那年我们高考共考了两次。第一次叫初试，初试以后还有复试。初试已经刷掉一大批人了，初试时我感觉数学考得不好。考完后正好生产队要开河，以前生产队每年冬天都开河，那时候干活，早晚都能看到星星，劳动强度非常大。我考完后自觉无望，因此不准备复试，就去开河去了。我说没戏了，数学顶多三十几分。结果，开完河不到两天，复试通知来了。这下傻眼了，一点都没准备。好在复试加的科目是历史和地理，我说这个背背也许还行，反而觉得有些希望了。

王：您参加高考，应该是恢复高考后的第一届学生吧。

赵：我是 1977 年考试的，真正入学是 1978 年的 3 月 5 号。我们是春季入学，春季入学也就我们这一届，紧接着，半年以后，1978 年 9 月份，78 级就入学了。为了区别开，我们就叫 77 级，他们就叫 78 级，实际上我们也是 1978 年入学的。

王：北方把它叫春班和秋班，那您真正是恢复高考后的第一届大学生了。那您高考后，直接就到南师大来了吗？

赵：那时候我们第一志愿可以更改，当时报志愿大家都没有经验，我们农村的孩子，想法很简单，就是不管到哪里，换一个户口证就行。当时填的第一志愿是苏北的学校像盐城师专什么的，后来我们教导主任告诉我，你第一志愿可以冲一冲南师，因此就改了第一志愿，后来就被南师录取了。

王：那时候是分专业，还是直接报的中文系？

赵：中文系。那时候都是师范班，不分专业。

王：你们到南师以后是四年还是五年？条件怎么样？

赵：四年。当时一日三餐，都是一桌十个人，男女同学在一起，有若干个菜，还有汤。条件也还行，而且那时候吃饭不要钱，伙食费一个月还能稍微余下一点点。

王：那你们比我们那边条件好多了。你们上学的时候学的课程跟现在一样吗？

赵：应该说也差不多。

王：徐复先生、钱玄先生给你们上课吗？

赵：上课。钱老上几门课，文字学、《说文》这些课都上过。徐老上“古代汉语”课。

王：那时候这边的师资也是相当好的了。那您当时上学的时候是什么情况，对所学的东西感兴趣吗？

赵：那时候我们是非常偏科的，有些课老师讲的什么甚至都不知道。那个时候也不像后来，点名、抓纪律之类。77级的学风可能是有史以来空前绝后的，都是知甘苦的学生。而且你想，从1966年到我们，十年的人积压在一起考。那时候全国好像才招二十七万，后来扩招大概到三十万的样子。

王：您上大学的时候多大岁数？

赵：耽搁了两年多，我记得我是二十一岁入学。我们最大的有比我大十岁的。

王：您还算小的，三十多岁的是比较多的。

赵：是，生了三四个孩子的都有。

王：您在这边上学上了四年，当时同班同学，还有没有在咱们这里的？

赵：还有不少，同班同学有徐克谦、王庆华、倪延年、许海燕等。当时一级分了四个班。实际上还扩招了一个新闻班，四十个人，插到了四个班上。实际上是把五个班并成了四个班。

王：你们上完是什么情况？

赵：上完就直接留校了。那时候人才奇缺，我们 77 级本科就留了十个，像江庆柏、徐克谦他们都是研究生留下来的，后来又陆续留下来一些，实际上是一二十个。

王：主要是当时高校里边人才缺，所以留校的机会就多。那么您对咱们的古文献学感兴趣是上大学的时候还是毕业以后？

赵：不瞒你说，当时根本就不知道古文献是个什么，同学们不要笑话，大学毕业了，《十三经注疏》都没有见到。我对古代文学是特别感兴趣的，偏科，我考得最好的也就是古代文学。但也有一次没有考好，记得是郁贤皓老师的课，唐宋这一段，默写诗词，"故国不堪回首月明中"，我不知怎么的，稀里糊涂地写成了"故国不堪回首明月中"，10 分没有了。谈凤梁老师上先秦到魏晋那一段，我学得特别认真。那年冬天考试，我记得在现在的资料室。那时候资料室叫 201，是一个大的教室，两百多人在里边上课，以前有种椅子，右边有一个扶手，可以做记录，两百个人就可以在里边听课。那年冬天很冷，记得当时学校里还有一个书店，我提前知道杨树达的《词诠》这一天到货，心心念念想买，所以很快把试卷答完，就去买那本书，结果买到了，很高兴，回头一想那个翻译我怎么一点印象都没有，好像是忘了做了。实际上我还是做了，成绩下来我才知道，得了 96 分，我很高兴，考得还是很不错的。谈老师后来当了我们的校长，他说有几项想扣你几分都找不到地方扣。当时确实是相当的偏科，有些课程就很一般了，良、中的都有，而且我普通话不好，语音这门课我就只是及格。那时候我留校还是有点幸运的，因为太偏科了。

王：那怎么留校的呢？是论考试成绩呢，还是有哪几位老师帮您说了话？

赵：有几位老师说话。谈老师就觉得我好，他说这样的人难找，成绩单什么的都拿出来了，别的成绩他不管。当然还有其他几位老师，也讲了话。所以很幸运，我就留下来了。

王：那时候的老师发发话，大概还是管用的。

赵：管用。总体分配情况也还比较宽松，很多同学都到了省级机关等很好的单位，因为人太缺了。

王：当时您对学术研究，对将来要做什么，有什么样的想法？

赵：我很早就喜欢读《史记》。在上大学的时候，谈老师搞兴趣小组，会定期交流，我就对《史记》感兴趣。那时候我写了几篇《史记》的文章，后来也还都是有影响的。我们77级毕业的时候是冬天，我记得是12月21号，我在全年级报告的题目就是《论司马谈作史》。

王：您本科阶段对《史记》这么感兴趣，是受了哪一位先生的影响？

赵：是谈老师。他讲课非常生动风趣，板书特别漂亮，龙飞凤舞，潇洒俊逸。谈老师的主要研究方向是小说，对先秦两汉这一段不是特别擅长，但他上课很有吸引力。我经常讲，一个好的老师，他讲的内容有时并不是最重要的，关键是要能调动学生，引起学生的兴趣。兴趣是最好的老师，有了兴趣你就从不懂到懂，从不知到知，从知之甚少到知之较多，到甚多，所以兴趣最要紧。

二、《太史公书研究》

王：赵老师，您是国内著名的《史记》研究专家，写过《太史公书研究》《〈史记〉文献学丛稿》《〈史记〉编纂学导论》，包括我们修订《史记》点校本等等，在学术界影响都是很大的。《太史公书研究》是您最早出版的，这本书有什么内容？有什么特点？

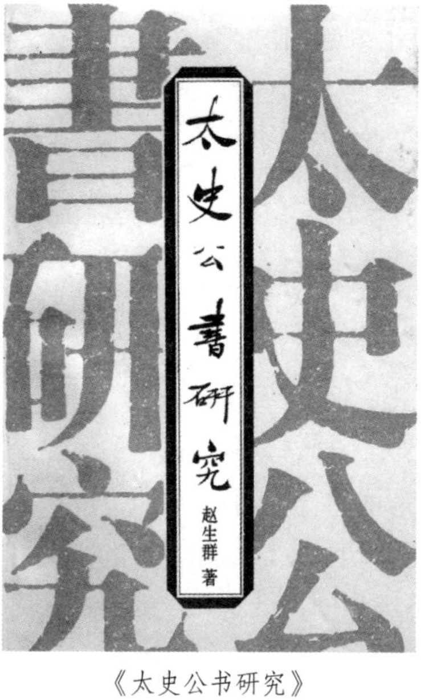

《太史公书研究》

赵：实际上还是主要偏重文献考证这方面的，有像司马迁的生平，《史记》的成书，司马谈作史考，《史记》的断限，《史记》的残缺和续补，另外还有《史记》和《战国策》的关系，《史记》《战国纵横家书》的史料价值等。除了文献考证方面，还有太史公是不是官名的问题，在《太史公新证》中作了一些考证。还有《史记》体例方面的，比如本纪、世家等体例都是写人物，根据什么标准来区分，为什么有的放到本纪，有的放到世家，有的放到列传，安排的依据是什么。实际上是想通过《史记》文本的分析，来做一些解读，因为各种各样的说法很多。还有《史记》体例有没有褒贬的问题。还有《史记》标题，有的标题是很奇怪的，一篇之中都不统一，同一类人它也不统一，各种各样的情况都有，可以说是五花八门，我也有些兴趣，作了一番考察。还有一些其他的内容，但主要是偏重于文献考证。

王：您觉得在这个书里，最有成就感，觉得自己做得最好的是哪几个方面？

赵：我觉得比较重要的题目有司马谈作史的问题。这个问题为什么重要呢？因为跟《史记》很多基本的文献研究问题都是紧密相关的。比如说在《史记》里边有两个断限，一个是从唐尧到麟止，就是元狩那一年。还有一个讲是从黄帝到太初。两个断限在《太史公自序》里边都提到了，为什么会出现这样的情况呢？它本身都不统一，所以有的人就有取舍。有人认为《史记》的下限止于麟止，这个恐怕是不能成立的，应该是到太初。也有人说，元狩以后的事情，是后人增窜的，比如崔适的《史记探源》就是这样的观点，他认为只写到获麟，获麟以后的事情都是后人增窜的，他指为通篇皆伪的有二十九篇之多。所以这是一个非常重要的问题。其实依我看，这两个断限并不矛盾，一个是司马谈发凡起例定的断限，他没有活到太初，到元封元年就去世了。还有一个是司马迁继承他父亲遗志，继续完成《史记》，延伸上下限形成的。所以并不矛盾，在《史记》中是并存的。用这个观点来看，很多问题也都迎刃而解了，也不存在所谓增窜、伪作等等问题了。断限的研究跟真伪、补窜的研究都有关系，所以我觉得这是一个比较重要的文献方面的问题。这一观点实际上大家都基本接受，包括张大可先生。张先生的态度很有意思，他是抽象地肯定，说司马谈作史的痕迹是存在的，但是具体地研究司马谈作史是没有意义的。没有意义的话，怎么确定这个痕迹就是事实呢？关于司马谈作史的痕迹，《太史公自序》中几句话就解决问题了，他说“小子不敏，请悉论先人所次旧闻，弗敢阙”，他的先人已经在编次旧闻了，说明不是从他开始的，这个道理很清楚。

王：如果司马谈和《史记》关系的问题说不清楚，很显然，《史记》的其他问题也说不清楚。您文章还讲到了关于司马迁生卒年的问题，也是一个大问题，和前一个问题是一样的，牵涉很多方面。

赵：是的。关于司马迁的生年，应该说我们发现了关键的证据。我以前搞过三家注辑佚，申请过一个古委会的项目：《史记》三家注辑考。一个是辑，一个是考，分别是让尤德艳、陈静和赵昌文做的。做下来的结果，《集解》当时没有找到什么，但是赵昌文做《索隐》，尤德艳做《正义》发现的东西，有好几百条。其中就有《玉海》引的一条《正义》的文字，就是引《博物志》的那一条材料（《博物志》“太史令茂陵显武里大夫司马迁，年二十八，三年六月乙卯除”），和《索隐》是一模一样的。也就是说，《正义》确定司马迁生年的依据和《索隐》是同源的，是同一条材料，都是《博物志》。也就是他在二十八岁那一年当了太史令这一条材料。所以后面《正义》在“五年而当太初元年”后面加的那一条按语“按迁年四十二岁”，那肯定不对，按照《玉海》引文来推算，只能是三十二岁。这就从史源上解决了生年的争议。

有关生年的讨论非常热烈。中国的、日本的学者写了好几十篇文章，50年代到80年代有过两次大规模的讨论，我们这个材料发现以后，袁传璋先生曾撰文说也可以定论了，因为史源的问题解决了。王国维在他的《太史公行年考》里，实际上也注意到《索隐》和《正义》的矛盾。他一方面认为司马贞引的那条《博物志》“本于汉时簿书，为最可信之史料”，另一方面却又认为文中的“二十八”应该作“三十八”。他为什么要这样想？其实我是理解王国维的，这其中有一个深层的原因。因为《史记》里面有些篇目都交代了史料的来源，如《刺客列传》提到夏无且、董生，《樊郦滕灌列传》提到樊它广，《郦生陆贾列传》提到平原君之子。在这些篇目的赞语中，太史公交代了自己的一些交游，并且说，我和谁关系好，听到他讲过一些什么事情，我写到某篇传记里面了。司马迁如果生在建元六年的话，那有很多是接不上的。王国维因此认定司马迁的生年应该是在汉景帝中元五年，因为夏无且、董生“未必及见史公道荆轲事”，而樊它广、平原君“行辈亦远在史公前”，这实际上只是一个推理，此外，并无任何文献依据。以此为前提，他又用张守节的四十二岁当太初元年那条材料否定了原始的材料。虽然王国维的推理不能说完全没有道理，但是他显然忽略了其它的可能性。现在情况不同了，我们已经确认了司马谈、司马迁相继作史的事实，因而这三篇文章中的“太史公”，实际上是司马谈而非司马迁。实际上，即使是把司马迁的生年推前十年，与这几个人也还是接不上。这一点，其实王国维自己也讲了，他说，荆轲刺秦王，上距史公之生，有八十三年（王国维取司马迁生于景帝中元五年说，如取生于武帝建元六年说，则为九十三年）。还有其他两篇，他认为年辈接不上。他说这三篇“史公或追纪父谈语也”，那就是相差一层纸，他已经意识到可能是司马谈的东西，司马迁写进《史记》了。所以我们考证司马谈作史，它的意义就在这儿，把这一层纸捅破了，就证实了。所以根本不需要考虑司马迁行辈与夏无且等人能否相接的问题，赞语中的“太史公”，实际上就是司马谈，这样看，顺理成章。如果是司马迁，即如王国维所说，司马迁生在景帝中元五年，也还是接不上，因此，把司马迁的生年推前十年，没有太大的意义。王国维因为没有确认司马谈参与《史记》写作的事实，所以在取舍上就出了问题，所以他的《太史公行年考》根基就不稳了。

王：这个要以材料说话。考察司马谈与《史记》有没有关系，本身是非常重要的。它的作者问题，他们先后的一个继承说不清楚，《史记》的很多问题就说不清楚。

赵：它的成书也说不清楚，它的断限，它的真伪、补窜，包括司马迁的生年，也成问题。另外，司马迁卒年的问题还没有解决。对其卒年，我是很悲观的，因为所有的材料都没有办法确证。我们现在能够确知的就是征和二年写《报任安书》的时候，他还活着，而这时候《史记》已经完成了。

王：就是从目前的情况来看，所掌握的材料不能证实司马迁的卒年。

赵：是。但是王国维讲的一句话是对的，司马迁的生年大致和武帝相始终，这差不多。也有一种观点认为，司马迁写成《史记》以后，他觉得生命价值也就实现了，或者也没有意义了，韩兆琦先生意思就是说，他可能就不想活了。这个不无可能，尽管是一种推测，读读他的《报任安书》，确实也有点道理。

王：司马迁受宫刑的事情和他最后坚持写完《史记》，有多大的关系？您怎么看待这件事情？

赵：那当然有关系了。在司马迁看来，《史记》比生命更重要，因为这是一种历史的责任，同时也是父亲的嘱托，对他来说也是一种实现人生价值、实现孝道的一种表现，“人固有一死，或重于泰山，或轻于鸿毛”。关于这个问题，我在《〈史记〉编纂学导论》里面有比较充分的论述。他对生命的价值，对荣辱的一些思考，实际上是非常深刻的。他的人生观实际上也因为这个事情而发生了一种转化，也是一种升华，对现实也看得更加清醒了，更加深刻了。以前他可能还有点理想化，觉得自己生在一个非常昌明的时代，一个太平盛世，歌功颂德的想法可能占了主导地位。有了这个事情以后，他对很多人，对很多事，对整个的社会，包括对历史上的很多人和事，可能看得都更加透彻了。这件事对他的人生，对他写《史记》，我觉得影响都很大。

王：常人了解司马迁这段历史的时候，往往觉得不可理解。受了这么大的一种侮辱，一般人连活下去的勇气都没有，但是司马迁恰恰相反。

赵：司马迁对“勇”和“怯”的理解可能和一般人是不一样的。在很多人看来，死是最可怕的事情，在司马迁看来，死太容易了，不是个事情，而活下去有时需要有极大的勇气。这种想法，他在《史记》的一些篇章里也有流露。比如《廉颇蔺相如列传》，他讲蔺相如的勇，他因为不怕死，所以不管在什么地方，即使到了秦廷，虎狼之国，如狼似虎的卫士环伺在四周，那大不了就是一死嘛，我怕你什么呢。所以对不怕死的人来说，死不是个事情。而身处司马迁这样一种情况，活下来是需要比去死有十倍、百倍的勇气才能做到的。

王：他是有事要做。

赵：是。司马迁的一些思想观念，他对生命价值、历史责任等问题的思考使他选择继续活下去。下狱受刑，使他的生死观、荣辱观产生了一次极大的飞跃和升华。现在看来，这样一种变化应该说是积极的。确实，他实现了自己的理想，实现了自己的人生价值，《史记》文章在，光焰万丈长。

王：对。所以他能够在当时那种情况下忍辱负重活下来，写完《史记》，这件事情本身就是非常了不起的。假如没有这样的志向，恐怕他早就自杀了。

赵：是。在某种意义上，这样一种精神和勇气，它的价值不亚于《史记》。

三、《〈史记〉编纂学导论》

王：后来您又写了《〈史记〉编纂学导论》，为什么想起写这样一本书呢？

赵：这实际上不是我想写的，是陕西教育出版社当时想要出一套丛书，约我写《〈史记〉编纂学导论》，我答应下来，结果花了半年时间就写成了，写得非常快。

《〈史记〉编纂学导论》

王：为什么那么快就写完了呢？

赵：因为材料还算熟悉。写完以后放了有十年，都没有去动它，后来想想既然写出来了，就把它出出来。据说王学典先生还比较欣赏，是吧？觉得理论和文献结合得比较好。理论还是要靠文献，有了文献自然就有理论了。

王：王学典先生说晚上读您的《〈史记〉编纂学导论》，拍案叫绝。上一次见他，又说写得好，虽然这个书是十年前写的，但不过时。

赵：是吗？我还是第一次听您说。很有意思的是，我在后记里说：这本小书是十年以前写的，希望它没有过时。结果出版社的编辑帮我怎么改的，他就直接改成了“还没有过时”了。当然，我思想上也没有什么新的认识倒是事实，但是我自己不能说没有过时啊。

王：您个人觉得这个书它的优点在哪里？

赵：它对于入门的人可能有帮助，对《史记》有一点了解的人，也有好处。因为据说王学典先生要求他们所有的编辑都要读这个书。王学典先生是研究史学史、史学理论的，他说这个书理论和文献结合得比较好。其实我的理解，真不是理论，理论当然我也读过一些，比如汤因比的有关历史研究，还有我在那个有关《史记》文学研究的小文章里谈到的，读过科林伍德，包括一些外国人的史学理论。其实理论还是要靠文献的支持，我有一个很深的印象。《文心雕龙》写得好，好在哪里？它对作家作品研究得透啊。《诗品》《史通》，为什么好？文献功底扎实。所以它讲出来的就不一样，它能讲到点子上。有的时候文献出了问题，它就出问题了。比如说刘知几，他有一个观点，说西汉的时候《左传》还没有流行，司马迁没有见过《左传》，这个问题就大了，叫网漏吞舟之鱼，这就是文献出问题。所以不管理论如何高明，其实最最重要的，还是基础的东西，是材料，是文献。否则离开了作家的作品，理论可能成为空中楼阁。

王：对。当时写这个书的时候，有没有把它作个定位？比如说是给大学生或是初入门的学者，还是《史记》的研究者？

赵：还真没有。只是有一些想法，出版社正好想要写一本书，我觉得自己还能写这个书，所以就写了。那时候年纪轻，因为教授职称还没有解决，写一本书总是好的，又有人帮你免费出版。

王：对，好像不是说规划很周密要怎么样，就是按照《史记》的作者、体例等一章一章来写，写了十几章。那么现在再回过头看这个书，从作者的角度来定位这个书，它是怎么样的呢？

赵：我想，一个是它相对来说比较系统，有关《史记》编纂方面的问题该谈的差不多都谈了。另外一个，我想毕竟我来写跟一般人来写可能还是有点不一样，我对《史记》比较熟悉，相对来说，深度也还说得过去，而且一些观点，应该说也还行。可能有的人看了还觉得有一些帮助。王学典先生这样的人看了觉得还不错，我已经有些意外了。

王：这就像您说的，立足文献是最重要的。尤其是写对一本书的评价，如果对这个书从文献角度没有一定的理解，是写不好的。像现在有的人写这个书、那个书的研究，看了他的书，总觉得连这个书是什么内容都搞不清楚。所以您当时写，《史记》的体例、作者、各篇章的分法，包括里面一些褒贬、笔法等，都牵涉到了，我看还是非常全面的。

赵：对，讲了十几个方面，还是比较全面的。这也走了一个捷径。杨燕起教授和俞樟华教授编了一个《历代名家评史记》，厚厚的一本书，也是分门别类，可以参考；《史记》编纂学研究也有人写过文章，它基本上也有一个框架。在这个基础上，理一理它的线索，相对来说方便一些，不是完全自己从头开始。

四、《〈史记〉文献学丛稿》

王：您后来出的《〈史记〉文献学丛稿》，是交叉进行的？

赵：那个实际是有关《史记》文献的。《太史公书研究》中有关文献研究的主要内容都吸收进来了，又增加一些新的，包括《史记》标题以及司马迁生年等方面。关于司马迁生年，以前写过文章，但是用《玉海》引的那条《正义》的异文来考订，我觉得最有说服力。

王：和前面两本有关《史记》的书相比，《〈史记〉文献学丛稿》的内容和特点是什么？

赵：那就是内容更加集中，完全集中在文献考订方面，另外增加了一些东西。

王：哪一些是超过前两本书的新的东西？

赵：比如说从《正义》的异文来考订司马迁的生年，前面的两本就没有。还有《史记》的标题论，我记得也没有。其他的一时半会儿还想不起来。

王：关于《史记》体例的研究，一般来说就是本纪、世家、列传、表等这些，人们可能想不到《史记》标题怎么还需要来讨论，这些标题不是很清楚吗？您是怎么会想到要讨论这么一个问题的呢？

赵： 因为我毕业留校以后，1985年就开始教《史记》《左传》，年年都在看，对《史记》一百三十篇的篇目、名字也还熟悉。我发现《史记》有一个非常特别的地方，就是标题是不统一的。《史记》的标题方式五花八门、种类繁多，国别、官爵、姓名、称号等，不一而足。同一类人，如战国四公子，孟尝君、春申君、平原君都以爵号名篇，只有信陵君是个例外，《史记》里有一篇《魏公子列传》。同一篇里，标题方法也往往不一样，《平原君虞卿列传》，平原君是爵名，虞卿是人名。再比如说《屈原贾生列传》《孙子吴起列传》，怎么有的用“子”、用“生”，有的用名字呢？诸如此类的很多。同一篇里面，又是同一类人，比如说《樊郦滕灌列传》，樊哙、郦食其、灌婴，都是姓名，中间夹了一个“滕”，指的是滕公夏侯婴，前后不统一，怎么回事？类似的情况非常多。那我就要思考，这是什么原因呢？可能一般的人不会再去想这个问题，但我觉得是有问题的。

后来，我翻汉代相关的一些材料，比如《新书》《说苑》《新序》，诸如此类的，最后解开了这个奥秘。说白了，平淡无奇。因为每一个人，他的姓名也好，字号也好，谥号也好，庙号也好，尊号也好，其他的称号也好，他流行的名号都是各不相同的。司马迁在写《史记》，给传主标目的时候，依我看，用的是当时最流行的、最通俗的一个名号。比如说战国四公子，为什么前面是孟尝君、春申君、平原君，后面来一个魏公子呢？这有意思。因为魏公子这个人他的生活经历是特殊的，你看他窃符救赵以后，等于是做了对不住魏王的事情了，跑到赵国十来年，而这一个阶段，因为他客居他国，他的名称只能是魏公子。司马迁在《史记》赞语里也讲了，后来不止一人都慕名写了兵法，“诸侯之客进兵法，公子皆名之，故世俗称《魏公子兵法》”，说明魏公子是他通行的名号。《汉书•艺文志》里面就有《魏公子》，在兵书类里面，所以用的是他通行的一个名号。比如说前面提到的“樊郦滕灌”，为什么三个人都用他们的姓氏，而滕公用这个“滕”字？后来我在《新书》里面也找到答案了，《新书》里边就是“樊郦滕灌”

并称，《新书》在《史记》之前。再比如说，绛侯周勃、淮阴侯以及其他的功臣，为什么有的用名字，有的用他的侯爵名称，有的既用侯名，又用他的名字？《新书》里面就是称“绛侯周勃”，习惯称法。诸如此类的例子很多。所以，最后揭开了这个奥秘，就是司马迁用的是最流行最通俗的一种称呼。当然，它的缺点是不够统一，它的好处是标题也成了史料的一部分，借此我们可以知道当时这些人是怎么称呼的。

王：这是比较客观地记录了真实的历史。另外，从《史记》的分类来看，也很有意思，比如司马迁把孔子放在世家里面，您觉得这种意义在哪里？

赵：前面我们讲过了，本纪、世家、列传，实际上它主要是人物传记。当然本纪里面有少部分是以朝代命名，但是大部分是以人命名，只有夏、殷、周、秦四个是朝代名。世家、列传也多数是人，那么他是根据什么来归类，凭什么项羽就放到本纪里面，而有的人就放到世家，甚至列传里面？

班固就不是这样，他把项羽和陈涉放到一起，放到陈涉后面，《陈胜项籍传》。而且他对司马迁的这种安排非常之不满，说他写《史记》的时候，把刘邦他们“编于百王之末，厕于秦、项之列”，他觉得不妥当。所以他写《汉书》，起元高祖，刘邦是第一个，放到纪里面。当然他有他的道理，《汉书》的体例也没有错，他写汉代的历史，不可能第一个放项羽，但问题是你没有错，司马迁就错了吗？

司马迁也没有错，而且依我看，司马迁在某种程度上比班固更加高明。司马迁的这个安排，不光光是一个形式的问题，他是有内容的，是有想法的，是由一种历史观念在支配的，这和他研究历史的方法是有联系的。他要“原始察终，见盛观衰”，一个朝代的盛衰、历史的发展变化及其全部的过程，他都要仔细地来记录，仔细地考察。而考察历史，考察历史的发展，实际上有一些关键的点，这些关键的点上，有一些关键的人物。从历史发展的角度来看，把人物放到历史长河里面来看，你不能否认，有一些人贡献大、地位重要、影响大，有的人可能次一等，有的可能更次一等。

在司马迁看来，项羽对于历史的作用非常大。实际上，司马迁是把灭秦这个功劳归在项羽头上的，反复强调他有灭秦之功。但是他要归到刘邦身上也完全是可以的，因为刘邦先打进关中，秦王子婴向他投降的。那么，为什么他认为是项羽推翻了秦王朝，结束了秦的统治？他有他的想法。所以他觉得项羽这个人在历史上的作用大，功劳大，所以他要放到本纪里面。至于他是不是帝王，有没有统一天下，其实这并不重要。同样的情况，比如说吕太后。当时是有皇帝的，而且还不止一位，孝惠帝当了几年的皇帝，孝惠帝死后实际上还有几位皇帝，废帝、少帝。废帝得罪了吕后，被废后幽死；少帝是后来被周勃、陈平他们废掉了，立了孝文帝。但是这三个皇帝他都没有写，他写了一个《吕太后本纪》。吕太后不是皇帝。他是重实而不重名。即使是惠帝在当皇帝的时候，实权也在吕后手里。《史记》里面有个故事，吕太后残害戚夫人，让惠帝去看，看了以后，他说这不是人做的事情，母亲做出这样的事情，我还怎么君临天下，怎么当这个皇帝呢？从此以后，他就很消沉，不理政事，喝酒，和妇女嬉戏，几年以后就去世了。可见惠帝当皇帝，他也不管事的，是吕后管事。还比如说义帝，有人认为应该给义帝立一个本纪，项羽不应该立本纪，其实这都是皮相之论。当然，你如果要统一，用这个名号来作为界限，来作标题，也是可以的，但是你用帝王来作这个篇名的时候，实际上你还得写项羽，不是吗？这样内容与形式就有些脱节。实事求是地说，项羽直接放到本纪，可能更加直截了当，肯定他的历史功绩。有的时候，甚至天下可能就没有一个真正的统治者。春秋时期，不管周天子多微弱，还是有天子的，但是到战国后期，秦昭王末年，他灭了东西周，而六国又没有统一，在这几十年里面，就没有一个天子，没有一个所谓的天下共主。你要用天子来标目，那这段历史怎么办？有人说《秦本纪》不能放到本纪，他说的也有道理，为什么韩、魏、赵、齐、楚、燕都放到世家里面，而秦放到本纪里面？实际上他们还是不理解司马迁研究历史的方法和他的历史观。

在司马迁看来，历史是一个非常长的链条，他写的历史有二千多年，环环相扣，断了哪一节都不行，整个过程都不能缺。而从考察历史的过程这个角度来看，有时候历史出现某种巨变，某种结果，这是最终定论性的东西，但在司马迁看来，他可能觉得过程、发展的各个阶段可能比结果更加重要，因为很多道理包含在过程里面。有了前面的这些过程，有了这些原因，才导致了最终的结果。而且原因和结果这两者之间也是互相纠结的，比如说治乱盛衰，夏、殷、周，三代兴亡，有夏的衰败才有殷的兴起，有殷的衰败才有周的兴起。其他王朝的更迭其实都是这样的，兴衰是互为因果的，没有衰哪来兴？所以司马迁是特别重视这个过程的，所谓“原始察终，见盛观衰，论考之行事”。过程非常重要，你不写这个过程，那秦的统一是从天上掉下来的吗？它经过了好几十代好几百年才逐步强大起来，才慢慢地蚕食六国，最后出现了统一六国这样一个最终的结果。所以，原始察终，考察过程，是司马迁研究历史的一个重要方法。如果我们从这个角度来看《史记》体列的安排，我想可能会更加接近司马迁的原意。后世读者不能自以为是，自己认为应该怎么样，再用自己的观念来批评《史记》，批评司马迁，这是不对的。你要试着去理解司马迁，看他是怎么想的，他为什么要这样做，他为什么要这样安排，我觉得这样才是比较合理的。

王：所以他把孔子放在世家里，也是一样的意思。

赵：世家实际上是介于本纪和列传中间的一个等级。依我看，本纪的标准就是天下号令在某人，就立某人的纪，比如说项羽、吕太后。有一些即使是有名义上的所谓天子、皇帝这样的称号，但他是傀儡，像义帝，项羽叔侄立他，他就是义帝，不要他呢，就把他杀了。像惠帝、少帝、废帝，情况也是类似的，当时是吕太后在发号施令。世家比之于列传，人物的影响也是比较大的，你看有些王侯，为什么同样是王，同样是侯，有的放到世家，有的放到列传呢？体例不统一，怎么回事呢？

依我看，实际上世家有两个标准，一个标准就是所谓的“势”，对天下兴亡治乱的一种影响力，势有大小，影响力有大小。另一个就是“时”，它要有一个持续的时间，时间太短，有时候是不行的。影响大、持续时间相对又比较长，这样的人，才可以放到世家里面。当然这里理解的时候不能过于拘泥，所谓时的问题，比如陈涉，起兵造反，发难六个月就兵败被杀，他又没有后代，怎么就放进了世家里面？他影响大是没有问题的，何以见得他的时间长呢？实际上，这里面有个抽象的理解，在司马迁看来，陈涉是反对秦王朝的暴政、推翻秦朝统治这个历史大潮当中的发难者，他开了一个头，虽然他的事业没有成功，但是不等于最后没有完成。司马迁认为项羽、刘邦和项羽所封的其他十八诸侯，实际上都是继承了陈涉的事业，最后完成了灭秦这样一个大业，所以他们是继承了陈涉的事业。

有的时候也可以是某种家业，比如说孔子。司马迁在《孔子世家》里面特别讲到，“孔子布衣，传十余世”，一直传到孔安国，第十一代了，和自己同时，从影响的角度来看，那是没有疑问的。孔子虽然是布衣，但是他的影响非常之大。天下言六艺者，都要“折中于夫子”，他“垂六艺之统纪于后世”。那么，他的儒家学说其实不光光是他的后代，包括孔安国继承了，实际上你看，儒家的影响太大了，所以这是一个抽象意义上的世家的概念。还有一篇比较特殊的是《外戚世家》，写的实际上都是皇后，外戚一般也都封侯，汉朝皇统的延续，实际上不都是皇后的子孙们在延续吗？它和汉朝皇统的延续，还有那些诸侯王都是有关系，所以实际上，它也是一个比较抽象的。

那么，同样是功臣，有的比如说封了一个王，很大的一个王国，为什么放到了列传里面，比如《淮南衡山列传》，那很简单，他们因为造反被杀了。但也有造反被杀了却放到世家里面的，比如说《管蔡世家》，这是怎么回事？这又比较特殊了，说起来，两个人都是谋反，都出问题了，管叔被杀，且没有后代，按道理他没有资格入世家。但是蔡叔不同，他尽管被废了，但是他的后代又复立了，而且传下来好多代，符合世家的条件。而且相对来说，不管是治还是乱，他的影响也是大的。武王的母亲太姒，生了十个儿子。在司马迁看来，这十个人是一体的，他们藩辅王室，在周初起过重要作用，都应该写进世家，那不能单单不写管蔡啊。就这一篇而言，管叔和蔡叔，蔡叔是有后代的，也符合世家的标准，和那些谋反被杀没有后代、完全没有后世的人，也是不一样的。所以，总体上考虑，把他放到世家里面，实际上是坚持原则的基础上，又有一点小小的变通。

王：研究古代的这些文献，首先应该尽可能地接近作者的想法，才能够理解他为什么要这样来写。

赵：对。另外，理解作者的想法，还要有一个系统的全局的观念。比如说，刚才讲到《史记》体例的问题。有的说司马迁比较随意，有的放到本纪，有的放到世家，有的放到列传。有的人说不，他是有深意的，跟褒贬有关系，要加以肯定的就拔高一些，表扬的可能就放得高一些，贬斥的可能就放到列传里面。实际上也不是：放到本纪里面的，他未必每个人都那么瞧得起，包括刘邦，从人品上看，他也未必就看得起他。另外，他真正心仪的人，也不一定就在世家或者本纪。比如说《管晏列传》，晏子他是很钦佩的，司马迁说即使给晏子执鞭赶车我也愿意啊，“余虽为之执鞭，所忻慕焉”。你看《李将军列传》写得多有感情啊，茅坤说《李将军列传》“李将军于汉，为最名将，而卒无功，故太史公极力摹写淋漓，悲咽可涕”，史公从倾倒中写出神勇，写出涕零，是非常有感情的，但是它也还只是列传。也就是说，放到本纪中，有贬斥的，放到世家里，也有贬斥的；放到列传的，却有作者非常欣赏的。

那为什么有很多诸侯王也好，诸侯也好，瓜瓞绵绵，封国一直延续到后世，时间比较长的，放到世家的比较多，而那些谋反的相对来说都放到列传去了呢？这实际上也是体例上面的原因。你想，它这个王国，或者是侯国，存在的时间长，传得久，那它对政治的影响力、对历史的影响也就大了，它藩辅王朝，功劳也就大了，“时”和“势”都有了，它当然更加符合世家的条件。那些造反的人可能一下子就被灭了，当然他就没有后代了，就不符合体例了。所以看起来好像是褒贬，但实际上还不是褒贬，是体例的问题。

王：其实也就是他作为一个历史学家的一种见识。

赵：对。所以，你局部地看，有些观点好像是有道理的，但这还不够，还必须从全局出发来加以考察。有的时候，就像我们做代数一样，你得出了一个结论，不要急着写下来，先把它验算一遍，带到《史记》全书里面，看看是不是所有的都能讲得通，如果都能讲得通，那你的结论可能差不多，七不离八。我做《史记》研究，很多问题都是这样考虑的，你不能只看到局部的东西，丢了一个系统，丢了全局的观念，这是靠不住的。

王：所以，研究《史记》多少年，赵老师也始终是从《史记》的全局来考虑一些问题，这样的话，有些问题可能连带起来迎刃而解。如果局部地看待问题，表面上可能觉得讲得很对，但其实可能全局来说讲不通。

五、修订《史记》点校本

王：近十年来，赵老师您花了很大精力修订《史记》点校本，您当时为什么会接这样一个项目呢？

赵：当时中华书局启动了点校本“二十四史”及《清史稿》修订工程，后来我知道，就“二十四史”及《清史稿》修订主持人，他们做了一年多的调查，非常慎重地在查。不知道怎么选上了我，我来做未必就最合适，因为我以前做的校勘的事情并不多，《汉书》倒是写过几篇文章，《汉书》的表差不多每一篇都写过校勘的文章。《史记》写过的比较长一点的是在《汉中师院学报》发表的一万多字的文章，我都没有收进我的那几本书里边。后来我知道，中华准备让我们跟北大安平秋先生合作，由安先生和我两人共同主持，也就是双主持人，我们也都同意，因为《史记》这部书在“二十四史”里面的地位太重

点校本《史记》修订本

要了。开始实际上也请安先生给我们出了一些点子，包括《史记》版本，他就提出了具体的建议。后来由于其他原因决定由我一个人来主持。之所以要做这个工作，我觉得这工作非常有意义。对这项工作的难度，我认识也还是比较到位的。

王：当时接的时候，怕吗？

赵：当时我跟钱老师讲，我说编《四库全书》死了不少人哦。我说如果我做得太辛苦了，你要提醒我。我对这项工作的艰苦、对它的难度是有思想准备的，但后来发现还是估计不足。主要是高估了自己的心理素质，没有想到会有那么大的压力。

王：请您讲具体一些。

赵：对于这项工作的难度，我倒不是很担心，当时还是非常有雄心壮志的。我曾经跟徐俊先生讲过，我说徐总不必紧张，不要怕，我工作效率还是很高的，如果我一个人不能顶三个人，至少也能顶两个人。当时身体好啊，工作效率非常高。这八年下来，您也看到了，身体大受影响，这一两年才稍微恢复一些。主要是心理压力大，杨牧之先生在"二十四史"和《清史稿》修订工程几次全体会议上，不止一次地讲《史记》是"众矢之的"，人们关注度太大，只能成功，不能失败。这压力实在太大了。我当时还算有一点底气：因为在"二十四史"和《清史稿》中，其它各史都有校勘记，唯独《史记》没有，这是一个明显的缺陷；原点校本已出版几十年，有许多新的材料和研究成果可资参考；原点校本在校勘和标点方面也确实存在一些问题。另外，自己对《史记》原文和相关文献算是比较熟悉，也做过一些与点校相关的事情。当时他们确定我来当主持人，可能还有一个原因，就是我让学生做了篇博士论文，校了金陵书局本。我在使用中发现，所谓的"金陵书局本"有好几个不同的本子。比如说，我们现在用的底本，也就是南京大学图书馆所藏的那个本子，跟顾颉刚先生他们点校用的那个本子算是最接近的，但也有差异；张文虎《校刊史记集解索隐正义札记》摘出的一些原文，和顾颉刚先生他们点校的那个本子也有差异。后来我们发现，中华书局复印给我们的一个本子也有差异，而且差异相当大。这里面一定是有问题的。王华宝的博士论文把原标点本和金陵书局本作了比对。我们发现，原标点本存在径补、径删、径改、径移的情况；原点校本的文字校改，主要是根据张文虎的《札记》，但张文虎的判断也有一些失误；标点涉及面更广，也更容易出现错误；原点校本排印也有数百处错误。

王： 对。听说这个事情大概定下来不久安先生就退出了，完全由您来负责。

赵： 是的。我本来的想法，是跟安先生一起做，那就省力了，我一定不会有那么大的压力。安先生在前面顶着，很多事情就好办了。干活实际上不是最重要的，最重要的是心理压力。你想，安先生他的这个地位和影响，即使有点问题，有安先生在前面，情形是不一样的。出于总体考虑，安先生到了审订委员会，我的压力陡然增大。

王： 安先生退出以后，您既是帅才，又是将才。

赵： 所以我的压力就大了。如果我们只是负责干活，其实这是最好的。

王： 这八年多，可能累是一个方面，压力也是很重要的一个方面。

赵： 最主要的是压力。其实我的心理素质还算可以，但是事后想想，也有点追求完美。

王： 那您为什么会有那么大的压力呢？

赵： 在很长的时间里，你总是觉得有很多应该做的事情来不及做，压力能不大吗？开始的时候，每一个史都要求有一个点校长编，当时我就讲，我不对长编负责，因为《史记》的材料太多了、版本太复杂了。据施丁先生说，中国社科院出了一个“二十四史”和相关的史学研究论著目录，《史记》的研究论著比后面二十几部加起来还略微多一点。所以我觉得《史记》情况复杂，无法对点校长编负责，我说如果点校长编做好了，我就不要点校了，根本没有时间点校。我的做法是把《史记》重要的材料列出一个清单来，然后以一点为圆心，先以一个小的半径来画圆，然后再一圈一圈地往外扩大。就是说根据材料的重要性，最重要的最先做，次一等的放后边。做到什么时候呢？徐总说要交稿了，那我们的工作就结束了。否则，就是五十年，我们做一个长编都做不完。一个是材料太多，另外总想做得好一些，这个压力能不大吗？感觉总是有做不完的事情。实际上，有一个工作现在回想起来也是蛮后怕的，我自己动手花了整整一年时间校核了三家注引文，当时并没要求这样做。

王：为什么要做这个事情？

赵：我觉得，如果不做这个工作，我连觉都睡不着。首先，你不校对引文，怎么知道它的引文起讫？引文类型是节引、意引还是概括大意？要不要用冒号、分号？上引号、下引号到什么地方，要不要用？当时还只是这么一个朴素的想法。后来校下来，不光是解决了标点的问题，对校勘帮助也是非常大，其实比版本校更重要。我举几个例子，你们就明白。《天官书》中《正义》引《淮南子》的一段话，就引一段话，漏了二十几个字，面目全非，整段文字都读不通。还有《管晏列传》里面《正义》引了《晏子春秋》的九句话，一共十八个字，每句脱去一字，有的没有动词，有的没有宾语，简直不知所云。还有一个例子是，《淮南衡山列传》，《正义》引《括地志》有两处标注“阙文”，诸本皆同。缺了什么？我们通过本校，在《秦始皇本纪》的《正义》引《括地志》中把两段缺文都找到了，都缺了十三个字。当然因为没有版本的依据，我们没有补，采用的是比较谨慎的做法。其实可以补，没有问题。就是说引文的核对，在校勘上面，它的这个作用太重要了。可以说，核对三家注引文，是我做得最正确的一件事情。版本校，大家都校，校来校去都校过，而引文我们做了。应该说还没有完全做到位，有少数书我手头没有，可能就漏过去了，还会有问题，但是百分之九十以上，我想都核过了。这不仅解决了大量的标点问题，对于校勘的帮助更是大大超出了我们的预想。

王：是。其实做古籍整理，有人可能没做过这个工作不理解，当出现引文的时候，往往他校要比版本校要重要得多，如果用版本校没有办法解决的问题，用他校可能会解决。

赵：是。所以将来如果要校《十三经》这些，其实都要核对引文。包括它重复的引文，比如说《史记正义》，它有的是三四个地方同一条引文，甚至同一篇里面一条引文会引两次，都要对，都会发现问题。

王：对，这个很重要。您一说我想起来，那几年在做《五礼通考》的时候，当时我遇到一段地理上的几个名词概念，大概也就三四百字，点了一个礼拜，根本点不断，没办法。最后想来想去，到处查，突然想起来它是引的《明实录》的东西，我把《四库全书》本调出一看，不用我点，它点得清清楚楚的，它是有间隔的。为什么那个句子比较难点呢？它那个地名是牵扯到青海那边少数民族的几个地名，它有一个字一个地名的，有两个字，有三个字，多的到五个、六个字，你根本就不了解。所以用他校，清清楚楚，几分钟就解决问题。

赵：对。有些不了解，硬去点，危险性就大了。

王：是。他校非常重要，当然也要看什么书，做什么书。那么，从现在来看，这个书出来以后，反响也不错。现在修订本出了精装本、平装本，出了好几版。总体来说，您觉得我们的这个修订本比原来的那个老本儿，优点在哪些方面？

赵：我来评价不太合适。实事求是地说，因为原点校本一条校勘记都没有，我们三千几百条校勘记，标点我们重要的至少改了六千多处，其中一部分，有四篇，在《文史》上发出来了。这些工作都是明摆着的。另外，它改动的文字其实也有许多地方还是需要进一步斟酌的，我 2012 年在《文史》有三篇文章连载，专门讨论原点校本根据张文虎《札记》改动原文值得商榷的问题，这还只是一部分，不是全部；我们自己通过校勘发现的问题更多，还没有来得及系统整理。如果论我们在校勘上面做的事情，应该说还是很多的。重要的标点改动，至少在 6000 处以上，我和吴新江老师 2015 年下半年开始在《文史》有四篇文章连载，专门讨论一些重要的标点问题，这也只是其中的一部分。

王：就我们现在校勘所使用的版本来说，和他们原来使用的版本，大概能够超出多少？

赵：因为种种原因，顾颉刚先生他们基本上没有做版本校，数百处文字改动，主要是根据张文虎的《札记》。张文虎这方面做的工作不少，但是也有一些版本他没有看到。比如说，北宋景祐本，台北傅斯年图书馆藏的，这是我们能见到的最早的《集解》单刻本，是林庆彰先生为我们提供的。还有黄善夫本，我们是请金程宇老师从日本买来的影印本。还有一些写本、抄本，后来我们又陆续地得到了一些。这些写本是非常有价值的。我的印象是，它和敦煌卷子里面的那些《左传》的抄本完全不一样，敦煌卷子里面《左传》的那些东西，几乎没有什么校勘价值，而《史记》的抄本非常有价值。

王：对。这个书出来以后，从目前来看，外界反响也还不错。现在印了有多少次了？

赵：连那个所谓的“征求意见本”是五次。征求意见本就是没有定价的三百套，是第一次；精装本有编号的是第二次；精装二印本是第三次；还有就是平装一印、二印。前后五次，已经印了五万多册。以后每年都会重印。

王：等于是精装三次，平装两次。那这五次之间，是不是还有微小的差异？

赵：最近听说精装本要第四次印刷。每一次都有改动，改动应该说不大，主要是标点方面的一些改动，主要考虑到全书的统一，还有校对方面的，《校勘记》改动很少，没有什么大的改动。

王：这些改动有没有把它记录下来？将来写文章，告诉读者？

赵：我们有记录，平装本出来的时候，中华书局曾经也发布过一个电子文本，可供下载参考的。这个东西其实永远是一个进行时，这学期侯婕和曹晋婷她们在上我的课，同学们也提出了一些相关的问题，有些问题还需要作更深入的研究。

王：对。他们本来是有系列想法的，还要做长编，那您现在还有做长编的想法吗？

赵：实际上我有长编，中华书局希望我们出版，但现在还不是时候，因为长编要做得稍稍完善一些不是三年两年能做好的。

王：对。这个书出版以后，我们在外界获得了很高的评价，影响力也很大，而且拿了教育部的一等奖，拿了省上的一等奖，您怎么来看待这些奖项呢？

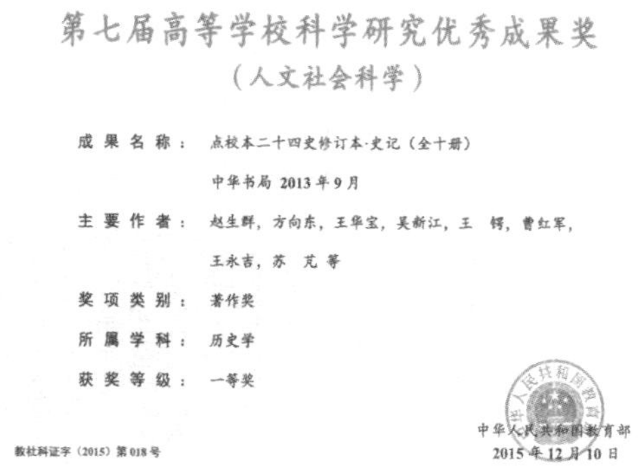
第七届高等学校科学研究优秀成果奖
（人文社会科学）

成果名称：点校本二十四史修订本·史记（全十册）
中华书局 2013年9月
主要作者：赵生群，方向东，王华宝，吴新江，王　锷，曹红军，王永吉，苏　芃　等
奖项类别：著作奖
所属学科：历史学
获奖等级：一等奖

中华人民共和国教育部
2015年12月10日

教社科证字（2015）第018号

第七届高等学校科学研究优秀成果奖
（人文社会科学）

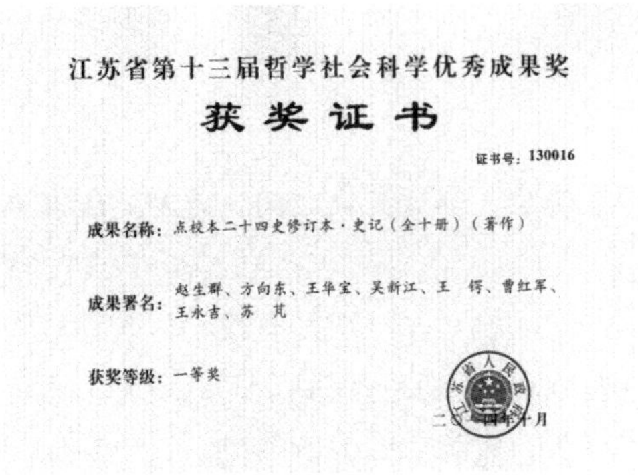
江苏省第十三届哲学社会科学优秀成果奖

获奖证书

证书号：130016

成果名称：点校本二十四史修订本·史记（全十册）（著作）

成果署名：赵生群、方向东、王华宝、吴新江、王　锷、曹红军、王永吉、苏　芃

获奖等级：一等奖

江苏省人民政府

二〇一四年十月

江苏省第十三届哲学社会科学优秀成果奖

赵： 奖项，我想也是一种肯定，应该说大家还是普遍认可的。

王：我想这应该是实至名归。

赵： 因为我们的影响也确实大，这种影响是天时、地利、人和结合产生的综合效应。《史记》本身价值和影响的，这是最主要的，再就是这一个工程的重要性，还有它所谓的“样板性”。中华书局认为是建国以后古籍整理的标志性工程，《史记》是标志性工程的首个成果。实际上，中华书局的推广宣传也起了很大的作用。另外，应该说我们做得也还不太烂，也还行。

王：对。书出版以后，从国家的相关领导人，到学界的一些名家，都有一些评价，您怎么看待这些评价？

赵： 非常感谢他们对我们工作的肯定，对我们的抬爱和鼓励。但我们不能因此沾沾自喜，再怎么评价，书还是这个书。

2012年9月《史记》修订定稿讨论会：
左徐俊先生，右赵先生

六、《史记》研究的方向

王： 赵老师，现在这个书做完了，接下来您在《史记》研究方面有没有系统的一些想法？

赵： 后续的工作，就是想做一个集成性的东西，比如说“汇校汇注汇考”，就是我们要做一个全的。现在我们还不能覆盖泷川资言的《史记会注考证》，我们至少要做一个覆盖它的东西，希望能全面超越它。

王： 对。当时您让我做泷川资言那个本子的汇校，我觉得就个别条目来说，人家确实也做得很好，但是总体来说，除了他所用的一些版本我们看不到之外，从我们传统的古籍整理角度来看，也不是好到哪里去。但不管怎么样，他做了这个事情。

赵： 我们没有做啊。到目前为止，我们还没有做，这也是我接手《史记》的一个重要的原因。我之所以接受《史记》修订，实际上因为早就有这么一个计划。否则，你一辈子搞《史记》，总要搞出一个最终的结果来，我想修订本还不是最终的结果。有了现在这样的基础，充分利用各种有利因素，应该说完全有条件超过他。

王： 通过对《史记》的几十年研究，您如何评价学术界《史记》

研究的现状？或者换个话来说，您觉得如果接着往下做，除了刚才说的汇校汇考之外，《史记》这部书，哪些方面还可以值得做下去？

赵：除了做一个总结性的东西之外，我们还有一系列的想法。比如说《史记》文本的系列研究，《史记集解》其实可以做一个新的本子，《史记索隐》《史记正义》，还有《史记》三家注，各做一个本子。其实都有很多的内容需要研究，《史记正义》不说了，有很多的异文，我们也有一些发现。《史记索隐》我们现在校了一些，比如说蔡梦弼的、耿秉的。因为三家注在合刻过程当中，删改总是难免的，那么它的原始面貌是什么样子的，其实可以做一个复原性的工作。不做这样的工作，有些东西一般的读者是会疑惑的，比如说我们读《史记》都知道，《史记索隐》是摘字列注的，先把原文摘出来，然后来注，有的时候摘出来的和原文搭不上；也有人在校勘的时候根据《史记索隐》或其他注来改原文，这样的情况很多，包括一些名家，比如王念孙他们。其实这里面有一个问题，现在我们见到的三家注本《史记》，实际上是由几个本子合起来的，首先是有一个《史记集解》的本子，后来的《索隐》和《正义》都是在《集解》的基础上做的。《史记集解》的本子它本来在流传的过程中就有不同的版本，张守节和司马贞他们依据的本子又各不一样，所以从正文到注释，各家有些内容不合拍，接不上。所以我们要定它的文字的时候，有的时候《集解》是《集解》的文字，《索隐》是《索隐》的文字，《正义》是《正义》的文字，它是不合的。如果做了恢复工作以后，就不会再有疑惑了，所以我们想做这样一个复原的工作。

王：那还是有很多工作可以做的。《史记》真的是非常重要的，是正史的开山之作，量又那么大。您对《史记》花了这么多的精力在做，取得了这些成绩，真的很不容易。

七、《〈春秋〉经传研究》

王：赵老师，您在做《史记》的同时，又做《左传》，《左传》是儒家经典当中字数最多的，十八万多字，《左传》《史记》都是大书，为什么会研究《左传》？

赵：一个是兴趣，《左传》我本来也喜欢读，它的文章好，引人入胜。还有一个，跟教学的关系非常密切，我一直在上《史记》导读和《左传》导读这两门课，我觉得研究和教学结合起来是最好的。

王：您是因为喜欢《左传》去上了《左传》的课，还是上了这门课又来研究《左传》？

赵：这是上天眷顾我，我喜欢《史记》和《左传》，正好我们有一个古文献专业，1983年设立了这个专业，那我正好来上这个课不是很好嘛。兴趣在前，正好又有这样一个条件，这是非常幸运的，做自己喜欢做的事情是很好的。

王：您的《〈春秋〉经传研究》这本书在经学界影响很大，我倒觉得这书和您的《〈史记〉文献学丛稿》的做法是一样的，就您个人来说，您觉得这个书的优点是什么？

赵：其实这个书着眼点还是最基本的文献研究，如果要我来概括的话，其实在某种程度上就是拨乱反正——这是我的愿望，希望澄清一些重要的、基本的问题。因为搞文献研究，基本问题你不说清楚，《左传》永远不可能完全读懂。比如说《春秋》和孔子有没有关系？《左传》和《春秋》有没有关系？你必须要取舍，怎么取舍直接影响到你对《左传》这部书的理解，对《春秋》这部书的理解。所以有些问题它不仅仅是历史的疑案，它也是现实的问题，它摆在我们面前，是绕不过去的，除非你不想真正读懂它，想要读懂它，你必须就要思考一番，要做出一个抉择和判断。现在看起来这个判断还不是那么简单的问题，你看杨伯峻先生的《春秋左传注》，注释做得很不错，花了那么大的功夫，但我认为他的前言写得并不好，甚至在杜预的基础上有所倒退，有关《春秋》《左传》的基本文献问题的认识不如杜预。我觉得这是非常重要的问题，需要花大功夫来梳理。

其实我在大学的时候就在读《左传》，后来我们从83级开始招古文献专业的学生，开始是皇甫煃先生上的《左传》导读，我是随班听课听了一遍，他就谈到这些问题，当时我做了记录，我就觉得这个需要花大功夫去理一理。因为传统的观念基本上都被否定了，觉得孔子和《春秋》没有关系，《左传》和《春秋》没有关系，我总觉得不对，哪里不对一时半会儿也说不清。我就反复地读，《左传》你说它字数多，也确实多，杜预注、孔颖达疏，加起来相当可观，但实际上原文也就二十万字的样子，不算很多，我那时候年轻力壮，读书效率很高，记忆力也好，反复地翻反复地读，把相关的材料摘下来做成卡片，分门别类，做了好几百张卡片。后来正好有一年左右的时间，没有安排我上课，我就准备来写这个文章。卡片排下来，列文章的提纲，写了两篇文章。排卡片花了九十天的时间，列了一个提纲，一个是《论孔子作〈春秋〉》，一个是《论〈左传〉为〈春秋〉之传》，这两个问题是最根本的问题，然后又花了一段时间把它写出来了。这两篇文章是我当助教的时候写出来的，后来寄到《文史》，那时候《文史》一点也不正常，有的时候一年只有一期，而且有时候还跟其他地方一起合作，基本上不发文章。我的文章当时寄去是沈玉成先生审的，其实都通过了审稿，但是实在等不及了，我问当时一个《文史》的编辑，名叫汪圣铎，我说我想把它拿回来，他说本来准备想一起推出来的，当时还给我看了沈玉成先生的审稿意见。后来我拿出来一篇《论孔子作〈春秋〉》，在《中国典籍与文化论丛》上发表。助教的时候写的文章，评教授都没有用上。

王：当时李解民先生跟我讲，《文史》从投稿到发表十几年是正常的。

赵：我等了十几年，两篇文章也稍稍长一些，大概都两万多字。真是助教时候写的文章评教授没有用上。上了教授才发出来的，我的耐心也够好的了。

王：这两篇文章解决了两个什么样的大问题呢？

赵：一个是孔子和《春秋》的关系，有没有关系就牵涉到《春秋》的性质、《春秋》有没有微言大义的问题，还有《春秋》三传的关系，实际上也牵涉到它有没有资格列入经的问题。过去人们好疑古，有些观点是对经学传统的颠覆，这事关系重大。

王：那么您觉得概括来说这两篇文章解决的这些问题怎么样，现在学界怎么来看？

赵：应该说大部分学者还是认同我的观点的。2005 年的时候我到“中央研究院”去访问，台湾大学的周凤五先生，他是教《史记》和《左传》，搞古文字的，他跟我讲过类似的话，他说读你的《〈春秋〉经传研究》“惊心动魄”，他用了这四个字，读到深夜，“欲罢不能”，他说那么复杂的问题，你讲得这么清楚。能得到同行专家的肯定，我感到很高兴。我希望自己的努力没有白费。

王：对。孔子和《春秋》的关系这个问题不说清楚，先秦的很多问题都说不清楚。《左传》和《春秋》的关系，也是个大问题。您的这些文章不光解决了孔子与《春秋》的问题，也是解决了《春秋》和三传之间的一些问题，都是很重要的。

赵：我试图澄清两个非常重要的问题，我觉得我采取的研究方法是有说服力的。否定《左传》和《春秋》的关系，看似最有说服力的论据是：既然《左传》是解释《春秋》的，那么《春秋》有的《左传》也应该有，《春秋》没有的《左传》也不应该有。这道理看起来很对，其实是不对的。为什么不对呢？

我用《左传》和《公羊》《穀梁》来对比。因为有些经是直文，明白如话，不需要补充，不需要解释，比如某年某月某日大水，蝗虫，日食，地震等等，这些是自然界发生的一些事情；还有某年某月某日某人死了，如果没有什么特殊的情况，也可以不补充。我曾经作过统计，截止于鲁哀公十四年“西狩获麟”，《春秋》经文的总数是 1870 条（据上海古籍出版社《春秋经传集解》），《左传》与经文对应的条目在 1300 条以上，无传者约 550 条；《公羊传》全书共约 570 条，有经无传的在 1300 条以上；《穀梁传》全书共约 750 条，有经无传的条目也在 1100 条以上。《春秋》自隐公元年至哀公十四年共 242 年，《公羊传》全年无传的有 38 年，《穀梁传》全年无传的也有 18 年，而相比之下，《左传》只有庄公二十年和二十六年没有解经的文字。既然《公羊》《穀梁》两传“有经无传”的情况更为普遍，人们也没有因为《公羊》《穀梁》存在有经无传的情况而否定它们为《春秋》作传，当然也就没有必要独独苛求《左传》对每一条经文都作出补充解释，这个道理应该说并不复杂。

相对而言，无经之传的情况更加复杂一些。有人就说：如果经没有记录，你要解释为什么不记录，那么解释《诗经》是不是要解释吴、楚为什么没有“风”；解释《尚书》是不是要解释黄帝为什么没有典，这个类比看起来也很有道理，其实似是而非。因为《春秋》它比较特殊，它有笔、有削。一般的史官，平常的史法，他不记的，《春秋》偏偏就把它记上了，这是它的笔；按照史官一般的史法，它应该记的，《春秋》它就不记，这叫削，有笔有削。那么史书有的，应该记录的，《春秋》为什么把它删掉了？往往含有深意，这就是所谓的春秋笔法。比如说第一条“元年春，王正月”，为什么不写隐公继位？《左传》解释一通，是因为什么原因，这不是无经之传吗？看起来好像不需要解释，但是你看一看《公羊传》《穀梁传》就明白了，它们同样都有解释，而且讲得可能还更多，那就说明它是有必要性的，类似的例子还很多。

我写了几篇文章跟这个是相配套的，都是长文章，《论〈左传〉无经之传》，为什么无经要有传，非常具体，非常系统，几万字。还有一篇《论三传不书之例》，实际上也跟无经之传是有关系的。还有一篇是比较短一点的，但写这篇文章的时间却是最长的，文章发表在《南京师大学报》，大概六七千字，题目是《〈左传〉有经无传辨》，大量的统计，什么情况之下，哪些条目，多少条，此文配合前面的几篇文章试图把相关问题说得更清楚些，解决有经无传和无经有传的问题。

王：也就是说根据您的研究，孔子和《春秋》是有关系的，而且三传都是解《春秋》的，但是它们有所不同，您觉得《春秋》三传为什么会有这样一个不同的解经的体例？原因在哪里？

赵：解经体例，我想跟《春秋》学的传承是有关系的。《春秋》因为有很多不可书见的东西，都是口耳相传，传到后来就像《史记·十二诸侯年表》序言和《汉书·艺文志》的序讲的，传到后来就失真了。你看，《公羊》《穀梁》都是孔门后学传下来的，按道理应该都同出孔子，可能还同出子夏，怎么传到后来就大部分不一样了？相同的可能只有十之二三，不同的可能十之七八了。不同的部分，总有对与不对，甚至可能都不对；相同的内容，也有可能是错误的，偏离了原意，这就是所谓的失真，传到汉代的时候这种情况可能已经相当严重了。

司马迁、班固讲左丘明之所以作《左传》的背景就是“恐弟子各安其意，以失其真”，怕越传离《春秋》本意越远了。他觉得之所以出现这样的情况，是因为有些背景不清楚了，事实不清楚了，所以他“因孔子史记具论其语，成《左氏春秋》”。他要把相关的历史背景说清楚，实际上是为了帮助人们理解《春秋》，而他帮助人们理解《春秋》的办法是把春秋笔法和历史的材料、原始的一些材料或者史官的寻常的史法和一些材料作为背景供你比对，供你参照，来更好地理解《春秋》。我觉得这是釜底抽薪的办法。在我的《〈春秋〉经传研究》里面也有几篇文章跟这个配合。就是说我认为他是以事解经，通过补充史实，帮助你更好地理解《春秋》的含义，也就是所谓的微言大义。

实际上我还有后来写的几篇文章，没有收到《〈春秋〉经传研究》里面，将来修订的时候应该把它收进去。一个是《〈公〉〈穀〉传闻异辞考》，实际上《公羊》学的著作并不光光有现在见到的《公羊传》，此外也有其它类似的著作。《穀梁》学也是如此。这篇文章大致的意思就是说，《公羊传》《穀梁传》在流传的过程中是在不断变异的。我找到了一些比较确切的例子，比如说《汉书·五行志》里面引《公羊传》的，可能不见于《公羊传》，而见于《穀梁传》；或者跟《公羊传》离得比较远，跟《穀梁传》靠得比较近。反过来，它引《穀梁传》的，可能不见于《穀梁传》，而见于《公羊传》，或者是跟《穀梁传》离得比较远，反而跟《公羊传》靠得比较近。还有比如说我们知道一些人物，他的学术背景是清楚的，比如说董仲舒，他是公羊家，他的《春秋繁露》里面有很多讲《春秋》的微言大义的，按道理他是应该讲《公羊》学的，但是也有这样的情况，它有些是不见于《公羊》，见于《穀梁》，有的是跟《穀梁》近，而离《公羊》远。刘向是搞《穀梁》的，但是他引的东西有的不见于《穀梁》而见于《公羊》，或者是离《穀梁》远而离《公羊》近。应该说这是有说服力的。就是说同样是《公羊传》《穀梁传》，它也不是一个一成不变的东西，它是在不断变化的。2005年，我应林庆彰先生邀请访问台湾“中央研究院”，林先生当时在主持一个项目，好像是叫“文化的传播与经典的形成”，演讲的题目就是《〈公〉〈穀〉传闻异辞考》，文章最后得出一个结论，我说如果哪一天挖出来一部《公羊传》，或者两部《公羊传》，和现在的不一样，甚至大不一样，大家不必吃惊，也许情况本来就是这样的，它一直到汉代都没有最后定型。《穀梁传》也是如此。

王：对，就是说我们现在看到的只是其中的一部分。

赵：对。你看《汉书·艺文志》里面还有《邹氏传》《夹氏传》，也是从《春秋》来的，它肯定也是系统性的不一样。我还写了一篇文章是《春秋经义的失落与衍生——以弑君之事为例》，国君遇弑、国家灭亡这类事件是体现《春秋》微言大义的重要内容，最突出的就是弑君三十六，亡国五十二。弑君之例，《公羊》《穀梁》都有解释。你可以进行比对，《公羊传》和《穀梁传》比，《春秋繁露》《汉书》《盐铁论》等文献的相关记载可以参照，包括刘向等人与《春秋》学有关的一些东西也可以参照，《左传》更要认真参照比对。在《春秋》学传播过程中，《春秋》里面本来没有的一些衍生出来了，本来有的一些内容却丢失了。比如说《春秋繁露》讲的，刘向讲的，还有司马迁讲的，本来是《春秋》的意思，为什么现在没有了？衍生和失落共同作用，导致了一个结果：原本《春秋》隐含的真正的“微言大义”越来越少，偏离本来面目越来越远了。以后我还要写一个姊妹篇《春秋经义的失落与衍生——以亡国之事为例》，这是现成的，亡国五十二嘛，但是还一直没有写。

还有一篇文章也是比较重要的，是我2001年去台湾开“孔学与二十一世纪国际学术研讨会”写的，叫《论〈公〉〈穀〉解经不明史实之弊》，十个标题，每个标题下面举五个例子。很多事情因为不明史实，所以天南海北不知道讲到哪里去了，史实对有时候道理还未必对，史实错了基本上道理就离得很远了。史实对于解经是非常重要的。和《公羊传》《穀梁传》相比，《左传》解经看起来好像隔了一点，它不是逐字逐句地考证，但是从另外一个方面讲，它针对性是非常强的，也许对人们理解《春秋》更有帮助。桓谭就讲了，如果不知道相关的史实，即使是圣人也不好去理解《春秋》。还有人大言说“《春秋》三传束高阁，独抱遗经究始终”，事实上不是这样的，必须要借助三传。

王：假如没有三传，恐怕无法理解《春秋》。所以，其实《〈春秋〉经传研究》里面收的文章，包括您刚才讲的没有收进去的一些文章，大概都是从文献学角度，对《左传》以及《公羊传》《穀梁传》的一些相关问题而且是很重要问题的解答。就如刚才您说的，文献学的一些方法仍然是很重要的。

赵：对，非常重要。实际上近代以来儒学受到冲击，疑古的人下手的很多地方就是文献学，从根本上来说就是他们否定经学，而我们的研究是实事求是、心平气和地探讨这些问题，希望能够得出正确的结论，我的研究结果客观上加固了经学的基础。

八、《春秋左传新注》《〈左传〉疑义新证》

王：后来您又写了《春秋左传新注》，写这部书是出于一个什么样的目的呢？

赵：我觉得《左传》这部书很重要，是经典当中的经典，当时我也在上这个课。写这部书有几个动因：一个是我喜欢这本书，希望能再仔细地一字一句地读一读；另外就是教学生的话，也需要了解得更透彻一点；还有就是杨伯峻先生那个书好是好，但是正文和注文夹着，阅读不方便，叫学生起来读一段文字，他读着读着就跳了一句或者跳了一段，我想教材最好是把正文和注文分开。我最主要的目的是想做一本教科书，顺便就把它重新注释一下。正好陕西人民出版社要搞一个《中国六大史学名著丛书》，《左传》找不到人注，他们找我，我很高兴，就欣然接受了。当时觉得比较容易，因为我教了几十年了，也做过一些注释的工作，但试下来发现，不是想象的那么简单，有很多东西是

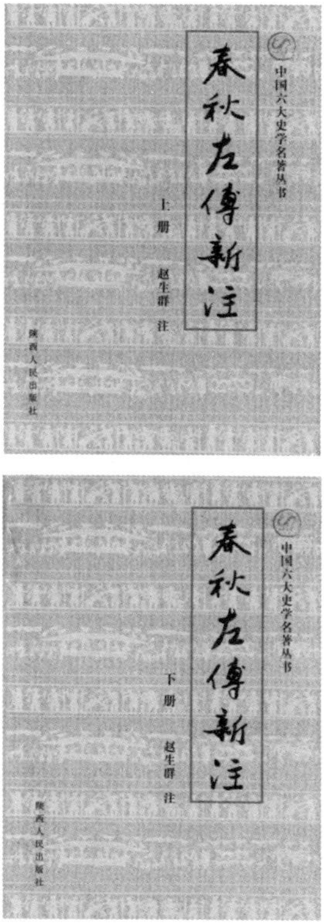

《春秋左传新注》

当时不懂的。你别看这是本注释的书，我是花了大功夫的，功夫大到什么程度呢，《左传》一个字一个字地输入、校对，然后逐字地注，写在稿纸上，我儿子放暑假的时候还帮我输入过。《诸子集成》通读了一遍，有的读了好几遍，像《管子》《晏子春秋》，因为靠得近，它是春秋时候的；《国语》读了不下几十遍，因为《国语》的正文不多，四万字的样子，不要一个星期，三四天就可以读完。而且读书不是读一遍就完成了，有时候你读到二十遍的时候，《左传》的这个问题没有解决，读二十一遍的时候，前后联系起来就解决了，就是要精熟，要反复地读。我后来写《〈左传〉疑义新证》，就是因为积累了很多问题。搞注释，你要思考怎么说清楚，把相关的材料都注在里边。另外我还读了《四库全书》《清经解》中相关的一些重要著作，都记在我的草稿纸上面。后来注完了以后，我觉得一得之见还不少，所以就写了本《〈左传〉疑义新证》。

实际上，诸子里面还有很多材料在那儿，就是我发现有问题，而且基本有结论了，很多材料也记在那儿，将来有机会，我打算再写一部《诸子疑义新证》。目前已经写了两篇，一篇是《荀子疑义新证》，一篇是《墨子疑义新证》。现在一时半会儿估计也没时间，但是如果像《左传》那样，写一个《诸子疑义新证》，只要多花些时间，我觉得也没有问题。

《〈左传〉疑义新证》

王：也就是说，《春秋左传新注》和《〈左传〉疑义新证》可以算作是姊妹篇，基本上是同时进行的。

赵：是先做完《新注》，因为

材料积累在那边，就想把它整理一下写本书，所以写了《〈左传〉疑义新证》。

王：那么就《春秋左传新注》这本书，你觉得它的优点是什么？它有什么特色？

赵：我想一个是我们的注释比较新，虽然字数不是很多，但还是很详明的，该注的地方不跳过去。其实有些东西，前人跳过去没有注的还是很多的，仔细读这个书就知道了。有些东西，我必须自己先搞清楚才能下笔，不能以其昏昏而使人昭昭，所以在这方面花了很多功夫。开始读的时候觉得有很多东西不理解，估计也很难解决。我专门买了暨南大学出的白文的《春秋》三传，《左传》是两小本，其实排得不是很精，还有一些错字在里面，有空的时候就专读白文，凡是有不懂的地方就用红笔把它圈下来，有时会利用一些零星时间，十分钟或半个小时，专门看红笔圈的地方，去强化那些不懂的地方，把它记在心里，考虑它的意思，然后再去读别的书。时间长了，有很多问题就解决了，这个收获是超过我最初的预期的，很多原来以为解决不了的问题，后来至少百分之八十以上都解决了。其实就是多读、熟读，把问题记在脑子里面，读到其他的材料有时候就能联系起来。

还有一个就是我们在虚词方面下了很大的功夫，一些重要的虚词书我都认真读过，有关《左传》的都把它找出来，包括《经传释词》《古书虚字集释》《助字辨略》《词诠》《经词衍释》《古书疑义举例》等，还有台湾左松超的《左传虚字集释》，段玉裁的《说文解字注》、王念孙的《读书杂志》中有关《左传》虚词的内容，杨伯峻的《左传词典》等等。《春秋左传新注》对虚词的注解做得比较细致，应该说也比较到位。我的目的，简单地说，就是想让高中生能基本读懂《左传》，我的指导思想是两个字：一是“明”，二是“简”。这两个字的关系是明而简，首先是要明了，在这个基础上不繁琐，不去旁征博引。我不知道有没有达到我的预期，读我的《春秋左传新注》大家应该能看得懂吧？

王：似乎学界朋友们说到您这个书，都觉得您这两个目的是达到了。非常简明，但是这简明又不是古人怎么说你就顺着怎么说，而是有你自己想法的。

赵：是，否则我就写不成《〈左传〉疑义新证》了。这本书六百多条，实际上涉及的不止一千处问题，如果要做翻译，涉及的面会更广些。

王：《〈左传〉疑义新证》这部书其实也就是在做《春秋左传新注》的时候，不断积累的一些材料，但是显然要比它详尽一些，那么这个书有哪些特色呢？

赵：专门研究《左传》训诂方面的问题，也有少数史实方面的问题。

王：像这些方面的工作，比如说要做“疑义新证”，要从哪些角度入手？或者是要解决什么样的问题？请您举例来谈谈，给学生一些借鉴。

赵：就是《左传》读不懂的地方，或者是前人讲错了的地方，你有话要说，那你就来讲一讲。这个书我掌握得应该还是比较严的，我主要是以杨伯峻先生和竹添光鸿的这两本书为参照，如果他们讲对了，我一般也就不讲了，他们讲错了，其他人也讲错了的这种比较多，那我就讲一讲。简单地说，应该是读书要有自己新的东西。

王：对，那么像这种自己搞不清楚，或者有怀疑的地方，是通过一些什么样的方法把它搞懂呢？

赵：我想发现问题主要是靠熟读，文献要熟。其实有很多前人没有注，而使得后人感到不清楚的地方，这可能有两种情况：一种情况是他觉得似乎懂了，所以没有注；还有一种是他觉得难，跳过去了，这种情况也很普遍。我翻过洪亮吉的《春秋左传诂》，许多的难点都没有注。说句实在话，学术的进步永无止境，前人也不可能把所有的问题都解决了。我这部书不回避难点与疑点，这是我的一个宗旨。我觉得在某种程度上，至少我是相当努力了。

王：是，这也就是说还是一个熟读的问题。

赵：对。比如说我前面提到的，有时候以为懂了，实际上也许没有懂，这样的情况可能是非常多的。举几个字，比如说“毁坏”的“毁”，毁坏的意思当然是常用的，但是它有舍弃的意思，其实后来还用，“黄钟毁弃”就用了舍弃的意思。《左传》中讲，有次打仗，晋国人出动的战车，结果到了一个丘陵的地形，主将就下令要变一变，“毁车而为行”，有人就把“毁车”解释成把战车毁了，这在常理上讲不通啊，还没打仗，不知道胜负，就把车毁了，那打胜了不是也没有车了吗？另外你花那么多力气干嘛呢？所以无论如何讲不通。这句话实际的意思是舍弃战车，将战车编队改成步兵编队，有利于丘陵作战。《左传》讲到申公“自毁其家，以纾楚国之难”，“毁”也是舍弃的意思。“自毁其家”，就是舍弃家产。有时候一个字有多种用法，每种用法在《左传》里面都出现，而且常常被误解，这种情况很多。比如说“军队”的“军”，本来是用战车围成一个军营，引申有包围的意思，名词变成动词还有攻打军营的意思。就这么一个“军”字，可能有人读一百遍也想不到它还有别的意思，但是它就有，而且还不少。像这种似懂但一翻译可能就错了的情况还非常多。《左传》中有一个成语，叫“灭此而朝食”。以前把“朝”读成“朝夕”的“朝”，读音和释义都有问题。古代打仗，一般选择在早晨开战，决出胜负已经不是早上，有时打到晚上还没有分出胜负，这时双方会商定，军队休息整顿，明日再战。因此把“朝”读成“zhāo”，释“朝食”为“吃早饭”，都是有问题的。这里的“朝”，应该读为“chāo”，“朝食”是会食的意思。《左传》的“逃”字，有“隐藏”的意思，这个意思现在也不常用，因此很容易理解错。比如说楚昭王逃到一个地方，吴人让这个小国把他交出来，有一个人叫子期，正好长得有点像楚昭王，“逃王而己为王”，就是把自己假装成楚王交给他们。如果是逃跑的意思，楚王既然逃跑了，何必要把子期送给他们呢？我们看到的注释没有讲清楚。这里的“逃”就是藏匿、隐藏的意思。《左传》里面这样的例子不止一处。诸如此类的例子有不少。所以我读《左传》，包括注《左传》，有两个比较深切的体会：一是要熟读原文，要培养一种语感，尽可能细致透彻地理解原文。当然这只能尽可能地去争取，有的时候你看起来没有问题，恰恰可能是有问题的。二是要突破思维惯性。古今语言变迁，很多古代常用的意思现在很少用或者不用了，特别是一些最常见的字词，往往会有我们很难想到的意思，这样的例子很多。除上文所举例之外，这里不妨再举一例。《广雅•释诂一》：“将、闿，欲也。”“将”常常用作“想要，打算”的意思，而不是后世“将要”的意义，这样的用法在《左传》中有好几十处，注释、翻译往往产生错误。

王：对。所以一个是要把书反复地读，读得很熟，第二个是要有问题意识，再加上认真仔细的态度，才能把这些问题解决。其实现在来看，就《左传》而言，赵老师这三本书，尤其是后面两本，其实是相辅相成的。这几年您因为专注做《史记》，似乎《左传》用力稍微少了点，之后会不会对《左传》做更细一些的研究工作？

赵：我跟苏芃讲过，《左传》应该做一个集注性的东西。因为杨伯峻先生的注虽然比较详细，但是离集注还有较大的距离，收集材料还太少。我在做《春秋左传新注》和《〈左传〉疑义新证》的时候，有些东西已经做了，读过不少书，比如把《清经解》《续经解》《四库全书》中有关《左传》的重要的研究著作读了一遍，有的都圈在那儿，如果将来要做的话，这些材料直接就可以用。应该说有了《春秋左传新注》《〈左传〉疑义新证》，有这样一个底子，还有自己的心得，再加上广泛收集资料，做一个集注性的东西，应该有它的价值。

王：赵老师，根据您对《春秋》三传的研究，您觉得目前国内外经学界关于《春秋》三传的研究，是一个什么样的状况？如果有人想研究《春秋》三传的话，您觉得有哪些问题可以研究？

赵：我研究问题的这个思路，还可以继续研究，就是说文献考证方面，还可以写文章，事实上训诂方面，前人也不可能把所有的问题都解决了。还有文献文本的研究，还可以做。作为经学史，后来断代的有关《春秋》学研究论著的研究，一些人物的相关研究等课题，也都可以做。但是我比较倾向于做本源性的东西，就是对原典的研究，或者跟原典相关的文本文献的研究。

王：我记得您多次讲过，就是说如果要做学术研究的话，一定是要选择一个重要的经典性的东西来研究，甚至说最好是研究先秦两汉，从源头上来研究。为什么您会有这样的想法？

赵：因为经典之所以成为经典，它更重要，含金量更高，影响大，研究价值也更大。同样研究一个东西，应该说研究经典更有意义。

王：赵老师，如果给他们年轻人一些建议的话，比方说同样是《春秋》，研究明清的《春秋》学是研究，直接研究先秦《春秋》学也是研究，如果二者相比，从哪里研究好呢？

赵：就像是一条河流，它的本源和支流还是不一样的。一般说来，黄河、长江从滥觞的地方一直奔流到海，它沾溉的土地广，当然意义就大。江河的支脉末流，流经的地域相对狭小，功用可能就小一些。是否经典，它的意义、影响，终归还是有轻重、主次之区别。价值是有差别的，这一点恐怕还是应该看到，不是所有的研究都是等同的。

但清代是中国古代学术的一个高峰，同样也必须高度重视。

王：您有这样的想法，这个很重要。因为现代社会分工很细，大家的事情多，精力也有限。我倒觉得不管你研究什么，一定要重视经典，重视源头，过了多少年以后，让学术界知道你是干什么的。

赵先生在学礼堂接受访谈

九、《国语》《战国策》之我见

王：从您所谈的以及我平时跟您接触，其实您不光是对《史记》和《春秋》三传很熟悉，您对其他的先秦两汉经典也很熟，请问您是怎么看待《国语》这部书的？

赵：《国语》这部书我觉得也还是蛮有味道的，我觉得它和《左传》应该是同一个时代的。

王：我觉得好像《国语》研究得不是很理想，如果有人要研究《国语》的话，您觉得应该怎么从文献学角度把它做得好一些？

赵：从整理上说，其实《国语》也可以重做一个东西。这个书我也花过不少时间来读过，因为它与《左传》关系太密切了，相关性极高。我写过一篇比较长的文章，大概有三万来字，《〈国语〉疑义新证》。其实还可以进一步做这样的工作，类似于《〈左传〉疑义新证》这样的事情。徐元诰的《国语集解》，我觉得做得还是不到位，材料还是少，另外还有很多问题没有解决。

王：另外，《战国策》，您觉得从文献学角度还可以接着往下做吗？

赵：当然了。其实一部经典，它不是说做到什么时候，做到谁就彻底完成了。你看像《左传》这样一部经典，以我的资质，而且没有能做到全力以赴（因为我还在做《史记》），现在已经写了三本书了，《〈春秋〉经传研究》《春秋左传新注》《〈左传〉疑义新证》，只要花时间，应该还有许多工作可以继续做。《左传》和《史记》，历代研究成果这么多，但仍然可以继续研究。其他的经典文献也是这样，很多基本的问题没有解决，基础的研究还有待加强。如果你真正下了功夫，是可以发现问题，可以有所推进的。

王：那么就您这几十年研究《史记》和《春秋》三传的经历，您觉着在老师辈或者是同行里边，哪些学者对您的学术研究有一定影响力或者说是影响力最大的？

赵：要说影响，前面讲到兴趣的培养很重要，有了兴趣以后，自己就会去多看多想，然后慢慢地就深入，了解的东西就多了，慢慢地发现的问题多了，解决的问题也就多了。在大学阶段，最重要的是受到老师的影响，对学术研究产生了兴趣。特别直接的影响其实不是很多。反而是徐老，虽然我以前不是搞训诂学的，但是当我在做《春秋左传新注》的时候，我想起了徐老讲的一些话，一些书，比如说《说文》《尔雅》《方言》《广雅》，当我带着问题去读这些书的时候，那和泛泛地读效果就不一样了。

都说“一日为师，终生为父”，有时候我就想为什么把老师和父母联系在一起，有次经历让我突然有了感悟。我以前是从来不做饭的，有次钱老师到非洲去了，我做饭，儿子在家，而且那一年正好中考，每天的菜总要变变样子吧，就想做一些什么呢。有一次我突然想起来了，我见过我母亲炒腰花，就回想她怎么炒，是什么程序。当时其实并没有记住，也没想到有朝一日我要做这个菜，但是在某一个特定的时候，我想起母亲曾经这样做过，我就照着她的样子来做，炒一盘腰花。就像我以前只是把徐老讲的东西记录在纸上，并没有想着我要照着它去做，但是我在做《春秋左传新注》的时候想起老师的话，这些书我要翻来看，一读还就真能解决不少问题。像《〈左传〉疑义新证》

我经常引用《说文》《尔雅》《方言》《广雅疏证》《读书杂志》，实际上因为我通读了它们，有时候它是讲别的，但如果《左传》读得比较熟的话，一下子就跟《左传》联系起来，就解决了《左传》的问题。所以我想，老师的影响，也许当时你没有觉得，但是有朝一日，突然某一个事情会让你感觉到。所以我想，这个可能就是为什么说“一日为师，终生为父”的道理。父母对我们的影响，有时候是潜移默化的，虽然有时候没有一个明确的印象，但是已经在你的潜意识里了。当你具体遇到某一个问题的时候，某一个老师说的一句话或一堂课，以及他的知识、他的方法、他的思路，都会有影响。所以我给他们上课就是讨论，其实我觉得我当时即兴式的想法对他们可能更加重要。

王：有道理。所以有时候可能不是说像我们现在上课“满堂灌”式的，或者必须要听完这个课，恰恰是一些即兴的发言和讨论，可能会碰撞出一些火花。

赵：是，这样启发性可能更大些，也更有针对性。所以我现在给研究生上课，我自己基本上不讲，就是他们读书、提问，大家一起来讨论。

十、南师大古文献专业

王：赵老师，您从南师毕业以后留校工作到现在也三十多年了，这些年您一直在古文献专业，而且近二十年一直掌管咱们古文献专业，算是掌门人。您觉得从您这多年的经历来说，和周围的兄弟单位的古文献专业相比，咱们南师的优点在哪里，缺陷在哪里？

赵：与兄弟院校相比，可能我们在学校或者地域上面不太占优势，北大、浙大不说了，上海师大的生源可能也比我们好。但是应该说我们还是很努力，历届评中国古文献学奖学金，本科生一等奖我们拿得不少。不过我们知道自己的不足，还要继续努力。今年我们和北大的本科生各得了一个一等奖，上一次就没有拿到。我们比较有特色的方面，我觉得是我们的专书导读系列。像北大的文献学专业，在版本研究、古文字方面有一批人才，都是很强的。浙大的汉语也很强，还有一些其他方面的人。上海师大历来很重视外语教学。在四个学校里面，我们的专书导读系列是比较完备的，特色也是鲜明的。在我看来，这个系列对我们特别重要。比如我没有专门搞训诂学研究，就因为有些书读得熟一点，有时候也能发现一些问题。熟读古书是非常重要的，当然你还要知道方法，比如工具书怎么去使用，怎么去查找材料等等。我们的《论语》等八门专书导读，可能所有的学校没有我们那么系统。上一次搞了一个四个文献专业的评估，他们对我们专书导读系列还是比较肯定的。

赵先生为本科生讲授《史记》

王：我们这么一个课程的确立是从专业一开始就有吗？

赵：对，当年课程确定的时候徐复先生参加了，孙望先生、唐圭璋先生他们都在，南大程千帆先生他们也参加讨论，实际上是借鉴了解放前无锡国专的那一套课程设置方法，也已经被实践证明是行之有效的。无锡国专培养了很多人。

王：赵老师，您带研究生也已经超过二十年了，从指导文献学专业的研究生二十多年的这么一个经历来看，您觉得研究生在文献学领域怎么做才能够做得好？

赵：多读书，边读边思考。学问学问，首先是学，然后是问。问就是提出问题，包括：问书本，去读书解决问题；问自己，不懂的自己再读，“书读百遍，其义自见”；问老师，会讲话的老师——王老师、赵老师，还有不会讲话的老师——工具书，现在各种软件搜索功能非常强大，用起来很便利。要把读书和思考结合起来，这很重要。

王：现在很多的学生进入我们古文献专业以后，无论是本科生还是研究生，其实有不同程度的，或长或短的迷茫，有人可能一年，有人甚至三年都是迷茫的。他们在研究生学习阶段或者本科生学习阶段，您觉得如果要作一篇论文的话，要选一题目，怎么选题？

赵：选题最好和他的兴趣结合起来，有兴趣做起来就比较轻松一些，劲头大一些，效率也高一些。另外还有他个人的知识结构，适合做什么样的题目。应该说学生的程度是参差不齐的，他能做什么样的题目，这也很重要，现在有的研究生没有真正培养好，可能跟我们的选题也是有关系的。我自己给他定一个什么题目他做不出来，怎么办？所以还要考虑到他的能力，能不能胜任这样一个题目。我招的研究生做的论文中，有的题目难一些，有的题目容易一些，可操作性强一些。比如做标点和校勘，一般说来，只要你认真地核对相关文献，比对资料，先把异同列出来，然后再加以关注、分析、归纳，最后得出一个结论，能有些自己的东西就行了，相对简单。当然，校勘真正要做得好是非常不易的。有些问题不是所有的人都能做的，包括文献，难易程度也不一样。

王：因为这么多年跟咱们的学生接触，学生也会问到这样的问题，从我们的本科生到研究生都有，似乎好像古文献拿两本书，或者拿一本书的不同版本来校校，觉得搞出差异，就是完成了，但是有时候并没有解决该解决的问题。对我们学生的这种想法，您怎么看？

赵：如果题目选得合适的话（一是它的难易程度适中，适合学生，另外它如果确实有一些问题，有一些价值），我想还是可以做。通过校对来发现问题，相对是比较简单的，因为有异同他就有话可说。如果他真正去硬碰硬地读书读出问题来，这更难。有一个比对，利用版本校也好，本校也好，他校也好，有一个参照的东西，至少发现问题比较容易一些。相对而言，它的可操作性也强一些。所以有一些同学基础不是特别好，如果能选择一个比较适当的题目，就比较好做一些。除了版本校勘，本校和他校也非常重要。比如《史记》《汉书》《后汉书》《文选》《十三经注疏》等，与原文相关的文献可以参校，与注释相关的也应该关注，通过比对，不仅在校勘方面能发现一些问题，能解决的标点问题可能更多，因为以前没有条件做这方面的工作。当然，不论做什么，都必须下功夫，否则，即使选了一个好的题目，也同样做不好。

如果学生读书能力很强，钻研研究问题的能力很强，他自己能发现问题，甚至是一些重大的、有意义的问题，也很好。这学期侯婕提出一个问题，就是昌邑王废立的问题，其实我觉得这是一个非常重要的问题，这做一个硕士论文也很好，因为它是一个非常重大的历史问题。我觉得这实际上是一次政变，而这个政变跟我们对于历史人物、历史事件的评价，具体地说对霍光的评价，对他的历史地位的认定，关系非常大。甚至再往前推一步，可以某种意义上得出一个结论，历史是成功者所写的，史书，包括正史的记载，也不能全信。

王：赵老师，您曾主编《古文献研究集刊》，怎么想到要编辑这个书？

赵：这个事情主要是你们推动在做。当然这个编了以后，也是一个发表的阵地，尤其我们的同学有时候也可以发发文章，主要还是要靠你们。

王：不，还是您在把关，就是从您这边有没有听到外界对《古文献研究集刊》的一些反响？

赵：反响总的说来好像还不错，包括陈鸿森先生还多次问到，还想给我们文章之类。我们后来也没再编下去，主要是前几年搞《史记》，太忙了。

王：前几天我跟方向东老师到岳麓书院去开会，杨华等好几位先生还问我们这个刊物还有没有在办，他们要投稿，我也说我们这几年忙得暂时没顾上。现在高校里面此类杂志很多，我们《古文献研究集刊》还是有一些影响力。

赵：将来大家觉得要做的话，还是可以考虑的。

王：赵老师，您接下来准备要做什么呢？

赵：现在手头正在做一件事，河北有一家出版社，要出一套多媒体的一个东西，已经出了一个《资治通鉴》了，有文字稿，《通鉴》出了六大本，另外还有一个点读笔，这个笔点到哪一页它就自动地朗读，另外还有多媒体，有视频。《史记》和《左传》他们希望我能牵头做，签了合同了。《史记》是有原文、注释、翻译，文字稿不超过一百五十万字，今年完成。其他的像视频等相关的一些东西，他们来做。《左传》也签了合同，我准备和苏芃来做。

王：那这样做出来不是纸质文献，是一个电子的东西。

赵：有纸质的，也有电子的，包括网站、多媒体的都有。

王：那这个做下来量也不小了，也要花不少时间。

赵：我把《史记》一些已有的文稿，比如一些注释的，加以修改，交给永吉他们，我和王华宝两个共同来主编，他来负责实施，我主要是总体上把关，基本不管具体的事情，因为没有这么多精力。至于《左传》，我有全本的注释，只要稍作修改即可，主要是苏芃再做一个译文，其他的由出版社来做。

王：那您除这两个之外，还有没有其他安排，或者是《左传》，或者《史记》？

赵：关于《史记》的工作，我们有一个长期的计划，目前在做一些比较零星的东西，有一些材料，比如说有几种书要认真看一看，得到几个卷子还没有读，没有校，最近一直没有时间。还有一些新近发表的论文要看。另外，我们带的博士、硕士，不断地有材料要看。钱老师不在家，工作效率比较低，许多时间花在买菜做饭，洗碗洗衣服，锻炼身体，上课上面。你说苦倒也不苦，其实少读书并不苦，在某种程度上，钱老师帮我其实我更辛苦，你读书工作的时间多了，能不苦吗？做做家务其实比较轻松，不要动什么脑子。修订《史记》时，我曾花一年时间通读了张文虎的八九千条札记，每一条都需要判断，头都搞大了。最开心的是我自己自选的工作，校《史记》三家注的引文，不断有一些小的发现，所以心情特别好。

王：就是每天都有收获，心情就好了。

赵：对。有的时候一天几十处小发现，挺高兴，心情舒畅，而且相对很轻松，判断问题没有这么复杂。

王：当你付出有回报，心情很愉悦的时候，也就不觉得苦了。所以您做的这些事情也是很有借鉴意义的，学生们听一下对他们有好处。现在对古文献学感兴趣的学生倒不少，但大多数学生就不知道该怎么弄。

赵：古文献入门相对比较难，要有比较好的基础，许多文献要读，另外各方面的知识相对来说要求也高，现代的东西，拿起来就能读，有时间就能搞，相对容易些。

王：古文献要达到能把书读懂，都需要很长的时间。

赵：尤其先秦两汉的。所以也不怪同学们，如果能在这一段坚持下来就已经是一个成功了。不光研究礼学，《左传》《史记》等都是这样的，你看全国各个学校研究先秦两汉这一段的人都比较少，我们因为有古文献专业，算是人比较多的。

王：是。所以搞古文献，研究一个东西，像打仗一样，要打攻坚战，一旦攻下来，那你就站住脚了。打一个小地方有什么意义？没得什么意义。

赵：黄侃先生讲，扎死寨，打硬仗，就是你要攻坚。如果那个最坚固的能攻下来，其他的也不在话下。

王：是。您讲了这么长时间，很辛苦了，非常感谢您！

赵先生为学礼堂题字

2016年6月29日，王锷老师于学礼堂采访赵生群先生，访谈稿由王宁玲、张琪、井超、李姣、刘晓咏、陶晓婷、曹晋婷、侯婕整理，已经赵先生、王老师审定。

考据乾坤大，耕耘日月长

——漆永祥先生访谈录

漆永祥先生

漆永祥先生，男，1965年生，甘肃漳县人。1987年在西北师范大学获历史学学士学位，1990年获该校历史文献学硕士学位，并留本系任校。1993年考入北京大学中文系古典文献专业学习，1996年获文学博士学位。现为北京大学中国语言文学系、北京大学中国古文献研究中心教授，教育部中文学科教学指导委员会委员，北京大学人文学部学术委员会委员，北京大学本科教学指导委员会委员。曾任北京大学中文系副系主任，主管本科生与留学生的教学工作，为北京市语文高考阅卷领导小组副组长。先后为新加坡东方文化学院、韩国外国语大学、韩国高丽大学专任教授。主要从事中国古文献学史、清代考据学、宋诗整理与研究、《燕行录》研究、东亚学术与文化研究，以及中学语文教学与高考等的教学与科研工作。撰著与古籍整理有《乾嘉考据学研究》、《乾嘉考据学新论》、《江藩与〈汉学师承记〉研究》、《〈汉学师承记〉笺释》（上下）、《全宋诗》（合作）、《书林清话（外二种）》、《东吴三惠诗文集》、《江藩集》、《汉学商兑》等十余种，主编教材与访谈录有《大学国文选本》《北大中文系第一课》《北大中文名师教育谈》等，已发表学术论文百余篇，散文、杂文、诗歌等若干篇。

一、求学经历

王锷：感谢你接受我们学礼堂的采访，请先讲讲你上学的经历。

漆永祥先生：要说我上学的经历啊，真有点无从谈起的感觉！可以说是奇奇怪怪，曲曲折折，很多同龄人都未曾有过这种经历。我上的村学可能有点私塾性质，就在我老家漆家山的小村子里。我曾写了一篇文章叫做《我的太爷老师》，专门写我的老师漆润江。老师是一个只上过十八天学的人，但他自学成才，聪明颖慧，他会木工，会画画，会唱戏，会裁缝，会剪纸，会搞阴阳迷信掐神弄鬼什么的，但他又是共产党员，是民办教师，是一个集各种正反阴阳角色于一身的人。那时虽然是"文革"后期，我记得我们村牛圈墙上还画着邓小平、王光美、刘少奇手拉着手的丑怪图画。但老师倒是带着我们天天念书，惩罚就是打板子。因为他是木匠，经常给邻居做水桶啊，随时手中就有板子。

我读书也是很奇葩的，四五岁就上学了，怎么上的学呢？我爷爷、父母都是农民，每天下地去劳动，没人看管我，就扔在学堂的院子里，在那里爬来爬去，但是你不是学生啊，只有一间教室，你进不到那个教室去，那感觉就比较丢人了。倒不是我有多么远大的志向要念书，就是觉着我要能进到那个教室里去是比较光鲜的事情。

还有学堂有只破篮球，只有正式的学生才有打球的权利，我们穿着开裆裤的小尕娃子是没有资格摸一下的，这个太诱人了。老师每天把那只外层皮都要掉光了的篮球，早上抱到学堂，晚上抱回家去，就像他的珍宝，他儿子他都不让抱。尽管我双手抱着篮球也扔不到篮框那么高，但偶尔摸一下，就能高兴一天。其实篮架和篮框都是老师用椽子和木板做完挖坑立起来的，篮框就是柳条加热弯曲插在木板上，但那已经相当高级了。老师是木匠，这是他的强项。为了能编入打球人的行列，我也得是学生才行啊。

所以呢，就想当学生。有天下着大雨，我爷爷给我在破炕席下翻出来了个五分钱的钢镚儿（硬币），我就顶着雨淋，捧着这个钢镚儿跑到老师家里去，趴在门蹲儿上半天没敢说话，老师问我来做啥，我说我要念书。老师从他的宝箱里翻出两本旧书，残破不全的，那时候的教材年年基本是不变的，他把书给了我，五分钱也没要，这就算上学了，成正式学生，可以进入教室，也可以摸到篮球了，就这样上到小学三年级。那时候考试，我经常就语文六十分，算数四十分，就这俩门课嘛，语文六十，算数四十，语文六十，算数四十，到三年级他就给我写了一个语文六十，算数六十，就毕业了。

毕业了，好像也没什么毕业证。就到了离家五里路的紫石小学上学，农村人说五里路，实际上你按公里尺算，二十里都有了。从山上走到山沟底，经过两个村子，再经过一段路，才到小学。上小学了，可真不念书了，那干什么呢？干大事啊，就是“农业学大寨”，农民挖山平地、开沟修渠造梯田。我们小学生弄啥呢？就是在梯田砌好的石墙上刷大字，如“农业学大寨”“工业学大庆”“反修防修”“水利是农业的命脉”“扭转南粮北调”“千万不要忘记阶级斗争”等，老师拿着尺子把大字的轮廓勾好，我们往里填色，手都冻僵没知觉了。虽然不是油漆，但我们那里的红胶泥啊，有油性，不掉色，漂亮极了。另外呢，就是给农民念报纸，念得很流利就八十分，念得磕里磕巴就六十分，字都不认识就不及格，我识字比较多，念得那是相当好了。呵呵！

我们还有个农基课，就是参加农业生产，锄小麦地的时候，小麦地里头拔一种草，叫做黑燕麦，长得特别像麦苗不好区别，没有农事经验的人区别不了。老师说你去给我拔一把来，拔了一把都是麦苗，你就不及格了，拔了一把里头黑燕麦多，可能就六十分，这试也就考完了。所以我们不怎么念书，天天和贫下中农在一起，这样小学就糊弄糊弄过来了。尽管如此我的珠算打得很好，加减乘除，样样精通，给我长了不少的精神。

语文成绩也不错，《高玉宝》我都能背下来。有次我们一群孩子在上学路上，他们向前走，我面朝着他们倒退着给大家讲高玉宝的故事，一脚踩空摔到几米高的农田地里，后脑勺摔个大包，头昏脑胀，但农村娃命硬，竟然没什么事儿。你可能想不到那时各村竟然有读书室，今天都没有，里面有《化肥与农家肥》《怎样养蜂蜜》《批林批孔》《大毒草“三字经”》等小册子，我读了不少这样的科普与大批判读物，算是认了不少字儿呢。

上小学的时候，我们年级只有三个人，我是七八岁，还有一个1960年生的，比我大多了，一个比我大两岁。十七八、二十来岁的人大两岁没区别，小孩子大两岁可就大多了，所以我永远跟在他们俩后头。那时候我们那真能见到狼啊，但那时候狼已经不吃人了，1960年的时候狼是吃人的。放学了，我们三个人一人扛一条三尺多长的棍子，自称为“伟大”，是用来壮胆儿的。黄昏时候，看见山上一群狼在那追着玩，我们就趴在草里头在那等，等狼玩腻了走了，就没命地往前跑，他俩前头跑，我在后边追，鞋呢破得没有帮子，老往下掉，很辛苦，怕得要死，总觉要么是狼，要么是鬼，在我身后追我，要把我吃掉或者掐死。所以我从小都是恐惧的记忆，长大以后还经常梦见被追得满山遍野乱跑，无处躲藏。

到了初中，贫下中农推荐上学，看你家的家庭成分是什么。我问我爷爷咱们家是什么成分？他说是中农吧。中农呢，又有上中农、中农和下中农三种，我就报了下中农，恨不能改成贫农甚至雇农，那可是越穷越革命，越穷越光荣的时代啊。没问题，推荐上了初中，不考试。初中在公社所在地马泉中学，离家越来越远了。上初中可就惨了，刚开始我住在一个很远很远的亲戚家里头，是我外爷同族的姐姐还是妹妹远嫁到这里来，就我们学校的对面山最高的地方。姑婆和叔叔家里穷得叮当响，我和他们一起吃饭，过段时间爷爷给我送点面来，但农民劳动他不是十二点就回来了，地里活干不完是不能回来的。学生十二点就放学了啊，一点钟就上课了，等到十二点半一点钟他们家还没来人呢，那就门都开不了，我啥都吃不了，一口水也喝不了，就空着肚子，在山下的水井里把头扎进去，吸一肚子的凉水，回到学校去了，肚子不争气，就咕哩咕噜地叫。我爷爷说这娃会饿死的，就和姑婆商量，让我自己试着做饭吃。十二岁怎么做饭，不会做，母亲就给我擀点面条，切好晾干，拿去煮。煮那个干面条啊，认不出生熟，面熟了不敢捞，后来就煮烂了溜到锅底成糊糊了，快到周末，就没吃的了。那时候也不念书，我人又捣蛋，吃饱肚子就打闹着玩，教室里板凳飞舞，尘土腾升，老师就骂，揪耳朵，揣两脚。哪天吃不饱就在桌上子上趴着，没力气闹呀。班主任就幸灾乐祸地在我脑袋上拍一巴掌说："碎死的！今天没吃到午饭吧。"我就很恼火，我没饭吃，看把你给高兴的。

初中上了两年半，为什么上两年半呢？那时候甘肃的学制是从年初到年底一整年，后来不是要跟全国合拍嘛，咱们现在是今年的九月份到明年的七月份，这么一弄不是就多了半年嘛。延了半年我就上了两年半的初中。我们呢，就天天斗地主，到每个村子去。入冬了就是挖土豆，全靠吃土豆长大的。夏天呢就"反修防修"，挖防空洞，甘肃处在"反修"前哨啊，当时盛行苏修帝国主义会随时打过来，我们学生也和民兵合作搞防空大演习，就把你脸上画得五花六道的，当成是战争中的伤员，放在门板上几个人抬着跑，跑到半路上"嘭"掉下来，摔疼了还不敢哭，革命战士，怎么能哭呢。

我们初中两年半，做的大事儿，就是给学校修了两座大教室。我们学生修教室，到很远的地方去砍椽子。我那时个子大概也就一米五左右，瘦得跟《包身工》里的“芦柴棒”差不多，没多大力气，一根椽子我扛都扛不动，我是给大个子男生背衣服，就几件破棉袄我都能背一身汗。檩子、椽子都备齐了，就去别的大队瓦窑里背瓦片，我们半夜三更背个大背斗，里面装着瓦片，在山路上爬行。影影绰绰的月亮，模模糊糊的路，深一脚浅一脚地赶路，天上星星很亮，饿得前心贴后心都走不动，就放在山上歇着吹凉风，还唱着“天上有颗亮明星，北京有个毛主席……”可惜老人家不知道世上有个漆永祥啊。

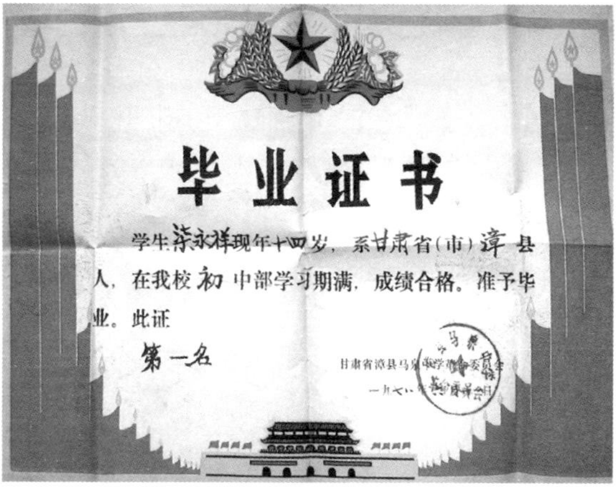

漆先生初中毕业证书

我们念书不成，干农活都是好把式。和泥、打土坯、砌墙、上梁，都是学生和师傅们一起干的。和泥的时候，里面掺了石灰粉，为了让泥和得好，我们就脱了鞋，光着脚在石灰粉的水里踩泥，不知道石灰有毒，结果后来腿上都褪了一层皮。我总觉得人贱命就不值钱，也没生什么病，要搁到现在，恐怕得上医院住院了。前年我回母校看了看，我们修的教室已经全拆光了，好不心疼呐。

1976 年，惊魂不定的多事之秋啊！周总理、朱总司令、毛主席先后去世，不管我们了，主席鹤归那些天，密雾凄风，大雨倾盆，我感觉这天啊，肯定是塌了，感到莫名的压抑和恐惧。然后就打倒“四人帮”，当时我们正在一个生产队挖土豆呢，紧急集合赶到学校，一看墙上贴着“打倒王、张、江、姚反革命集团”，王、张、江、姚是谁啊？有人说是江青，我的天呐，江青！我倒吸一口凉气儿，不敢念，江青可是毛主席的婆娘啊。乖乖！

然后突然说不再贫下中农推荐了，高中要考了。我们都不通电，说上晚自习，黑洞洞的怎么上啊？就每个人提盏煤油灯。就用那个墨水瓶啊，盖子上挖个窟窿眼，用废旧电池卷一个比烟卷还细点儿的小管儿，里头塞点棉花线，倒上煤油点着就是灯了。没有煤油啊，用柴油，柴油便宜，但油烟大，你点个灯看书，不知不觉鼻子下就熏出两道黑印子，我们就自编自演《红灯记》，不用化妆日本鬼子就出来了。实际上既不会念书，也无心念书。

有段时间，我住在我们村一个在公社当道扳工人的宿舍里，他房间里有几麻袋的炸药，用于维修路面时炸土用的。我就偷他房间里的炸药，干嘛呢？去炸鱼。学校附近有两个大水库，上游的一个离村子有点距离，比较僻静。我从来没吃过鱼哎，第一次吃鱼就是偷着炸的鱼。我负责偷黄色炸药，这个炸药威力大，过去火药没那么厉害，还有个同学负责偷雷管，另有人负责偷导火线，分工明确，各负其责。我们把炸药装到啤酒瓶子里头，凿结实了，弄个导火线，然后用雷管引爆。我是胆子小不敢扔，有胆子大的，等导火线快燃到瓶口了，扔进水去。那个鱼啊，它有个鱼层，如果胆子小的人，那个导火线还没燃到瓶口，咕嘟咕嘟一直掉到水底下那个泥里头了，啥都炸不到。要炸到鱼层那一块，要等导火索得快燃到瓶子口再扔，那得胆子大。“咚”一声巨响，过一会儿就看那鱼就忽悠忽悠大的小的，都翻着白肚子浮上水面来了，特别残忍。我们都是旱鸭子，没有一个会凫水的，就拿树枝在岸边往回划拉。你想半夜那个声响极大，这时候公社的民兵就会迅速地赶到，我们也迅速撤了。炸鱼那肯定是学生干的嘛，学生就是“土匪”，所以第二天老师就让所有人排队，然后伸出双手。那时候我们没有香皂洗手，鱼腥味特别大，我们就在石头上搓着洗手快把皮给蹭掉了，自己闻一点味道都没有，老师一闻就知道谁炸鱼了，把耳朵一揪就扯出去了，然后威胁说让我们赔鱼，哪有钱赔，瞪眼赔，挨两脚三巴掌也就完事了。现在的鱼啊，我总觉得没有鱼腥味儿了，没那么好吃了。

然后突然说高中要考了，怎么考？啥都不知道。我记得当时一开始搞数学竞赛，推荐了我和另一个同学，他数学比我强。要去数学竞赛，老师把我们叫来一看，穿的衣服又破又脏，破棉衣上鼻涕啊污垢啊什么的，一块一块的发亮，我们叫这玩意儿呱呱，你们都不知道，就前胸这一块，两坨，我还比他少点，我这还能看出原来布的颜色，我那哥们整个就一锅底，闪亮着。老师一看说回家去，让你妈把衣服给洗洗干净。我们说离家远，都回不去，老师叹了口气儿说：算了，你们就别去了，考好考不好，马泉中学送两个小叫花子去，县城里人看了会笑话。这人咱丢不起，两个呱呱，人家一看成什么样了。我们离家都很远，两周回一趟家，就背个小背斗，里面背点土豆，背点面，还背一捆柴，这一捆柴你要烧两个星期呢，没办法了就偶尔偷一点儿，你不偷没吃的，什么事都干，偷白菜、萝卜、土豆……所以我们这些外来的学生，老百姓一看就是小偷来了。那时候数学差到什么程度？一元二次方程有两个根，我不知道，我觉得一道算数题天经地义就一个得数嘛，怎么可能两个？这样的人还去参加数学竞赛，你想想滑稽不。

但是，初中时我的繁体字那道关已经过了。为什么呢？我们校长叫邹克林，会武术，精干麻利，四十来岁，每天大清早噼里啪啦耍拳弄棒，他的房子里有《封神演义》《东周演义》《三国演义》等书，是上个世纪 50 年代出的竖行繁体本。那时候不能看，那叫“封资修毒草”，反动着哩。他呢，是个木匠，喜欢干净，什么都整齐划一。老师冬天烧炉子，要用柴把火引燃了再添煤，白杨树小木棒晒干了，一握粗细，锯成尺把长，一劈四瓣。我就这个干得好，我到院子给他又锯又劈，整一捆柴摞好了，他把我锁到房间里，他就出去转去了，我就连蒙带猜啃这些书，天长日久竟然给翻完了。我有个同学叫马中选，他家不知道哪来的《儿女英雄传》《孽海花》《敌后武工队》这种违禁小说，我们俩就把书包上封皮，在上面写“语文”“数学”蒙骗老师，所以我们那时候繁体字的关就已经过了，写是不大会写，但认没问题。这个很奇特，初中竟然读了不少“毒草”，又好奇又兴奋又恐惧，越这样越想读。

然后考高中，那就去考吧。那时候吃饭要粮票，没有粮票你就没法吃饭。我初中的班长骆廷武，小名三驴，我还写过《我的三驴班长》，这篇文章前后写了十年。三驴呢就把我当小弟弟，我经常在他家吃喝睡觉，他家有热炕，我的炕是冰冷的。初中毕业临走前，他送了我五斤粮票五块钱。他要当场给我五块钱，我肯定不要，因为那个太多太重了受不了，就跟今天突然见面你给了我五六万，这怎么能接呢，是吧？但当时是他给了我爷爷一包茶叶，我回去母亲打开一看，里头还有五斤粮票五块钱，在当时这是个很大的数目，母亲说这个受不了啊，太多了，这人情还不上。至今我们两家成了亲戚，走动频繁，真正成亲兄弟了。三驴结婚早，生了两个女儿，跑计划生育又生了个儿子，结果他自己出了车祸被撞了，刚开始神智都不怎么清楚，后来恢复得还不错，但身体一直很不好。前两年，他儿子结婚了，生了一对双胞胎女儿，结果一个竟然听音有问题，后来到北京来做手术，装了人工耳蜗，国产的便宜了。我说孩子你们小夫妻俩还小，就给娃娃装个进口的吧，将来你们慢慢打工还吧。好在装了以后有效果，让我很欣慰。你说人呐，有时想想真是有命啊，我的班长为什么就遇到这么多的事儿呢！

我拿着三驴的五元钱和粮票，跑到县城去考高中，稀里糊涂考完。我以为考不上，就回到家里复习打算考中专嘛，那时候初中也可以考中专，结果侥幸考上高中了。高中干嘛呢？高中虽然说拨乱反正了，郭沫若讲“科学的春天”到了，开始念书了。但是我们没桌没凳，凳子就是那个土坯搭的，你坐在上面稍动一下就塌了。一年级我们干了个什么事呢？“文革”期间，全国中学都有农场，我们漳县一中的农场在红沟里，我们去拆农场，把农场的房子拆了以后，椽子檩子拉过来修教室做桌凳，就这么，高一就拆了农场了。

好像是 1980 年前后的一年高考，我们学校考了一个兰州大学，是我的本家叫漆元；另外陕师大考了一个，是郭开雄。我们朱校长就把全校学生集中在一起，他在台上讲这两个英雄的故事。我记得他说郭开雄好像高一化学都考零分，高考考了九十多分，要求全校同学向他们学习。我当时心想这跟我有什么关系，我化学也考零分，但我肯定考不上大学，我们就一帮人在下面打着玩，根本没听讲什么东西，你讲你的，我玩我的，大学在天上，而我们在地上，都哪儿跟哪儿啊，挂不上钩的。

然后我寒假就病倒了，起不来了，长期阴湿积攒的毒性发作了，说是伤寒。山里没大夫，大年初一，大雪封山，父亲和邻居大爷，冒雪侵霜，请来很远很远的一个老中医给我看，吃了无数的草根汤，也没效果。索性就不治了，反正农村娃命大，死不了，就拖着，耗着。结果春草萌动时，自然痊愈，但毒气逼出来以后起了一身红粉疙瘩，脸上尤其厉害，厚厚的抹了一层，痒极了。开学后就去学校，交了五块钱学费，书也领了，趴在桌子上就睡着了，全身没一点气力，走路都走不动，实在没法上呐。

那时我住的小房子，还是我和房东舅爷垒的，原来就是一个通道，后来封上了，我们就盖了个小屋子。檩椽都是父亲在山里弄来的，门是两块小木板拼的，没有窗子，我做饭用的二尺见方的小案板，切菜擀面时就是案板，不用了就挡在窗洞，用木棒顶住当窗子用，以防鸡狗钻进来。房间不到五个平方，一间小土炕，一米二三长短，我的小个子，腿都不能屈伸，斜蹬着睡，小炕上铺了半截捡来的破席和硬纸壳子，一张我外爷杀了他的大黄狗给我当褥子用的狗皮，一床破被子。窗子下自己垒了一个小灶台，用来做饭，我大姑姑家借的一个小木箱，用来装面和土豆之类，地上堆了些柴禾，这就是我的全部家当。冬不挡风，夏不遮雨。夏天那暴雨如果时间短，哗一下过去就没事，要下半天，我那房子就跟雨地是一样的。那个椽子很低，我用塑料袋四个角绑上，我在底下坐着，雨水就啪嗒啪嗒往下滴，滴着快有一盆水了，我就倒一下，流着泪等天亮。所以我一心要回家，至少半夜不淋雨，有爷爷的热炕睡，这书死活不念了。然后我就去休学，学校以为我想拖着再赖一年，说高二不可以休。我想不休算了，不上了！

这就辍学了，真正成了农民，刚好包产到户，土地分到农民手里了，可是又带来很大一个问题，就是孩子都不念书了，每家分了两只羊，一头牛，家家得有个放羊的。谁放呢？尕娃子！每天黄昏时候，所谓“日之夕矣，牛羊下来”，有四五十只羊，二三十头牛，后面跟了二三十个放羊娃。你说这是怎样令人心碎的一幅牧归图啊！我对自古以来的什么田园风光《牧归图》，一点兴趣都没有，太假了。我长期放羊，一天下来能累死你的。我们放羊都总结出规律了，就是先把头羊抓起来连打带托着转，把它给折腾累了，他就跑不动了，头羊老实了，其他的羊也就不乱跑了。

到了夏天，农活苦啊，我说哎呀还是想念书。然后外爷带着我，就去找漳县一中的老校长朱承业先生，校长一看我又瘦又小，说现在高二的孩子水平很高，你那高二是闹着玩的，你娃呀到高一念去，能学得好一点儿。那年开始兴了初三，初二升了初三，这不高一就断了生源了嘛。我想不成啊，我再上一年不就高中毕业了吗？我不就混个毕业证嘛，我就能当兵了啊，所以我不同意。没想到外爷爽快地说：麻烦校长了！麻烦校长了！好得很，高一念，高一念。出来我说：外爷！不对呀？我再念一年高中就毕业了，不然就得念三年。外爷说：瓜娃子！你念三年，个子长高了，力气也攒下了，你再回家去劳动不就更有劲了嘛！我想他老人家这个显然是太深谋远虑了，姜还是老的辣呀，所以我就从高一念了。

高一不是没有生源了嘛，所以高一就是我这样留降级的，还有社会上没考上高中的，搜罗了两个班，当年把我们叫“渣子班”。但好处是一开始就分了文理，我报了文科，因为物理、化学我更不成啊，符号都写不出来。我上小学、初中、高中甚至大学，所有的班主任跟我都是敌人，因为我太贪玩了，好动，坐不住。初中时，班主任老陕刘老师，有一次骂我都骂急了，说你就不是一般的渣子，你是“渣子的平方乘二加三”。也就是说渣子已经不足以形容了。呵呵，名言啦！把老师给气疯了。

高中上课就偷着看小说嘛，禁书开禁了，像《红岩》《林海雪原》《战争与和平》《巴黎圣母院》《钢铁是怎样炼成的》这些都可以读了。我买的第一本小说是周立波的《暴风骤雨》，同学互相传着传着就传没了。当时读了好几十本小说，还有剧本，改革开放不是开始唱古装戏了嘛，我是我们村里的主要演员，我们抄剧本，老早我就抄样板戏，每天可是挣十分的大工分，光彩着呢。所以样板戏《沙家浜》《智取威虎山》《红灯记》《海港》等，眉户剧如《梁秋艳》《李双双》《花亭相会》《屠夫状元》，秦腔如《辕门斩子》《三滴血》《赵飞搬兵》《劈山救母》《铡美案》《拾玉坠》《游西湖》《游龟山》《拾黄金》《柜中缘》等，这些戏我都可以背下来。一来呢，是喜欢，我记忆力好，读两遍就差不多能记住。另一个呢，农民不识字记不住，你得教他。我们演出的时候，比如《花亭相会》，我演高文举，上台先唱一句“前边走的高文举”，唱完该你唱了，你不会，我就凑到你跟前点醒一句，演员很紧张没听清，台下的小孩听见了，就大喊“后边转来了张梅英”，然后起哄大笑，农村唱戏热闹好在这里，并不是唱得好不好。我们唱的是秦腔、眉户、京剧、秧歌和花儿的混搭，属于漆家山独创的唱腔和剧种，可惜那时要能录下来，绝对是研究民俗的珍贵资料啊。

所以呢，就说小学、初中、高中我们这样上的学，数、理、化咱们就不提了，两手空，但就语文的素养来讲，比现在的高中生大学生要强。语文这东西啊，就是乱学才行，凭自己的兴趣，乱碰乱读，时间长了，就连捂带悟，自然就成了，课堂上真教不了多少呐。

数学怎么办呢？数学差到什么程度，比如我抄你的作业，我是非常认真地抄，可是抄完以后，你是对的，我是错的。有次考完试，好友张建成跟我说：全班就及格了你一个。我说怎么可能呢，那日头不就从西山上来了吗，他说咱俩打个赌。我说赌什么，他说赌 10 根油条！那时候我们县城只有新华书店门洞里有一家炸油条的，那实在是太香了，隔着老远都能闻到香味儿，诱人极了，令人口水直流。5 分钱一根，可我吃不起啊。我心想，这 10 根油条我吃定了。我们就去找老师看，果然就我一个及格了。数学老师叫董玉玲，我考了 59 分，老师把 59 划掉，写了个 61。为什么我及格了呢？因为明天要考试了，老师今天晚上来，突然在黑板上演了一道数学题，也没说什么话就走了。我就多了个心眼儿，这老师忽然来，什么都没说，算了一道题，这有点意思哎。我就把那道题抄完，对了好几遍，因为我抄也抄不对啊！准确无误，回去我就背下来了。第二天考，果然是一道附加题。也就是 120 分的题我考了 59 分，老师硬给改成 61 分，我数学就算及格了一次，太阳可真是从西边出来了！这个信心很重要，很奇怪，从此我对数学有兴趣了，做题也能慢慢钻进去了，数学一天一天就好起来了。此后数学是朱玉兰老师，老师圆圆的脸，短发，嘴里含着薄荷片，可喜气了。我那时上课总打盹儿，但下课常常找老师问问题，把朱老师家的门槛都要踩断了。她每次都故作吃惊状说："啊！尕七子！你不是在睡觉吗，睡吧，睡醒了再问呀。"晾我一会儿，就一把把书抢过去："说！阿搭儿不懂？"后来第二次上高中，数学是卢欢凤老师，老师对我可真是太好了，不厌其烦地教，任何时候去老师都极其耐心，有时老师正在煮饭，把火关了给我解答问题，所以我的数学高考成绩是我六科中最好的。

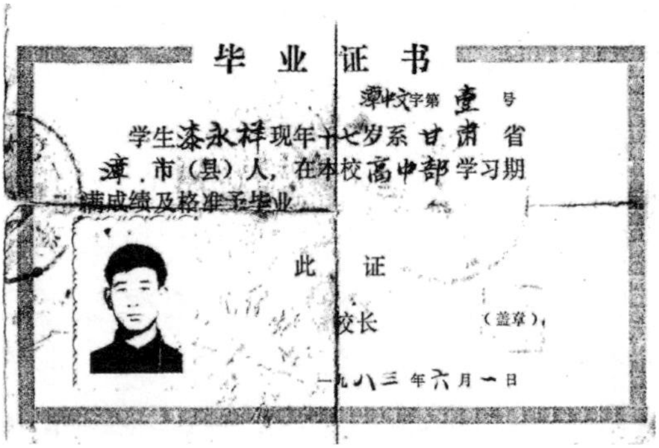
毕 业 证 书
漳中文字第 壹 号
学生漆永祥现年十七岁系甘肃省
漳 市（县）人，在本校高中部学习期
满成绩及格准予毕业
此 证
校长 （盖章）
一九八三年六月一日

漆先生高中毕业证书

高考结束终于考上了，我就买了六斤点心，送给六门课的老师，算是我的高级谢师礼品。在商店里买呢，一斤六个点心；但在县食品加工厂买，一斤是八个；买五斤，按一斤六个包装，就多出来一斤，还剩四个解馋的。哈哈！穷则思变，没办法，辙都想尽了。我到卢欢凤老师家里去，她丈夫米良玉老师，陕西米脂人，教理科班数学，是权威。我高考数学考了 88 分，是最高的一科。米老师问：“你娃这数学考得还不错，用什么参考书？”我还未搭话，卢老师心疼地说：“看这娃穷的，哪里买得起参考书啊！”我说：“米老师！我确实没有参考书，我把三年六本数学课本上的例题和习题，都给下老实做了三遍。”米老师腾地站起来，击着掌说：“愣娃呀！好！好！这本身就是经验嘛。”呵呵！

语文本来是打算拿分撑面儿的，可语文最后考了多少呢？ 61 分啊！你说吐血不，120 分的语文考 61，不及格啊。这个我从来都不好意思告诉人了，我现在号称中学语文研究专家，到处跟孩子们讲怎么写作文，他们知道了会看扁我的，我得捂上脸啊。为什么作文写砸了？作文是一幅漫画，华君武的《这里没有水》。作文改成两个题目了，先写个说明文，再写个议论文。没学过怎么写说明文，不会写啊。那年文科生语文普遍考得不好。文科生就开始扯啊，说这个人态度不好，浅尝辄止，不对。实际上，你就把这个画面介绍清楚就完了。这语文一考砸，感觉没戏了。英语完全不会嘛，就胡乱对付。考了 20 来分钟我想交卷，老师说不到半个小时，不让交，真是岂有此理，不会答，又不让早走，我就坐着发呆。英语考了 29.5，超水平发挥了。我那时候的志向是陕西的渭南师范，中专。只要能上个学，有一碗饭吃，就很满足，等于祖坟冒烟了。

那时候最惨的一点，还有预选。什么叫预选？比如你这个县里去年考上了十个，今年可能就会给你二十到三十个人的名额，可以参加正式高考。如果预选不上，就像打仗一样，你还没上前线就半道牺牲了，你说残忍不残忍。等到预选完了，我们班二十多人只预选上了三个，好在我们三个都很争气，我考上了西北师院，边疆、李鹏翔考上了天水师专。预选完了还耗一个月，所谓“黑色七月”，太折磨人了。不知王锷兄当时怎么感觉，我们西北有句歇后语“腊月里头的猪——

昏活着”，就是腊月的猪，知道自己活不久了，就一天到晚地等着挨刀。预选完的那一个月，根本没有任何状态，就等着挨那一刀。所以我现在特别理解高考前五月份的孩子们，太不容易了。我在韩国教书时，韩国大学生告诉我，韩国有三个人种：男人、女人和高三学生。韩国高考也同样要命，高考季节，庙里都是磕头拜佛的妈妈们。

王：很多学生都是因为预选完没有机会正式高考，整个暑假是很难过的。

漆：对，太难过了。你连上战场的资格都没有，这个很悲壮。那年甘肃文科录取分数线是 360 分，我考了 393.5 分。我一看这分数，能上个本科。回到家给母亲说：妈妈！你给我缝一床三面新的被子，我能上大学了。母亲坐在地上无声地流泪，那真是在漆黑的夜里，看到了东方透亮的希望啊！报什么志愿呢？报中文，哪敢啊，就报了历史和政治。就这样，1983 年 9 月，我去了西北师范学院，跌跌撞撞，终于连爬带滚地进了大学。一说起高中以前的事儿，我几乎每个细节都记得清清楚楚，每件事儿都既痛楚又让我想念不已。

王：在西北师大上了四年，你觉得在咱们那儿上了四年本科，对你有什么影响？

漆：西北师大就更好玩了。刚开始去，一个农村孩子，还戴个本山大叔那样的帽子，剃个光头，啥也不懂。到兰州嘛，终于第一次见了黄河了，看了火车了。第一次到陇西，坐火车。那时候传说，如果你躲得不及，火车就把你吸走了，所以火车来我就跑了。我一看，把谁也没吸走嘛。挤上车，一路站到了兰州，终于见到了黄河，我相像黄河是一望无尽的，结果发现河道那么窄，让我非常非常地失望，神秘感消失得无影无踪了。

新生一年级，从头开始。据说全校在公共外语排课的时候，排到历史系，英语老师没有了。历史系嘛，没有英语老师，那干脆学日语吧，好像有点用，所以我们班学了日语。这个倒好，因为我对英语已经痛恨到至极了，那玩意学不好，一个“晶体管收音机”我就是记不住由多少个字母拼的。学日语，咱们从头来，大家都一样。这日语还救了我，后来考上北大，我觉得还是沾了日语的光，英语肯定不行。日语是一位刚从日本进修回来的年轻女老师武国珺先生教的，后来在北京邮电大学工作，已经退休了，极其认真的一位老师。从头学嘛，咱们慢慢来。学课程也不懂啊，刚开始，都不知道大学应当怎么玩，所以第一个学期就糊里糊涂过去了。

但是，我记得考王震亚先生的“中国古代史”考得很好。王老师讲课有多深也未必，但是他会讲课，讲得很清楚。我们的教材是朱绍侯主编的《中国古代史》，厚厚三大册。王老师没有就着那个教材讲，我在图书馆乱翻书，翻到他讲的书了，是一本单册的《秦汉史》，谁编的忘了，我就把那本书借来读。所以最后考试考了 88 分，所以“88”真是我的幸运数字啊。我考了个全班第一，太长气鼓劲儿了。那时候我们甘肃的工资，一个大学本科生毕业，一个月我记得好像是五十四块零八毛，叫“5408”。所以老师经常批评我们，说整天不念书，光想着一毕业就“5408”。但是，王老师这个分数给我很大的刺激，我就觉得我还行嘞，以后就好好念了，跟着老师走，有些课程也还有点自己小小的想法。我喜欢办杂志，和比我低一级的黄正林等兄弟，办了份杂志叫《史学新苗》，哈哈，名称还有点儿“文革”遗味儿。正林兄现在是研究近现代史的大拿了，比我刻苦多了。我们自己刻蜡版印刷，干得挺起劲，我们的创刊号，我现在还留着一份咧。

那时西北师大的师资力量是很强的，我们历史系有一批老先生，当然跟北大、南大这样的学校可能不好比，但是在全国肯定是中上的水平，部分先生在国内都是超一流的。我们这批人，都很怀念 80 年代初期那段时间，那时候真是一个求知欲非常旺的时代。学习风气很盛，我们讨论的也是诸多哲学义理国际国内的大问题。1986 年“自由化”以后，大学的风气开始慢慢往下掉，就不行了。

我那时候对魏晋南北朝史极感兴趣，山大王仲荦先生的两本《魏晋南北朝史》都被我翻破了。包括唐长孺、陈寅恪、周一良诸先生的书，也读了不少，还有《史记》《汉书》《三国志》，都是那时候慢慢看的。另外，如四书五经、“三通”、《文选》、《通鉴》，以及一些中外名著和文学作品选、作家集子也读了一些。所以本科几年我们还是学了不少东西，学得还是很扎实的。王锷兄！我们保研是从你们级就开始了吧？

王：从我们就开始了。那时候世界史的吴英贵老师画地图画得很好，板书上地中海地图两三秒钟就画完了。

漆：对，世界古代史是吴老师上的，东北人，长得跟弥勒佛一样，永远带着谦恭的微笑。他画地图是一绝，意大利全图，滋溜滋溜几下，一只意大利靴子就在黑板上了，妙绝！课讲得也非常好，声音洪亮，条理明析。张绍卿先生讲中世纪史，马英昌先生讲世界近代史，都是东北人。马老师的课，就是记笔记，真能把你累死。

王：对，两个小时要记十几页。

漆：他还盯着看，如果谁不记，“啪”一个粉笔头就扔下来了。所以哪怕我们没写字，也要装作写字的样子。但讲得很有条理，笔记整理出来就是书了。那时候的老师也认真，我们动不动就到老师家里去请教。现在想来，那真是令我们非常怀念的一段时光。

二、师从李庆善先生

王：我记得我们班的田澍和程连升都是保研的。谈谈你跟随李先生读研的情况。

漆：我们班保了我和谈振好两个，她跟马老师学世界近代史。所以在保研的时候，我觉得我很厉害啊，要考山大的魏晋南北朝史，不愿意在本系上。我把王仲荦先生的《魏晋南北朝史》两册，都翻烂了，对这段打打杀杀的历史极感兴趣，所以想报考山大，实际王先生1986年已经仙逝了，我都不知道。后来我们系党委书记李清凌教授，平常很喜欢我也很关心我。他专门找到我说："小伙子！你要考上了，当然你很潇洒就走了。你要考不上，这个保研资格，不可能也占着。你得权衡考虑清楚了，你愿意冒险，那鼓励你考，但是你考虑一下风险和成功率，自负其责。"我思来想去，觉得的确没把握，想想那就算了，还是在本系上吧。

在本系上呢，我就想上断代史，希望跟研究宋史的陈教授守忠先生学。陈先生是老革命地下党，给我们上"宋史专题"，也很喜欢我，我当学习委员，他叫我"学习班长"，给他挂地图。但后来他录取了两个学生，同是河北师院来的朱红亮和赵忠祥，红亮兄的公子去年以河北省理科探花的身份进入北大光华管理学院学习，太提气儿了。如果我当时再上宋史，陈先生就招三个。我后来的导师李教

李庆善先生

授庆善先生，没有招到学生，都没考好。这是李先生最后一次招生，就是为了解决系里历史文献学缺人的燃眉之急。所以系里就把我拨到李先生名下，有意栽培，可我还不领情，我没学过历史文献啊，怎么弄呢？还有，我觉得李先生名气不大，我就赌气不上。当时李先生给我们上“历史文献学”课，我也不跟他打招呼，但是课间我会去擦黑板。李先生有哮喘，下课他不动，就坐在台上抽烟。有次我擦完黑板，先生问：“你是不是漆永祥啊？”我说：“是。”先生说：“你有空到我家里来一下。”这我才到李先生家里去了，你想世上哪有这样的道理？我真的是忤逆不道，愚顽至极！

王：这有好几个月啊。我记得拖了两三个月，我都去劝过你，才劝回来。

漆：我不上！我有情绪啊，憋气。我那时候吹小号，师大有个管乐团，我整天和乐团的哥儿们一起玩。兰州市我们班留了二十几个同学，我人缘好，跟谁都合得来，能准确地记得他们谁哪天发工资，就去混吃混喝。经常有意无意地忘了书包丢在哪了，就挨个回头去找，又吃一圈。两周都不回学校的，既不上课，也不读书。

李先生说历史系的古代汉语弱些，你要补一下，我就选了中文系侯兰笙先生的“古代汉语”课，侯老师那是讲得真好，字词解释，清晰准确，一点儿废话都没有。我心想我初中就繁体字过关了，你们一年级新生算什么啊，我也不怎么去上课。结果侯老师考试的时候有默写，我压根儿没背。他考语法，大概十个错了七个，结果只考了六十多分。过完年回来，李先生就把卷子拿给我说：“你看七十分以下的只有三个，你就是一个。按理说咱们是研究生了，应该比本科生考得好一点，至少要考个中间分数吧。”先生没有唬着脸斥责我，我现在回忆不起来那晚我是怎么从老师家出的门，怎么回到宿舍的，当时感觉就是无地以自容，恨不能搧自己嘴巴子。这个刺激太强烈了，觉得这么混恐怕不是个办法。就发誓要好好学，后来又选了中文系钮国平先生的“古代汉语”，考了九十多分。当时李先生就给我们俩开“《史》《汉》校读”，讲《汉书·食货志》，就一页一页往后校读。中华书局点校本，我们觉得权威啊，他翻开第一页就有错误。咦！我就觉着这个有意思。就这样学着学着，慢慢就有兴趣了，一下子就被老师给吸引过去了。

我们在李先生家里上课，王锷兄已经结婚了，嫂夫人金辉老师在八中教书太忙，他得回家做饭，骑着车就进城了。我就在老师家里，蹭顿饭才走。先生喜欢吃羊肉，师母不吃，他自己煮。那时他的哮喘已经很严重了，平地还能走，楼梯没法上。我住在学生区，他就老远去找我，到了就冲楼上喊“漆永祥……永祥……”，我就答应“哎”，“走，吃羊肉去”。哈哈！我就跟老先生吃肉去了。吃完嘴一擦就走了，他自己洗碗，因为师母闻不得羊肉味儿，我都蠢到不知道帮老师洗洗碗，你说怎么就那么不开窍儿呢。到论文答辩，我大概是历史系历届评价最高的一个，全优。像金宝祥先生是老北大毕业生，以严厉著称，也给我打了优。这个全优，算是变相又把我“平反”成好学生了。

王：你再说说做硕士论文的事情，为什么选了这样一个题目？

漆：这个题目啊，是李先生给定的。李先生这一生当中的入室弟子，科班的就我一根独苗儿。李先生认可的弟子，只有王金玉（郑州大学教授）、王锷和我三个人。王锷兄已经留校了，归李先生指导，他对王兄操心可能更多。我曾写《大音稀声》的文章纪念恩师，说到王兄对先生的恩情报答过不少。李老师的子女都不在身边，好多事情比如帮忙拿个药，查个资料啊，邮寄个东西，帮忙住院啊，都是王锷兄做的，我老早就跑到北京了嘛！所以王兄做了很多对先生尽弟子之宜的事，我反而对恩师了无果报。李先生过世的时候，刚好春运开始，买不到票，我买到站台票挤上去一路站回去。送先生时，我就跪在他的遗像前哭啊，磕头啊，伤恸至极，因为觉得太对不起先生了。我刚到北京的时候，就写了封很长的信，把我的劣迹和对老先生的不敬一一絮叨出来，请恩师原谅。先生回信说年轻人，谁不犯点儿错，珍惜机会，跟孙先生好好读书吧。我博士论文完成后，李先生也很高兴，孙先生还特意请李先生做外审专家写了评议书。李先生曾经给王兄说，等永祥回来，我们好好庆贺一下，结果没想到当年冬天先生就过世了，逝前还惦念问漆永祥来过电话没有，让我更倍感痛伤。至今回想起来我做的事，都不能原谅自己，我们是一对恩重胜父子的师徒，李先生的音容笑貌，总在我心中寒冷时能给我带来温暖和鼓励。

当时我读书的过程当中也很迷惘，李先生知道我不愿做他弟子的事。他说：“你不是嫌我名气不大吗？”你想老师当着你的面，对你这么说，尽管先生没有丝毫的讽刺和不满，但你的脸往哪儿戳。先生说：“你论文就做清代吧，研究清代就是研究通代，因为清人的学问，讲求根底之学，他是从先秦追下来的，戴、段、二王就是你的老师。戴震说大国手门下不出大国手，二国手、三国手门下方能出大国手。我希望你在我这个非国手的门下，能成为大国手。”先生又说：“你呢，用功还行，就是太粗心，做清代校勘，学着梳理文献，慢慢练性子，学得细心一点。”我的题目就这么定的《试论乾嘉时期的校勘学》，和李先生商量选了惠栋、戴震、钱大昕、卢文弨、段玉裁、王念孙父子、顾广圻这八个人作为代表来做。我几乎每天在图书馆泡着，觉得太对不起恩师，憋着劲儿想把论文做好了，给先生一些安慰。

有一次，我在师大还弄了一件后来传的很有名的事，传得很邪乎，就把我给锁在图书馆。图书馆楼上有个教职工阅览室，研究生在那里学习，有一排书架就相当于一堵墙，外面是学习室，书架有个小门，管理员坐在里面，还有一些书，里头有个破沙发。有一天晚上，我在屋里头沙发那儿坐着看书，看着看着我就睡着了。这管理员走的时候粗心没检查，就把门“哐”一锁就走了。那个时候冬天的暖气是水暖，水暖到半夜就停掉了，到早晨四五点就把我给冻醒了。我想我这是在哪儿呢，弄明白在图书馆，就从窗子上出去，沿着图书馆后面有一个转盘似的楼梯往下走，楼梯怕有人偷书往上爬，半道用铁丝网给锁住了。我从那儿往下溜，溜到铁丝网那儿我就下不去了。我就狂喊：“我要下去，快冻死啦！”搞得半夜跟鬼叫一样，这一下就出名了。大家传说：“那个家伙不睡觉的，每天要在图书馆睡，睡到早晨继续念书，所以他的论文写得还不错。”呵呵！有这么一个神秘的故事。

我在漳县一中也有一个故事。我上课老打瞌睡，那会儿早上四节课，总有一节课我要睡着，不知道在哪节课，就困得就不行了。那个时候，我就是夜猫子，晚上大概十二点、一点睡觉，点上煤油灯看书。我们那时候县一中的对面是影剧院，有一次演秦腔《窦娥冤》，我们就偷偷溜进去看，《窦娥冤》这部戏很长，演了大概三四个小时，演完差不多就一点了。我那时候是住在亲戚舅爷家，就是我自己修的房子，前面说过的。看完戏，我和另外一个同学说：“咱们到我那儿睡去吧，小土炕挤挤。”结果看完戏很激动，我说：“你先睡，我再看会儿书。”我就看到天亮了。其实只有这一次，唯一的一次。后来就传说：“噢哟！难怪这家伙天天上课睡觉呢，晚上根本

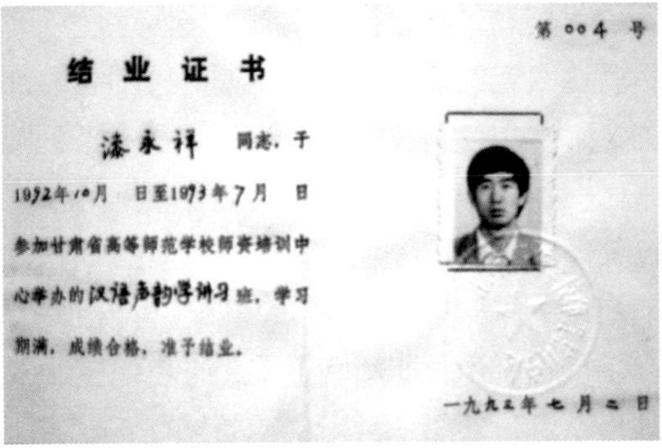
第004号
结业证书
漆永祥 同志，于
1992年10月 日至1993年7月 日
参加甘肃省高等师范学校师资培训中心举办的汉语声韵学讲习班，学习期满，成绩合格，准予结业。
一九九三年七月二日

漆先生“汉语声韵学讲习班”结业证书

就不睡觉。”这个故事传得也很邪劲儿的。

我在北大也有个故事。我们住的是静园四院101室，三个人住一个房间。那房间原来是法律系系主任的办公室，铺了一层地板革，那个时候地板革就相当高级了。我的桌子是对着窗户那个位子，我这个人看书的时候不老实，是要放着收音机吱哇乱叫，我的脚就在那儿乱蹭，时间一长就把那个地板革蹭破了蹭出两道印子来。后来传说：“漆永祥天天看书来回走，把水泥地挖出两个坑来。”

所以就传了这三件很邪乎的事，实际上没有那么玄，都是偶然。哈哈！完全没影儿的事。但我在师大一下就出名了。大家传说“那个家伙每晚睡在图书馆，早晨继续念书，所以学得好”。呵呵！

这又扯远了。硕士论文呢，就写了这么几个人。但是小学功底不成啊。刚好甘肃省开了一个“汉语声韵学讲习班”，招来招去只招到五六个人，伏俊琏、周玉秀都是中文系的，一个陇南时建国，这家伙可神奇了，他是开大车搞长途运输的，竟然玩起了音韵学，而且还自学国际音标，能通等韵学，已经非常专门深入了。他们几位都是行家，就我一个外行。我为什么去学呢？因为我踢球把右脚给踢骨折了，瘸着个腿，课也停了，我没事干，就每天拄着双拐去听。郭晋稀先生讲音韵学，吴福熙先生讲训诂学。郭先生湖南人，讲课王、黄不分，到底讲的是王力还是黄侃，我分不清。郭先生是曾运乾和杨树达的弟子，讲的也是旧学的范儿。刚开始跟着他抄笔记，感觉在抄天书，但学了这么一年嘛，多少知道一点，算是打了点儿音韵学基础。我那个时候傻傻分不清，买了一本《钜宋广韵》，是《广韵》错得最离奇的一个本子，我还拿来校，心想我太聪明了，校出了这么多错误，后来跟《宋本广韵》一对，原来都是《钜宋广韵》的错。啊哈。郭先生发了他制作的《五声五十一纽图》表格，我脚不能走路，就每天晚上趴在桌子上填表。

当时我住的就是王锷兄的宿舍啊，他的房子很传奇，是我们太老师金少英先生住过的，而且每个住了他的房子的人后来都生了儿子，他的房子就成生子宝地了。我都没给他交过一次水电费啊，总之我那时好像没有能开窍的地方，到处都被浆糊给糊上了，人情世故一概不明白的。我自己填的表到现在都没舍得扔，还留着呢，偶尔拿出来吓唬一下学生。这个文字、音韵、训诂知识，要稍微知道一点。当年裘锡圭先生在北大曾讲过，不一定学得很精通，但我们知道怎么用，不出错，不说外行话，就可以对付了。如果在北大，我肯定学了文字，学了音韵，那是不是会比西北师大这段经历学得更好？我看未必。所以论文就这么啃下来，后来评价还算不错，给我打了一个还算坚实的底儿。

三、师从孙钦善先生

王：你硕士毕业就留校了，为什么要考博士？

漆：因为硕士学位论文评价还不错，历史文献学教研室又缺老师，所以我就留校任教了。我在读书期间就开始给本科生上《中国历史文选》了。刚开始备课，李先生不放心，就帮我改，前两次课他还咳喘着去听，他觉得还行，就说："可以了，就这么讲吧。"我就开始上课了。当时发表的第一篇文章，我记得是在《古籍整理研究学刊》，题目是《论段、顾之争对乾嘉校勘学的影响》，发表了，很高兴，那是李先生推荐的。先生说："好了，你已经发了一篇文章了，算是跟学界交接，正式入行了，以后就自己打天下吧。"所以我现在对我的学生也是，你的第一篇文章，我帮你推荐，以后就自己去打天下，我的老师这么教我的，我也就这么教你们。

我 1989 年暑期跑了大半个中国，为硕士论文收集资料，9 月到了北京，到北大晃了晃，看到燕园这么美，就起了个心意儿，觉得是不是可以到这里来读读书。当时业师孙教授钦善先生家在承泽园，我去拜访，先生热情接待了我，听说我论文做乾嘉考据学，鼓励有加，但没敢提投奔先生门下求学的事，只是有这么个念想而已。北大在哪里，我在哪里，差得太远。后来工作两年，觉得挺无聊的，又有点儿坐不住了。李先生也说："你干脆，你这样，你也没结婚，不像王锷，

孙钦善先生

他孩子都有了。反正你也一个人，再出去念个书去吧，把自己提高一下。”师徒想法完全一致，我想就试试看吧。因为我见过孙先生一面，先生和蔼可亲，给我的印象非常好，我就给孙先生写了信表达想考的意思，也寄了我写的文章。他在四川开会时给我回的信，我记得很清楚，是四川“金牛宾馆”的信封。他说你有一定的科研能力，喜欢钻研，希望你来边学习边研究，先生强调搞我们这一行，要整理与研究相结合，考据与义理相结合，教学与科研相结合，这是先生最早教诲我的“三结合”吧。那封信我保存了很多年，后来搬家几次就搬丢了，找不着了。那个时候，还没有人报考博士，因为还不兴 985、211 高校，对高校教师没有学位的要求，我跟系里说我就考一次。考完之后呢，那年孙老师招了一个王岚，我师姐。我考的是日语，笔试过了，口语没过，口语是很差的。刚好北大是一个导师招一个，没有多余名额，孙老师也争取了，但是没争取上，后来就争取了一个叫做“保留专业成绩明年再考一次外语”的机会，这基本上就等于是要你了嘛。但是西北师大这边系里就不干了，说你答应只考一次，你怎么还考两次？我说这是第一次的延续嘛！反正整天去磨，磨来磨去最后系里就同意了，所以我也非常感谢当时的系主任水天长先生，没有为难我。第二年就去考了外语，但让我特别生气的是头一年考 69 分，第二年还是考 69，你少两分也行，多一分也行，两个 69，等于我白干了一年。听了一年的录音带，有些句子我都背下来了，他前句说什么，后句我就知道是什么了。我找了一个老师辅导，她问我答，这样就算是连滚带爬算是考上了。1993 年才来北大，有这么一个过程，所以也很吃力，费了好大的劲儿，又是跌跌撞撞、连滚带爬地进了北大。

刚开始到了中文系，一切的一切都不习惯。一个是当时我们在西北师大，一帮兄弟打得火热，就包括王老师这帮留校已经成家的，我整天就到东家吃西家吃，反正拎着饭盒去吃饭，碰到谁人家客气一句“到我家吃饭去吧”，我就跟着去了，最夸张的一次是到一个老师家吃煮排骨，到了半夜那哥们和孩子就进了兰空医院，说是排骨中毒，当年没手机，他夫人第二天大清早跑到历史系办公室，说你们赶快找漆永祥，他吃的排骨最多，可能人都不成了，大家也没找着，到中午我晃晃悠悠去了系里，大家惊呼，以为见着鬼了。我们西北人的规矩是爱上家里去吃，过去我们西北的老师到北大来，总爱说“我们到你家去”，显得亲切而不生分。北京人没这个习惯，你到我家去干嘛。我在兰州，就这样整天吃吃喝喝，打打麻将啊，看看下棋的棋摊儿啊，多好。再一个，兰州的天气黑得比较晚啊，九十点钟太阳才落山呢，到北京，五点天就黑了，特别不习惯，又不认识一个人，太寂寞了。

我看到中文系海报的演讲题目，都极其陌生，非常别扭。有一次到对门历史系去，一进门看到“二战时期诺曼底登陆研究”的海报，像是见到久违的兄弟，眼泪都快掉下来了，那么熟悉，那么舒畅。虽然说文史哲不分家，尤其是搞文献的，但在中文系有半年时间极其痛苦。有一段时期心情特别低落，好在有书可读，和同学们关系也处得非常融洽，慢慢就好起来了，无论如何我到了北大，所以说也是很幸运吧！

王：那后来到北大后，做的博士论文等于是硕士论文的延续。当时是孙老师给你定的题目，还是你自己想要做这个东西？

漆：来北大的时候，正是《全宋诗》整理最艰苦的爬坡阶段，孙先生就让我也参加了宋诗整理项目。在此过程中，先生说要不你就一边做《全宋诗》，一边在宋诗里面找材料，干脆把毕业论文和项目结合起来做。我当时一想，我毕竟是学历史出身，文学非我所长，所以这个本科阶段不可或缺，本科太重要了，我认为本科比硕士、博士阶段还重要。你像我们从历史系这么过一趟，你现在让我讲《中国古代史》，我明天就可以拿起来讲，我不怵的。但你让我讲《中国古代文学史》，我也能讲，但没底气，因为我没有从古代文学这个课堂上过一趟。所以我就和老师商量，说我硕士论文做乾嘉校勘学，有点儿基础，我还是想接着做。老师说那好，那你就做。所以当时选的题目是《乾嘉考据学研究》，现在想来胆子真是太大了，吃天的架势啊，题目无限大。处理的方式，是纵向梳理，横向选了几个点，几个代表性的人物，这么做下来。这中间出了这个岔子，就是关于《古书疑义举例》的事儿。

有天晚上读书的时候，我借了方国瑜先生点校的江藩纂《经解入门》。拿来一对，发现俞樾《古书疑义举例》里的八十多条，《经解入门·古书疑例》里都有了。我一看，江藩比俞樾年龄大，俞樾的书出得晚嘛，我说是俞樾抄了江藩的而不吭气，实际江藩的那个书是假的。那时候没电脑，我就用一个晚上的时间写了一篇短文投给《中国语文》，然后这个事情我就忘了。后来我有一个师妹叫谷建，她当时做孙老师的“清代考据学”课作业，写了一篇《〈经解入门〉辨伪》，我当时看了说，感觉伪书是肯定了，但还坐不实，就提了几条建议让她改。这时候《中国语文》突然登出我的文章来，我当时脑袋嗡一响，完了，这下闯祸了，《中国语文》影响多大，哗啦一下学术界都知道了。我说谷建啦，你赶紧改，咱们自己纠自己的误，总比别人打脸要好。当时我们正在编第一期的《北京大学中国古文献研究集刊》，但搁了半年出不来，可是司马朝军、李若晖二位的商榷文章，很快在《中国语文》上先发表了，后来是谷建的、伏俊琏的陆续发表，这就难堪了，我开玩笑说我的文章引用率非常高啊。这个教训实在是太深太烈，以至今日，我都每每讲给学生，白纸黑字，一旦登出来，就得自己负责，岂敢不小心啊。最近，司马兄又撰成《〈经解入门〉整理与研究》，把这起辨伪案子翻了个底儿朝天，将作伪者抄写的条目一条条都追到了原书，也找到了伪作者应为《皇朝五经汇解》的编纂者——“抉经心室主人”欧景岱，把这个案子彻底查清了。国庆节后，他来北大找我，要我撰序，说因为此书缘我而起，我推托不过，就只好将自己丢人的故事又讲了一遍，不知我们俩这个争鸣交往，算不算得一段小小的掌故趣闻。呵呵！

四、《乾嘉考据学研究》

王：现在回过头来看，你觉得博士论文《乾嘉考据学研究》这本书有哪些心得？

漆：博士论文其实是硕士论文的扩大和加强版，从出版后的反响和效果看，还算不错，不枉我那么辛苦地拼了三年，虽然不能说是什么成名作，最起码也还能拿得出手，现在走到哪里人家说漆永祥是研究清代考据学的，也就是这本书垫了个底儿。我想对经过博士研究生阶段的人来说，这本博士论文应该就是你起家的基石、手中的托钵和头上的脸面，过去日本有些名教授一生也未曾拿到博士学位，名片上经常写“博士课程修了”，就是博士学位论文太难写了，我们今天什么都按量生产，反正读三四年也就毕业拿学位了，现在日本也成这样了。但我觉得，博士论文写得如何，基本可以判断这个研究者学术成果的高低与未来的发展趋势，如果博士论文平平，发展的前景应该不大。我这么说，不是说我的博士论文如何好如何牛，但我觉得我没有让老师太失望，也还对得起北大，对得起自己的付出吧。

当时想这么大个题目，从何处着手呢？其实从框架上来说，还是比较土的，从原因谈到结果。我试图将学术史研究与古典文献学研究相结合，对乾嘉考据学的名称、成因、派别、方法、代表人物、学术思想、成就得失及学术地位等，做一个纵深全面的考察，并对清代考据学一系列重大问题提出些新的见解，在力图历史地、真实地对乾嘉考据学进行细密梳理与明辨确论的同时，也试图使读者对其学的全貌及一些重大问题、学术特征等获得具体而切实的了解。比如说，我不认为禁书与文字狱是清代考据学发达的主因，疑古辨伪风气与考据学发达没有关联，乾嘉考据学家是直面人生的现实主义者，而不是传统说的钻进故纸堆讨生活的弃世隐民，同时也考查了他们在文字、音韵、训诂等方面的建树与特点，考据与义理的关系等一系列问题，提出了诸多与前人不同的观点。虽然说乾嘉考据学的盘子很大，但我选择的几个点还比较典型，总算把这个架子给撑起来，把个茅草房给搭起来了。

写作过程极其的痛苦，一方面是清人资料那时不像现在出版物这么多，那时随便一本清人专著、一部别集，都必须到图书馆看线装书，像《四库全书》《续修四库全书》《四库存目丛书》《四库禁毁丛书》《清人别集丛刊》这些大套的书，以及近二十余年来点校、影印的清人书籍，那时都没有，所以搜集资料就非常费劲。另一方面清人学问广博，涉及面太广，我们根本不是他们的对手，而要研究他们可就更费劲儿了。比如惠栋研究汉《易》，你得先多少知道一点汉人解《易》的基本法则、术语以及各自家法的不同，才能读得下去，什么纳甲、飞伏、互卦、反卦、旁通之类，刚开始完全不知道他们在说什么，苦闷极了。

我写一点儿，就交给孙先生审阅，记得有次写了近两万字惠栋汉《易》研究的章节，老师看着我迷离恍惚的眼神说“你究竟看懂了没有”，我再没敢请他看，就赶快溜了。全稿我前后改了好几遍，光是誊清本就有三份，每份十册稿本，孙老师也审了至少三遍，我至今留着可能有一份半。老师自始至终，没有严厉的批评，只有温语的鼓励，相信我能做好，好在答辩时评价非常好，算是没给老师丢太多的人吧。

漆先生博士论文答辩会合影（1996 年 6 月）

后来留校过程中，从来不求人的孙老师，拿着我的简历在学校办公楼上一个一个找领导，这对先生来说是多么难的一件事，可他竟然为我做了。他还给西北师大校领导写信，委托安平秋先生、杨忠先生在兰州开会之机转呈校长，安先生他们也替我说项，后来孙老师又带着我找师大来北京开会的校领导，费了好大的周折，我才留下来。没有老师的努力，是不可能的。所以，我常说此生遇到李庆善先生、孙钦善先生，是我的至幸！我所有的不公与苦难，全被两位先生的仁德大恩冲淡了，抵消了。没有他们的栽培，我就是根废柴而已。

当时博士论文出来以后，除了一篇关于钱大昕的在《中国典籍与文化论丛》上发表过，没发表过其他文章，为什么呢？当时全力在做《全宋诗》，整个精力都投到那里去了。一边做《全宋诗》，一边改博士论文，改的时候，原来大概是二十四五万字，加到将近四十万字，得到社科院王俊义先生大力推荐，就交给中国社会科学出版社《中国社会科学博士论文文库》出版了，当时那套文库相当高大上，也不大容易挤得进去的，能收录当然很满意了。

这本书的责编是冯广裕先生，北大历史系毕业，是个奇人，他是社科出版社的名牌编辑。他可是一点儿也不客气，在我书稿上常批“不通”“欠妥”甚至是“狗屁”，让我改，我就面红耳赤地一遍一遍改，刷了三四次，从四十多万活生生压压压，压到二十九万字左右，等于删掉了十来万字，简直就是割肉啊。所以说出本书，也得沾点儿好运气，我如果没有遇到冯广裕，如果不删，这本书就不可能这么紧实干净，就像一个空心的大苹果。所以我特别感谢广裕兄，太给劲儿了。

这本书有点儿影响，主要是当时没人专门写清代考据学，我第一个写，好赖占了个先机。当时评论此书是“迄今为止第一部较为系统、全面、深入研究论述乾嘉考据学的专著”。“该书无疑为学界认识乾嘉考据学奠立了一个新的基点”。总算得到学界的认可。当时台湾要出繁体字版，我就问广裕老师怎么看，他说我们的协议书上虽然没有说繁体字版是我们的，但感觉就是我们的，你要拿去出版，我就假装不知道。我说那咱们就讲讲哥们义气，既然你这么说，我就不出了，所以一直没出繁体字版。1998年到现在，快20年了，一直没有再版，为什么呢？因为我还是很珍惜它，就这样重印嘛，不甘心，想改改，另外还想补充一些东西，又担心改坏了，反而就糟了。由此可见，我这20年还真是没有进步，原地打转，所以才这么守着一个土豆当宝贝，生怕给削烂了。各方友朋也总有跟我要书，据说网上炒得还挺贵，看明年能不能改一改，出个修订版吧。

五、参加《全宋诗》编纂

王：记得你曾参与《全宋诗》编纂多年，谈谈相关情况。

漆：刚到北大的时候，孙先生说你虽然论文做校勘学，但没做过具体的校勘，就做点宋诗整理吧。我前后大概做了 440 多个大小家，基本都是宋末元初影响不大的作者，几乎没有一家有影响力的作家。因为有影响、数量大的作家，当时基本上已经要么分到项目组同事手里，要么送出去约请外面的专家来整理，所以我做的即便是集子，也都是小集子，他们的姓名我也都记不得了，因为都不是名家，我整理的都是这么些宋诗作者。

刚开始做起来很吃力，因为虽然研究了好几年的乾嘉校勘学，但正儿八经第一次接触校书的实践，是从整理《全宋诗》开始的。我记得刚开始在复印的《四库》本上头描，画那个线就像四至八道地理图，一交叉这条线引到哪去都不知道了。所以当时主编之一的陈新先生很不满意，我当时吓坏了，我那张“地形图”留了很长时间，我说要警醒自己，但后来也找不着了。

整理《全宋诗》这帮无经历无小传材料可写无出处依据可查的无名小家，可算是把我给整苦了，但锻炼了我两种能力：一是耐心和更大的耐心，有时拎着一个档案袋转了一个星期，就是既找不到诗的出处，又找不到一条小传材料可写，急火攻心呐。二是细心钻研找材料的能力，出处没办法，你得继续找，直到找到为止，有时就在某种方志的最不显眼的双行小注里。这样慢慢的人也能坐住了，耐心也有了，仔细搜集与辨析材料的能力也提高了。

我经常说《全宋诗》的整理，尽管错讹不少，但仍可以算作是当代古籍整理的典范，这绝不是自吹自擂，要吹也轮不到我吹，我从来就认为我只是《全宋诗》整理过程中一个打酱油的。我说《全宋诗》为典范的理由是：《全宋诗》不变乱底本，坚决而始终如一地执行尽量保存原始底本面貌与卷帙排次；《全宋诗》有辑佚，这是断代诗文集整理中没人敢做的，我们慢就慢在辑佚上了，要不早完成了；《全宋诗》按作者生卒年排次，这又是个要命的事情，耗时耗力；《全宋诗》煌煌 72 册，是宋代诗歌的一次大集结大整理，是必传之作。近二十年来，宋诗研究的成果明显增多，与《全宋诗》的出版是密不可分的。

《全宋诗》出版以后，还有个好玩的事呢。当时我走在路上，老是有人问：哎！漆兄！《全宋诗》收了多少首诗？我说：不知道。人家问：那你干什么吃的？我无言以对，只好说：那好！我去数吧。所以 1998 年暑假，我数了一个多月。当时住的房子又破，顶层，西晒，白天 40 度高温，我穿个大裤衩，光膀子在那数。所以我的那套《全宋诗》，你要翻开一看，天头差不多都写着 100，200，300 这样的数字，我数到 100 就记一下，要不然跟谁说句话就忘了，又得从头来，全部 72 册这么数下来，总共有作者 9079 人、247183 首诗、残诗 5983 句（联）、存目 323 首（句），现在大家用的这个数据就是我这么数出来的，因为电脑没法统计。作者数量呢，后来许红霞老师编了《全宋诗索引》出版，就比我数的更准确了。

我数的过程当中呢，又随手做了几件事。一是我林业大学的老乡成仿云教授，在研究牡丹，我俩原来打算合写一部《中国牡丹史》，我就把宋人咏牡丹诗，都给抄出来了。另外一个我说找点兴趣吧，就把所有跟王昭君有关的诗给抄出来了，后来我写《“一样心事的为谁”——宋人咏王昭君诗论析》。另外同时我做的四百多个都是宋末元初嘛，宋末元初涉及到断代的问题啊，所以写了篇《从〈全宋诗〉的编纂看宋末元初诗人的断代问题》。断代是一个古代史、古代哲学、古代文学文化等方面涉及到的很繁杂难办的问题。

我数了一遍枯燥的数字，没想到带出来一堆小成果。比如刚说的这个断代的问题，按传统习惯，是否宋遗民是重要标志，或者入元未做官，那我算你是宋代的，做官了，那我算你是元代的。可是他爹做官了，他儿子是遗民，你怎么玩儿？你把爹算元人，把儿子算宋代人？不像话吧。《全宋诗》的收录标准是“以诗存人”，只要有一首诗作在宋代，我就算你是宋人。可这也有问题啊，比如被元朝军队逮到北方去的那个小皇帝宋恭帝，同时有个乐师汪元量，还有后宫一帮小姑娘也抓去啦。后来宋亡后过了好些年，把汪元量放还江南，行前大家为他送行，小皇帝写了诗，这帮小姑娘送他也写了诗。这早都入元了，可宋恭帝写的诗你怎么能算元诗呢？他怎么说也是宋朝的皇帝啊，所以还得算宋诗，可这不又“自乱其例”了吗。又比如方回，宋代、元代都有诗，前人把方回算元人，因为他投降了嘛。你去看《全宋诗》的北宋部分，引到方回的书如《瀛奎律髓》《桐江集》时，通常都注“元方回撰”。因为做北宋时，断代的标准还没有定呢，在摸索中。后来我向陈新先生建议说：陈先生！现在方回咱们要收进宋诗了，再引他的书籍还称“宋方回”，是不是就不合适了，于是南宋部分引用时就称“元方回”。结果后来果然就有人批评，说你看你们这帮人，一会儿“元方回”，一会儿“宋方回”，马马虎虎，前矛后盾，他不知道这中间我们有多纠结呐。

再比如像这个潘音，宋亡时才十岁，十岁的少年懂什么？搁在今日城市，有的孩子十岁父母早上起床还在给穿衣服呢，可他居然就是个遗民。他听长老谈到崖山之变，陆秀夫背着帝昺跳海，就潸然泪下，绝食数日。后读《伯夷传》，击节愤叹，然后穿宋时衣服，吃野菜度日。他师从吴澄学程朱理学，老师推荐他到元朝做官，潘音就和老师断绝往来，隐居南洲山“待清轩”中，整天哭哭啼啼地写诗，在那里盼星星盼月亮地等着清明时光的到来，能把人给气闷又笑煞。潘音的诗我都整理好了，后来我们觉得他实在是太小了，就没有收在宋诗中，放弃了，我做部分小集子这样放弃的，还不止潘音一个，现在那些稿子不知道还在不在，真是太可惜了。我还做过一个老人，在洪武六年还活着，整个元代被他跨过去了，那这个人活到差不多百岁开外了吧，但也不是没有可能啊。但保险起见，我在写小传材料时，就把洪武年间还活着这条给删了，怕方志弄错了。所以具体到个人，情况就复杂了。

王：所以任何东西做的时候才能决定它究竟是该怎么处理。你当时写的《从〈全宋诗〉的编纂看〈四库全书〉的文献价值》，三四万字，很长，从《全宋诗》做的过程当中谈到了《四库全书》一些版本的问题。

漆：这个也是我数《全宋诗》的一个副产品，因为我还顺便统计诗人小传中的著述及其存佚情况，以及《全宋诗》所用底本与校本的情况。我们过去说《四库全书》这个删改，为祸巨大，贯彻始终。其实《四库全书》的删改是在后期，你一定要说从辑《永乐大典》到乾隆帝下诏征书开始，就“寓禁于征”，就想着删改毁坏古籍，那可真是不符合历史事实，陈新先生写过好几篇文章，他比我更有发言权。我通过统计小传中的别集存亡现状，整理者校勘依据的版本等，得出的结论吓我一跳，在全部《四库全书》收录的宋人别集中，《永乐大典》辑本占宋代作者的 32.8%，书籍部数占 32%，达到了三分之一以上。从原有卷数的统计来看，《大典》本占 37.8%，即就辑佚后的卷数算，也占到了 23.7%。这也就是说，在开四库馆前，传世宋人别集，已经有三分之一的在人间蒸发了。因此，我说四库馆臣的《大典》本辑佚，具有“抢救整理”的性质。因为《永乐大典》至今只剩四百多册，如果当时不辑佚，整个宋代文史的研究，损失巨大，无法弥补，不可估量。

《全宋诗》以《四库》本为底本的，也多达 250 家左右，这其中除《永乐大典》辑本 127 家因无其他版本，只能用《四库》本外，其余不乏有自宋至清的刻本或钞本，之所以仍以《四库》本做为底本，是经过认真的研究与比勘后的选择。不仅如此，《全宋诗》中以《四库》本作为重要或次要的参校本也达 203 校次之多，有时还以文渊阁本与文津阁本互相比勘。这些数字足以说明《四库》本虽有草率从事、删改漏略等缺失，但绝不是全无价值，而是古籍整理中不可忽视的重要版本，有些甚至是可以信赖的善本。就整部《四库全书》来说，改对大于改错，我认为那就是成功的古籍整理。

《四库》本删改最严重的，就是南北宋之交，打仗时同仇敌忾、彼此咒詈的那些诗句。他改的时候，馆臣也是作为一个政治任务。特别好玩的是，由于馆臣都会做诗，他改得还挺好，如果没有别的本子，我们就发现不了。如王炎的《明妃曲》“天生胡汉族类异，古无汉女为胡姬”，给改成了“玉鞍红颊空回首，乌孙公主王明妃”，等于重写，且歪曲原意。尤其宋、辽、金、元史，你千万别用《四库》本，因为人名地名都改了。

王：那是读音完全都改了。

漆：是的。涉及少数民族的，有点丑化的词都改过来了，例如赵万年《却敌凯歌》“虏酋蒲察与葛札”给改成了“军中横尸遍原野”，蒲察与葛札是两个敌酋的名字，给改得一点痕迹都没了，这人名应该不犯忌讳的啊，何必改呢。馆臣在改的时候，他心里又抵触不大愿意，就消极怠工，甚至敷衍乱改。比如说“五胡”的“胡”字是敏感字，要改掉吧，我就想可能他不耐烦了，就在“胡”字旁边点个三点水，“五胡”变成“五湖”，就面目全非了。有的时候你都能推测到馆臣改字的思路，比如张元幹《丙午春京城围解口号》“要知龙虎踞，不受犬羊侵”，改成了“要知龙凤聚，不受虎狼侵”，馆臣先把后句改“犬羊”为“虎狼”，而前句“龙虎踞”本不讳，可是和后句“虎”字重了，遂改“虎”为“凤”，连带而及，复改“踞”为“聚”了，因为凤不能“踞”呀。有时还特别过敏，比如崔敦礼《楚州龙庙迎享送神辞》

“地平天静兮日月清夷”，清夷是清明、清平之义。“夷”本不讳，然与“清”字相连，则在馆臣目中为刺眼，也就顺手改了。

王：对，这篇文章你有一些详细的数据统计，花了功夫。所以做任何事情，只要你付出，你怎么做，它还是有一些收获的。做《全宋诗》当时也做了几百家，做了那么长时间，最后其实带出副产品也不少。起码这一组文章也还是有价值的。

漆：我到现在还挺后悔。当时是觉得我就完成这个任务，其实《全宋诗》做的过程中发现了很多问题，如果这些当时都存下来，至少可以写很多小札记小文章，当时随手就扔了，等到后来反应过来的时候已经收尾了，那很可惜，再捡就捡不回来了。目前王岚教授他们还在做订补的工作，量非常大，我因为事情太多，照顾不过来，就退出了。

六、《汉学师承记笺释》

王：咱回到你的老本行，这20年来出了很多乾嘉考据学方面的书，但始终没有突破你的框架，你还是有开创之功的。后来在此基础之上，你又接着做了《汉学师承记笺释》，你为什么会想到做这个书呢？

漆：其实我的动机很简单。有两个原因：一是咱们上本科时，郭厚安先生讲明清史时提到过《汉学师承记》，我借来看，看不下去，太枯燥了，也看不懂。后来到北大，因为要做清代考据学，无法回避此书，翻的过程中，觉得很辛苦，找个出处很难，所以当时就想给它做个注，最初的动机是给初学者做的，所以做得又细又啰嗦。另一个原因是无论硕士论文还是博士论文，仍然都是在面上做工作，我就想逼迫自己钻进去，更大范围更细致地读书，我在笺释过程中前后翻检了2000多种书，其中直接引用的有600多种，这个目的基本上达到了，这些年忙前忙后，再不可能那样系统地读书了。

当时还是太轻视了，完全没想到会遇到极大的困难。我想两三年就可以拿下，结果做了十几年，泥牛入海，越陷越深。《汉学师承记》全书虽仅十万字，但几乎涉及传统经学研究中的所有知识，从文字、音韵、训诂、目录、版本、校勘、辑佚、辨伪到天文、历法、数学、乐律、金石、避讳、地理诸学，无一不及，而我的这点家底儿要应对如此繁杂的学科，太难了。我买了一大堆的数学史、天文史、音乐史、科技史及各色大辞典，搬来倒去，恨不能抠破书本，甚至请数学系哥们王福正帮忙，我讲古文，他演算式，折腾戴震的《句股割圜记》。于是就捡东忘西，拾南弃北，用“一地鸡毛”来形容我的狼狈与困顿，是最恰当不过的了。比如王昶罢职后到川藏去打仗，做机要秘书，牵涉西藏四川的许多地名，这些地名多为藏语嘉戎语，本身变化就很大，清代改了不少，民国间与解放后又改，我完全不知道清军从哪儿打到哪儿，我还给四川好多县志办写信，要他们当地的地名，光这些地名就费了不知多少心力。作笺释不像作选注，遇到天文、历算、乐律、音韵、训诂我就不注了，笺释都得一条一条过啊，就感觉永远做不完，越做越多。就感觉我那点小九九，跟清儒比太微不足道了，永远跟在他们后头，被他们牵着鼻子走，这种感觉既很累人，又让你失去信心，所以是身累心也累，真可以说是“不足为外人道也”。

到2006年的时候终于出版了，当时写了篇很长的《后记》，算是出了一口闷气儿，把胸中的块垒尽情释放了出来，请台湾“中研院”陈教授鸿森先生写的《序》，书出版后，好像没几个人看正文，但是都看《序》和《后记》，四川金堂县的一位老先生，还给我写了一封长信，说我的《后记》不入选当年最佳散文，太不公平，我想不到一位老职工，竟然会读这样枯涩无味的书，可见民间真是卧虎藏龙，大有高手。《序》和《后记》大受欢迎，这到底是夸我还是讽刺我呢？我至今傻傻分不清，好尴尬！

王：《后记》写得很精彩，我们方老师到处表扬你的《后记》，说对他启发很大。杜泽逊的学生说深为你的《后记》而感动。书出来，你回想起来，《笺释》这书有些什么样的特点，自己怎么做的？

漆：清代考据学家不跟宋明儒家争“道统”，但他们心中有个尧舜孔孟相传不绝的“学统”，“经学”的“学”，尽管他们不明说。自宋以来，关于道学系统的表彰与记叙，主要是两个渠道，一是自朱熹《伊洛渊源录》以来，出了许多书来讲道学渊源与流变，清代就有魏裔介《圣学知统录》、汤斌《洛学编》、耿介《中州道学编》、李清馥《闽中理学渊源考》、张夏《洛闽源流录》、熊赐履《学统》、张伯行《道统录》与《伊洛渊源续录》等。另一个渠道就是《宋史》立了《道学传》，打破了司马迁以来只有《儒林》《文苑》的传统，道学高出儒林、文苑，尽管《明史》在黄宗羲的主张下，取消了“道学传”，但道学高出儒林，似乎已成为思维定势。

这种现状在考据学兴盛以后，江藩他们不服啊，怎么可能服呢？于是他就想编纂一部清代汉学家的渊源录，就是《汉学师承记》，清儒讲师承家法，不讲道统渊源，讲两千年“学统”。同时，江藩又编纂了《国朝经师经义目录》，《师承记》就是《儒林传》，《经师经义目录》就是《艺文志》。所以，不弄清楚这部书，清代考据学就无法梳理，对整体清代学术的研究也就无法深入下去。我做《笺释》就是梳理这其中的关系，订其谬误，论其是非，同时给初学者一部好的参考书。我觉得这么翻天覆地地挖一遍，清代学者人物关系、师承关系、学术渊源、学术特质、时代特征与他们的交流来往等，就比原来更清楚了。从我来说，文字、音韵、训诂我也摸了，数学我也算了，音乐、天文、历法也都摸了摸，自己的知识范围更扩大一点。这个书出版至今，也十年了，初版已经卖光了，我做了小范围的修订，纠正了一些错讹，又出了修订本。如果是今天做，我大概眼界和规模可能会更大些，想的问题会更多些，但不会做的如此琐细。后来出修订本，我写修订本后记时，几乎说得一无是处。有位学生看到了说：“老师！您这样等于把《笺释》和你自己的成绩全给否定了，谁还会买你的书呢？我们看了也不舒服，您还是客观点吧。”一个人的能力有限学识有限，现在要把这部书从头来一次大的修订，我感觉已经力所不逮了，只能就小修小订了，那就看它自己的生命力有多强或者多弱吧！

七、江藩与《江藩集》

王：你还给江藩编了个别集，谈谈《江藩集》的情况。

漆：做《汉学师承记笺释》的时候，我还想顺便把江藩做个案研究，江藩同乡闵尔昌编有《江子屏先生年谱》，但非常简单。我看到江藩许多书，比如《乙丙集》等，闵尔昌他根本没看到，江藩的生卒、籍贯、家世、戚属与交游等，完全是笔糊涂账，就是简单凑一下，勉强系个编年，古人许多《年谱》都是这么编的，不可太迷信。江藩交往的扬州这帮兄弟，都没成名，也无著作传世，这就麻烦了，所以我每天晚上躺在床上就想，他和谁有关系，跟谁吃过饭，和谁喝过酒，想他在扬州、北京、广州等地时，和谁有交往，一点儿一点儿地积累史料，一件事一件事的往一起串连。所以说做年谱，像这种既没做过官，又到处流浪，居无定所，贫迫困窘的中下层学术人物呢，材料太少，

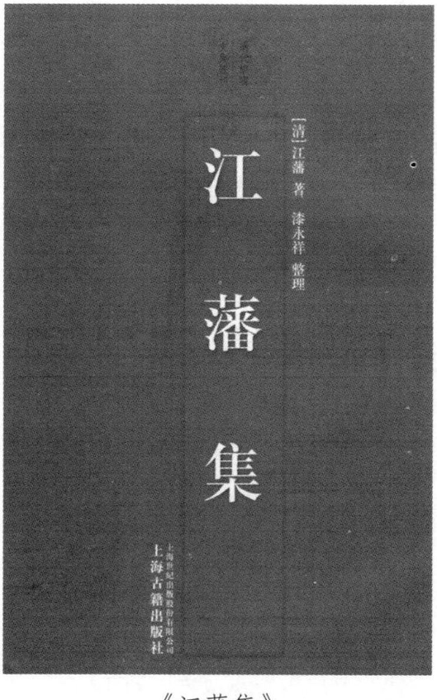

《江藩集》

有时一年没一条事情可隶呐。江藩到底是去逝在道光十年，还是十一年呢？你连谱主的生卒年都搞不清楚，你还编什么《年谱》。后来看到他从旌德迁过来的，我就给安徽旌德县方志办的人写信，那边有个姓汪的老先生很好，他把《旌德江氏宗谱》四大册印给我，有他的宗谱信息，这就把江藩家族的源头终于给厘清了。

江藩从他父亲一代迁到扬州，在多子街开药铺，这个多子街呢，至今扬州仍在。江藩呢，会看病，画梅著名的山阴诗人童钰，晚年在扬州中暑，江藩曾冒热送药。江藩朋友吴鼒在京师时，江藩曾给他治病，吴氏称“时病甚，专服君方”。病重的情况下还信任有加而“专服君方”，可见江藩的医术也应该有相当高的水平了。所以，他常给人把脉开药，有次开药单字太潦草了，药拿错了，人家找他打架，可见清代也存在医患关系紧张，那时的大夫药方也潦草，字不认识，传统啊。哈哈！另外，他的《乙丙集》《伴月楼诗钞》等书我都找到了，诸多佚文慢慢给辑佚起来了。在南京博物院得到唯一存世的清人所绘《郑堂先生小像》，在各大图书馆中目验到《汉学师承记》的近 60 种版本。至于单篇文章如江藩为妹妹江珠所撰《小维摩诗稿序》，从中可以知道他同辈的关系，他还有个姐姐远嫁，妹妹早死，就剩他一个了，这就清楚了。江声的孙子江沅为江藩父起栋所撰《墓志铭》，被我给找到了，如获至宝，乐不可支，上辈人也搞清楚了。家庭关系理清理顺明白无误了，生卒年也搞定了，交往基本梳理清楚了，他一生的大致轮廓成型了，这就可以编《年谱》了。

江藩是南方人，但是很豪爽，喝烂酒，不存钱。他在广州修《广东通志》，还在阮元府中教孩子读书，所得馆金不菲。然后又到肇庆修《肇庆府志》，肇庆产端砚，他和朋友许珩，买了很多端砚。我估计他们是想发一笔财，拿到扬州去卖。所以他装的船，吃水很深，被一帮水贼给盯上了，他们从吃水判断一定是银货。过去，劫船的人就看船吃水的深浅，因为你装一般的货物的话，不可能吃水那么深。等到往岸上搬的时候，看两个呆子搬了一堆石头，才没有干掉他们，要不然他俩命就没了。他到了扬州以后，端砚可能都送人了，例如时任两淮盐政的老友曾燠就收到过他所赠端砚，估计财也没发成，砚台也送光了。江藩晚景潦倒，像黄奭是他的学生，并不缺钱，可是不知为什么，也不帮老师整理遗书，江藩的书籍就散了，所以我就顺便增补了江藩的集子。

可见呢，老师招学生，还得招像段玉裁、陈履和这样的学生，豁命诚悫，给自己的老师编遗书，不使散佚，他们都不是有钱人，但拳拳于老师的著述，其情可感啊。段玉裁晚年生活蹙迫，积劳成病，但念念不忘收集刊刻他的老师戴震的遗稿，后来孔继涵刻微波榭《戴氏遗书》，是戴震全集的第一次整理，就是段玉裁做的。

陈履和是崔述崔东壁的唯一弟子，云南石屏人，崔东壁生时无名，死时无迹，这对师徒一生只在北京见过一次。崔述死后，陈履和来到大名，拿走书稿，后半生的唯一任务，就是帮老师刻书，书刻成后，悄然离世，家属在朋友资助下才回到云南。后人评价说天生崔东壁就是为了撰著《考信录》，天生陈履和就是为了刻《考信录》，一著一刻，使命完成，他们就是黯然逝去了。《考信录》印出来，国内也没人读，后来胡适到日本发现日本人在读，回来才介绍此书，让顾颉刚先生他们整理《崔东壁遗书》行世，顾先生就弄出一个轰轰烈烈，影响整个20世纪中国史学界巨大的“古史辨派”，如果没有《考信录》，就不一定有《古史辨》呢。

金少英先生

我和王锷兄的太老师金少英先生，也是老北大毕业生，他生前著有《汉书食货志集释》和《大金吊伐录校补》，遗稿未竟，先生遽归道山，是我们的老师李庆善先生在晚年整理先师的遗稿，李先生很谦虚，说他只做整理工作，其实金先生的稿子中，李先生或改或补了大量材料，这其中王锷兄的功劳也很大，帮先生找材料，我什么也没做。李先生在世时，《汉书食货志集释》终于由中华书局出版，而《大金吊伐录校补》直到 2001 年才出版，两位先生在生前都没看到。李先生当年把《吊伐录》的稿子托付给我时说："如果能够出版，你就负校对之责；如果不能出版，就交给金先生家属珍藏。异日我在地下与先生相见，也庶几有所交待。"书出版后，中华书局崔文印先生写书评，说是"三代学人的劳动结晶"，其实我只是核对了几个《吊伐录》的版本，补了四篇序跋而已，我做的工作远没有王锷兄多了。现在两本书我们也做了订补，修订版快印出来了，也算对太老师和老师有所交待吧。

《汉书食货志集释》

《大金吊伐录校补》

我们再说江藩，他早年也是尊崇唐宋八家的，有人说他的文章有“苏子之风”，他很高兴，到处夸耀。但他跟阮元他们打成一片之后就变了，像刚才我们说的扬州学派，阮元讲文章祖师为《周易》的《文言》，这从来没人讲过，很有创意，阮元为什么这么说呢？因为《文言》是叶韵的。他说文章就是韵文，其他的等而下之。为什么呢？他要抬《文选》的地位，把《文选》捧成天下第一书，等于扬州就是天下第一把交椅。你们不要看每个学者说的话，貌似公平，实际都有他的立场。从曹宪以来，昔年编《文选》、研究《文选》的，多是扬州人，扬州有文选楼，所以阮元的书斋也叫文选楼。如果把《文选》说成天下文章之祖，那扬州这不成正根儿了吗？这里有私心杂念在里头，所以我们一定要注意。你不要觉得这观点挺新，为什么新？就在这儿。当然扬州有“选学”传统，你得承认。

你看段玉裁说《十三经》不够，好多人说《十三经》不够，大家都建议往里头再加点，他说加到二十一经，加《国语》，加《史记》《汉书》《周髀算经》等，他最后还把《说文解字》加上，这我们就明白老段的意思了。《说文》不在经部，你段玉裁就是个小学家，如果《说文》入了经，那我就是个经学家。经学家跟小学家，那可就差了老远，地位太悬殊了，那我们都知道了你老段想干什么，是吧？所以我们研究一个学者，要看他动机在哪里。

江藩跟阮元到一起的时候，他就一变早年观点，开始反对八家。方东树说江藩一旦喝酒喝得面红耳热的时候就说：我的文章没一点有八家气！那方东树听着就很不舒服。另外江藩早年学佛，诗称“我亦婆罗门里人”，自称辟支迦罗居士，他父亲和妹妹也信佛，他师从江声、余萧客研究汉学以后，你看他《汉学师承记》里头，最原始的嘉庆二十三年初刻初印本，讲到他的老师王昶曾经在北京修订过佛经，他说我的老师还懂佛经呐，厉害啊！可后来把这段偷偷删掉了。因为他后来变了，他觉得一个经学家怎么搞佛学呢，所以他一生都在变。

王欣夫先生曾经辑了两卷江藩的佚文，我在上海看到王先生稿子时，我已经辑了很多了，王先生有的我除了少数几篇外都有了，但是我还是把只要是王先生已经收录了的，都归王先生，他没有出处的我都给他找到出处补全。我们这点要诚实，不能说我假装没看见，我有他有，但人家在前在先，那就归他，这是最起码的学术道德底线。

按理我们给没有别集的古人搜罗校订一个集子，他应该是很高兴的。古人讲给人编个年谱实际是拾骨于路，你等于是在行善，把他的骨头捡起来埋了个坟，把他的游魂安顿下来。我给江藩增补整理了集子，把他散佚的东西攒到一起，好歹他应该很高兴吧，可真不一定。如果江藩从地下起来的话，他肯定要气炸了，他说你把我早年那点丑事都给我揭出来了，太丢人啦。所以我说有时候给古人翻翻家底拿出来晒，见见光，让世人知道，他会很高兴，有时候他会不高兴。江潘晚年绝不提喜欢八家的事，更不会说我喜欢佛陀，这个人学术思想的转变，我就是这么摸索清楚的。如果不是为了学术研究，真不该翻他的老底儿，把人家不愿意公布让世人知道的文章再翻出来给大家看，有时想想真有点抱歉了。

八、《江藩与〈汉学师承记〉研究》

王：那也不错，当时做这部书虽然花了十年，其实这一个书带来了好多副产品，《江藩与〈汉学师承记〉研究》等于是它的一个副产品，在这部书里面你讲了什么样的内容呢？

漆：当时做《笺释》的时候，不断发现问题，需要展开来谈，因为搁不到笺释里头去，所以我就又写了《江藩与〈汉学师承记〉研究》，涉及江藩世系与戚属、生平与学行、交游与著述、《师承记》版本与史料来源、《师承记》校勘、《师承记》编纂过程与其他问题、《师承记》的续纂、江藩与《师承记》的总体评价等，算是一个全面性的研究之作。

比如关于《汉学师承记》版本的问题，我找到了近60种版本，这个真没想到，一部如此枯涩的学术书，竟然畅销如小说一样。包括日本近藤光男，我还给老先生写过信，他托人给我寄来一张他收藏的《师承记》书影照片。他在30年代就搞《国朝汉学师承记（译注）》，我不知道他2001年出版了三大册。台湾“中研院”文哲所蒋秋华先生复印寄给我，我吓傻了，煌煌三大册，我还能干什么？后来我一看他还是老方法旧材料旧炉子炼钢，引用的文章还是清代民国初的东西，新的成果没有利用，他调查的没有我那么细，诸多缺漏，错讹不少，我一看我还有存在的必要，还可以做到后出转精的。

另外做了一个版本考，这部书版本很多，如果不是目验，许多细节就会被忽略，比如我刚才说的王昶的事情，如果不比对初刻初印本，我们笼统称为“嘉庆二十三年刻本”而不细勘，就会犯错误。有的版本你不目验根本不相信，比如近藤光男著录过“光绪十三年万卷书室刊本”，他说哈佛燕京学社《三十三种清代传记综合引得》作“十二年”，疑其有误。我呢，初见的万卷书室本为光绪十二年刊本，北大图书馆藏，我又怀疑近藤先生可能记错了。后来在国图亲眼看到光绪十三年刊本，可证近藤与《引得》都不误。隔年就剜改后再次刷印，可见此书的畅销。所以说版本之学，不亲眼看到，真不敢轻易下结论，更不能轻易否定别人的说法。

江藩一生南来北往，交游广泛，我就按他的师辈、同辈、晚辈，做了个交游考；再一个就是他的著述考，因为他的书散佚在各地，包括《汉学师承记》的校勘纠误。另外，《师承记》有续补本，有赵之谦的续本，是残稿，在国图。北大图书馆还有一个福建谢章铤的续本，只是一个资料集的残稿，没什么价值。还有苏州图书馆有一个，是广东新会人曾文玉的续本，是完整的，孤本。我就给苏图写信，说我想整理，他们不愿给，2005 年我就跟苏图干了一仗，当年叫“苏图事件”，引起轰动效应，我就又惹祸了。

王：《江藩与〈汉学师承记〉研究》加上《江藩集》，再加上《汉学师承记笺释》这三部书，其实基本上主要的东西都做完了，对吧？

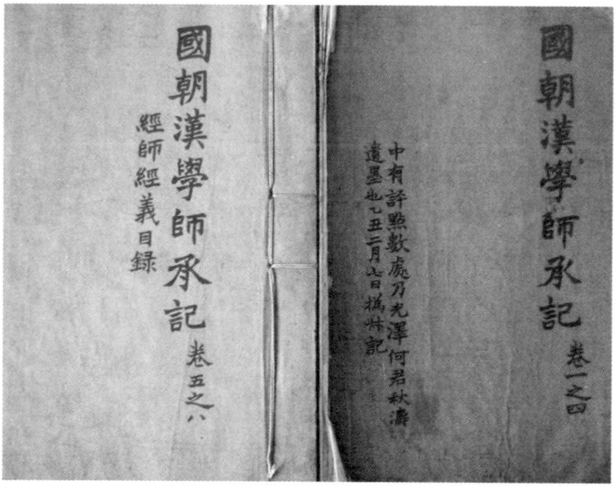

《汉学师承记》赵之谦批注本

漆：就因为曾文玉这个唯一完整的《汉学师承记续记》没有看到，留下相当大的遗憾，所以还不能说都做完了。当时我想如果把这几个续本合到一起出版，我对《汉学师承记》的研究就完满了。我又有《笺释》，又有《江藩集》，又有《研究》，又有三种《续记》，就基本上搜刮得差不多了嘛。来新夏先生给我写书评时说我做到了"竭泽而渔"，白化文先生说"此三书堪称近年来古籍整理与研究之翘楚，实乃体大思精之作"。杜泽逊兄说《笺释》"将成为学习研究清代学术史不可或阙的案头必备之书"。这都是谬奖和鼓励，但也确实是我的目的，实际不可能做到那么好。我把赵之谦的《续记》附录在《笺释》后，江庆柏先生还写了一篇文章纠正了我一些错误，我也附在后面。所以我们要诚实，有人批评你，这是好事。清代江声在过世后，焦循有次收拾信札，翻到江声给他用篆文写的信，他就感慨说：你写本书，人家费心读了，还写信仔细地纠正你的错讹，这是给了多大的面子呀！

再比如《江藩集》出版后，也有学界年轻俊秀撰文，指出我在标点与引文方面的一些错讹与疏漏，来信问我可不可以发表，我说当然可以发表，后来就发表了。但这里面，有些问题真是不好说，因为我整理这些书，前后花了十来年，有时早些时候看的书吧，和后来看的版本不一样，但在列参考引用书目时，就只列了一种版本，这中间就会出错。还有一种情况，我早就注意到了，但我感到没辙，就是没办法纠正，就是丛书本，刊刻量大的丛书本，前后本的情况非常复杂，比如同一部书，序言、凡例、传记材料等排序不一，有多有少；前面刊行时的个别错字，后来版本可能就校改了，而后来版本又出了新的错误。凡此之类，我们在图书馆借到某种丛书的时候，根本无法区分究竟是前刻还是后刻，是校改过还是未校改，因此也就无法判定，但读者在读你的书的时候，就会根据他看到的版本来判定你是否有错误，所以这时候如果人家批评你，就赶快承认错误，别再辩解了，因为百口莫辩。而要弄清楚丛书本的这些问题，大概只有古籍收藏量大的图书馆和藏书量大的收藏者能做，别人根本无条件来做。所以，对真正认真看过你的书的学术批评与纠误，我们应该表示感谢。

这几部书就这样拖来拖去，反复如是，搞得太累了，我本来觉得自己能吃天，结果发现什么都吃不了，反而把身体给搞垮了。

王：这前前后后十几年？

漆：十几年，真是舟车南北，随身携带。无论走到哪里，人家去逛风景，我就跑图书馆，到处淘，不容易！

王：你刚才讲到“苏图事件”，现在的这些学生都不知道“苏图事件”这个事情，你简单地把这个事情给讲一下，可能讲了还有点看点，也有点意思。

漆：这就不好意思又翻旧账了。我不是刚才说了嘛，当年我看到苏州图书馆藏有曾文玉的《国朝汉学师承续记》。当时正在过年期间，我就给馆方写了很长的一封信，我说这个书呢，我想如果复制肯定不行吧，因为是孤本，那是不是可以抄？后来他们里面有个年轻人，就给我回了个信，很不礼貌，还有点讽刺的意味在里面，就把我给惹火了。我就一个晚上写了一万多字的长文，我学

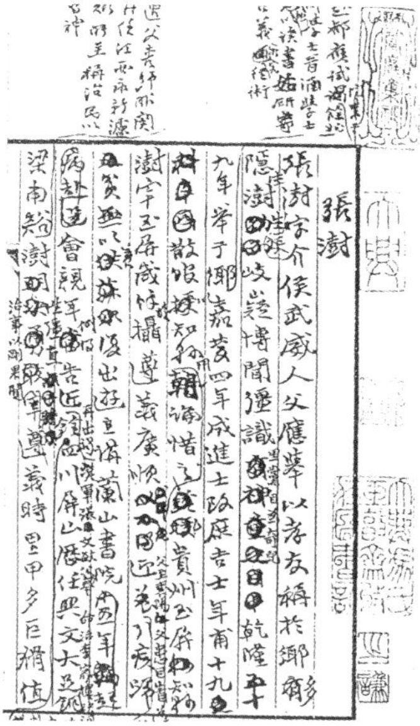
張澍
張澍字介侯武威人父應舉以孝友稱於鄉澍

赵之谦《汉学师承续记》

國朝漢學師承續記自序
甘泉江鄭堂先生纂漢學師承記八卷附經師經義
目錄阮文達序稱此記刊於嘉慶二十三年及今又
數十餘載矣其閒碩學通儒後先相望況江記之前
尚有未經搜輯者予憶當志學之年得讀是書即謂
江氏所未載及江氏而後諸家不應竟在闕如之列

曾文玉《汉学师承续记》

的王码五笔，打字很快。后来就放到了“学术批评网”，没想到就引来轩然大波。我当时还公布了我的邮箱，我说谁要有这样的例子，我要搜集，我要告状。后来我那个邮箱就堵了，骂我的一半，夸我的一半。你一看，有意思，泾渭分明：看书的读者都夸我，图书馆的管理人员都骂我，而且骂得很厉害。有人分析我的文章，说我的这个文章有“梁效风格”。我说“梁效”可是一帮大作家，这对我太高抬了。后来我说算了，别让人家觉得我是通过这个事情来炒作。所以我给我的学生也说了，谁都不允许说任何话，咱们不吭气了，这个事情慢慢就过去了。后来听说他们要影印，也没见他们影印。当年就惹了这么一个祸，所谓“苏图事件”。

世上的事情大概就是这样，你想圆满，但终归不能圆满。如果当时我能把苏图的曾文玉《汉学师承续记》抄录出来，和赵之谦的《续记》、谢章铤的《续记》残稿一起整理出来，和《汉学师承记笺释》《江藩与〈汉学师承记〉研究》《江藩集》同时出版，那在我看来就圆满了，但没有做成。前段时间还有人问我，如果苏图现在允许你抄录整理，你还愿意吗？我说时过境迁，我已经没有这个企图心了，我现在一提到江藩就想吐，做伤了，已经对曾文玉这部稿本也提不起任何一点兴趣了。

这让我又想起一件旧事。2001 年冬，我从中国国家图书馆善本部过录赵之谦《汉学师承续记》手稿，进行整理。2002 年，华东师范大学古籍整理研究所所长严佐之教授赐告，赵氏有与胡培系书札 39 通，内容多为商讨编撰《汉学师承续记》事，因严先生作介，我前往上海参加崇源艺术品拍卖有限公司举办的“赵之谦《论学丛札》学术研讨会”，有幸目睹了这些珍贵的信札，后来为著名演员张铁林先生购藏，我也曾到铁林兄家中再度观摩敬赏这些信札，他最近和我联系，说要高清晰度影印出版《论学丛札》，希望我能写一篇序文推介，我当然非常乐意就答应了。记得当年在拍卖会开拍前，复旦大学中文系教授柳曾符先生在研讨会上曾开玩笑说“赵之谦今年是交了大运”。赵之谦在给胡培系写信时也说“要待知己，极少，须一二百年”。我也开玩笑说，赵之谦真是神了，知道二百余年后会发生的事情，参加研讨会诸位先生，都是赵之谦的知己啊！

看来我是错过了一次和曾文玉做“百年知己”的机会，无缘得以整理此书并公诸学界。现在，我已经对这部书失去了任何整理与研究的兴趣，古人著书的目的是交流研讨，是想给人看，我们今天往往将古籍的文物属性看得比书的属性更重，恰恰忘记了它首先是一部书。但愿曾氏此书不要永远蒙尘插架，希望曾文玉真正的知己和其结缘，让此书尽早面世，不必再等二百年吧。

王：说起《汉学师承记》，必须还得提到方东树的《汉学商兑》，你整理的《汉学商兑》也由凤凰出版社出版了，谈谈你对这本书的看法吧。

漆：的确。研究《汉学师承记》或者说研究清代考据学，都不能不提到方东树《汉学商兑》这本书，《商兑》在晚清民国间得到诸多肯定，认为就是因为这本书，对汉学气焰造成沉重打击，才导致汉学的衰亡。还有当代学者认为当时阮元在广东帮助江藩刻了《汉学师承记》，帮方东树刻了《汉学商兑》，说明阮元有“汉宋调和”的思想与行动，可以说是石破天惊之举。但实际上，《师承记》刻于嘉庆二十三年，《商兑》初刻于道光十年辛卯，中间隔了十二年之久，跟阮元完全不搭界了。

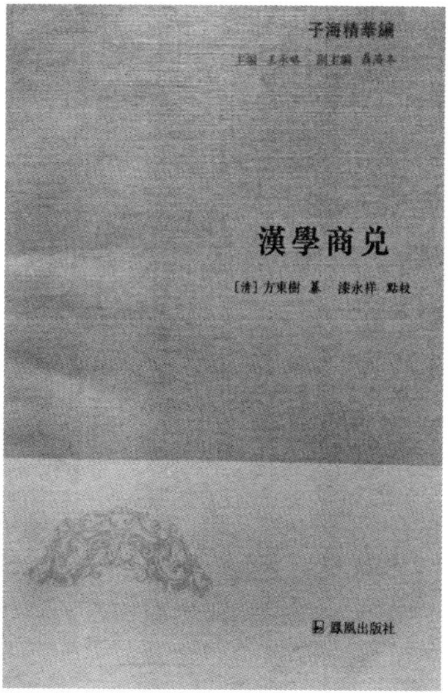

《汉学商兑》

《汉学商兑》太能骂人了，方东树从宋代黄震以下到清初顾炎武、阎若璩以下，至清中叶惠栋、戴震、钱大昕、阮元等数十人，一网打尽，他詈斥汉学家反对程朱理学，是“支离悖诞”，“粗谬已极”，“欲自绝于日月”；攻击汉学家品德有亏，“皆溺于货色，忿欲私曲，邪佞者众”。说汉学家攻击宋学空虚，然“汉学之实，如饱乌头附子，鸩酒毒脯，裂肠洞胃，狂吼以死而已”，汉学家因发狂而致“神明乱而不可药矣”。汉学诸说“蔽昧无知，殆由病狂丧其心之神识而谵语也”，“真所谓詅痴符也”；方氏甚至咒骂钱谦益为“悖畔之徒，人头畜鸣”，怒斥戴震“为论披猖至此，肆无忌惮”，“所谓兽死不择音者也”；他说汉学家“譬如荡姬淫女，而忧共姜之失节，致败坏风俗，而切切然苦争之，岂不可笑”；最失厚道者，他还在批评茅星来、施朝幹时，特意注明二人“无子”，以证其不宗程朱之学之报应，真可谓适口快意，无所不用其极了。在《汉学商兑》一书中，轻蔑侮辱、谩骂毒诟之语，遍及全书。诸如“邪说”“愚昧”“欺诬”“诬诞”“妄庸”“违戾”“偏蔽”“悖道”“横逆”“蔑理”“翳障”“邪妄”“穿凿”“昏蔽”“鄙陋”“灭性”“陷溺”之类的字词，刺眼触目，无处不见，据我统计多达1760余次（包括极少数引用他人文中的用语）。在一册约13万字的书中，恶詈咒语，随文即见，甚至不惜人身攻击，令人无法卒读。方东树的攻讦，已远远超越了学术驳辨的范围，失去了一个学者应有的气度。《商兑》一书，几乎成了恶语詈词的大全本与活用词典。因此，我对这部书没有好感，也就放弃了整理的念头。

但后来山大王承略教授他们“子海”项目选了《汉学商兑》，承略兄打电话命令我来整理该书，我无法拒绝只好答应，先找有没有已经整理点校的本子，找到了三联版的整理本，发现并不是一个好本子。我原本想这个简单，是晚近的书籍，整理起来应该很快，但在调查版本时发现，《汉学商兑》的本子颇为复杂，道光辛卯冬初刻本后，一方面经战乱毁板无存，另一方面方东树生前一直在修订，后来又写成《汉学商兑刊误补义》一卷，方东树的学生方宗诚等人，就将《补义》的内容和初刻本校后，刊成另一版本，以《望三益斋丛书》本为代表。因此，《汉学商兑》有道光辛卯冬初刊本系统，有望三益斋刻本系统，两种版本完全不同。诸本相较，望三益斋刻本堪为该书最完备、最权威的版本。

但方宗诚他们在校勘补入方东树《刊误补义》的时候，也不是完全尊从，而是又有所删汰，因为方东树骂人骂得太狠了，同时又经常使用佛道用语，所以他们替他删削了不少。我在汇校的时候，就用《望三益斋丛书》本做了底本，参校其他本子和《刊误补义》，整理成一个新的本子。这样，使读者虽仅读一个本子，但对于道光本、刊误本、底本三家之版本源流，以及方东树修订的深意，底本复替方氏删削遮盖之原由，尽收掌中，有一本而三本皆存，读者用起来就很方便了。

当时我以为《子海》出版后，也会像《四库全书》那样，是一套大书，不会零卖单册，这样的话书店里就很难买到了。后来北京联合出版有限责任公司想用《汉学商兑》作为申请出版资助的课题，我也就同意了。结果事后两件事都出乎我的预料，一是《子海》的书都出零册，可以单卖，价钱也还不贵，凤凰出版社还将我整理的《商兑》放在广告书影之首；另一件是北京联合出版公司的项目竟然也申请下来了，让我没想到。

这可就麻烦了，等于一书两家出版社出版，我问北京社能不能撤回，出版社说不能，如果撤了将来申请就不可能给了。我也没辙了，就想到清季豫师有《汉学商兑赘言》，他站在阳明心学的立场上，对方东树进行批驳，因为方氏是反对心学一派的。这样，将《赘言》也加以点校，放在《商兑》之后，又收集了方东树的传记资料和与《商兑》相关的一些材料，做为两种附录，这样就比《子海》版从形式到内容都多出了将近一半，作为一个新的版本也勉强说得过去。但我真的是对承略教授兄和凤凰的姜小青总编辑很抱歉，我从来没有做过这样的事，总感到理亏，希望他们能够谅解吧。

王：你也不是故意，而且两本书的变化比较大，应该是新的本子了。大家都是熟人朋友，不会介意的。

漆：希望大家都这么看。呵呵！

九、《东吴三惠诗文集》

王：记得你给惠栋他们也编了文集，也是《汉学师承记笺释》的副产品？

漆：《东吴三惠诗文集》也是做这个的同时搜寻开工的，我为什么关注三惠呢？清中叶惠栋、戴震、钱大昕应该是鼎足而立的三位考据学大师。但你看戴震过世后，段玉裁给他整理了《戴氏遗书》，近些年先后有《戴震全集》《戴震全书》出版。钱大昕呢，去逝后他的子侄就整理了《潜研堂全书》，现在扬州大学陈文和先生主编的《嘉定钱大昕全集》修订版都印出来了。所以，戴震、钱大昕各自至少已经有了三种全集版本，只有惠栋，生时落寞，死后孤寂，没人收拾其遗著，我说那我先从版本开始调查吧。所以就很留意，走到哪里都找，遇到了就抄，至少现在惠周惕、惠士奇、惠栋这祖孙父子三人的书籍，基本

《东吴三惠诗文集》

都找到下落了，哪部书在哪儿藏，哪儿的好，哪儿的全，都摸清楚了，我发表了《东吴三惠著述考》长文，最近还在修订和补辑。

我查三惠的书，也是历尽艰辛，也有好玩的趣事。惠氏后人藏有《惠氏四世传经图》，我知道这书，但从来没见过。这书应该在上海，但上图、复旦的目录都没有著录，包括王欣夫先生《蛾术轩箧存善本书录》中，也没有记录一点踪迹。王先生是苏州地区人嘛，他对三惠的遗书关注较多。我还写过《王欣夫先生〈松崖读书记〉蠡测》，他把惠栋当年所校之书的校语，遇到就抄出来，有十册之多。但是很可惜，现在复旦大学藏了两册，第一册《目录》和第二册，其他的不见了。我请教过吴格先生，他说这书可能还在，如果将来能找着，那可就太好了。我写这篇文章的意思是说，这书即便是没有了，我们可以根据王先生指示的踪迹，把这些校语，再都抄出来，甚至比王先生所见为多，这当然也得花很大的一番功夫，不是一两天能成的了，可我们现在谁能有这功夫呢，我们天天在开会啊！

本来《惠氏四世传经图》我已经放弃了，结果有一次我去上海图书馆看书，实在是太凑巧了，早上一大早开馆前几分钟进去，他们阅览室门口的小推车里头摞着几函古籍，《惠氏四世传经图》竟然就明艳艳地摆在最上面的正中间，一个很漂亮古香古色的浅黄色大木盒。我感觉像在做梦，使劲挤了几下眼睛，有点不太相信。我说这什么意思？管理员说昨天一位日本学者刚看完，正准备回库呢，被我给逮着了，如果晚几分钟书就又归库了。我说苍天大老爷啊！您这瞎眼终于睁开了一回。《东吴四世传经图》其实就是三惠的画像和历代名家的题跋，直到清末章太炎他们都有题辞，这书就是这么因缘际会看到的。

你看《四库全书总目》当中，关于惠栋的书，《提要》都有错讹，因为他没我看到的多。你以为清人看的书很多，其实不一定。你看现在研究《十三经》，王老师、杜老师他们接触的版本，那比清人多多了，咱们也有咱们的方便与优势。我跟踪了十几年的三惠的遗著，看到的比四库馆臣多。再者说了，《四库全书》也是个大项目，有时间的要求，对吧？所以他就有敷衍，有凑合，急于交稿，完成任务，我们不可过分崇拜他们。

现在有很多人说我是研究吴派的，我说我怎么是研究吴派的，因为我本身就不承认有吴派，研究三惠、江藩就成了吴派，不太准确吧。原来我还报了个课题叫“钱大昕研究”，在研究的同时，还想给钱氏做个比较详尽的《年谱》。因为钱大昕自编的《竹汀居士年谱》，非常简略，前人编年谱有详细派和简略派，钱大昕属后者，他编的《洪文惠年谱》《洪文敏年谱》《陆放翁年谱》《王伯厚年谱》等就非常简略。后来我得知台湾陈鸿森先生在做钱氏佚文的辑佚工作，并为钱氏撰写《年谱》，他辑佚的钱氏遗文非常多，我就把我辑的零星断篇包括钱氏《殿试策》等给陈先生了。但陈先生所辑，如《长兴县志》里头辑出来的，有一些是钱大昭、邢澍他们撰写的，并不是钱大昕的遗文。

王：那个我给他讲过一次，他要《守雅堂稿辑存》我还给他了，我说有一些可能是不对的。《东吴三惠诗文集》为什么到台湾出版？只收录三惠诗文？

漆：收录的仅是三惠的别集，除了前人所编所辑诗文集外，我也辑了不少，尤其惠栋，比《松崖文钞》两卷还多。为什么在台湾出版呢，当时跟文哲所林庆彰先生他们打交道多嘛，林先生说可以作为文哲所的一个项目，就在他们那儿出了，这个书也没再版过，可以修订在大陆出版，以广流布，台湾的书毕竟印数有限，寻购不易。另外我也又辑到惠栋一些佚文，学界的朋友们也给了我一些我没有看到的，可以补充进去。

王：那是不是你说的那些材料，在诗文集的基础上还可以做一个惠栋的全集呢？能不能做这个？

漆：有此打算，完全可以做，版本已经搜齐了，遗漏在外的很少了，但这又是件耗时耗力耗钱的工作。我前两年试着报了个“东吴三惠全集”整理项目，可能大家都不知道三惠是干什么的，没批；即便批了，多数是抄稿本，版本费可能也付不起啊，再等机会吧。要整理点校本，可能性不大，目前除诗文集外，如惠栋《周易述》《九曜斋笔记》等有点校本，最易行便捷的是影印，先堆到一起别再散佚了。

王：就是把它堆到一起，比如说全部做一个整理本，大概有多少量？

漆：哎呦，那量大了，可能不亚于戴、钱两家。如仅《后汉书补注》一部，量就很大。

王：那就先搞一个影印的。

漆：影印可以。最好是有整理本的尽量用整理本，没有的就影印，这也是没有办法的办法，总比没有的强。

王：主要是惠栋的吧，还有他爷爷和他父亲的？

漆：主要是他的。惠周惕只有《砚溪先生全集》十一卷、《遗稿》一卷、《补遗》一卷。惠士奇有《易说》《礼说》《半农先生集》等，量都不大，其他都是惠栋的，有的书没法整理，例如《周礼会最》《汉事会最人物志》，这些书因为是资料性质，太过潦草，有的就跟画的蚂蚁虫子一样，根本认不出来。

王：全部整理起来很麻烦。

漆：他就是惠栋给自己看的资料集，起个提醒指示的作用。《九经会最》目前只发现了《周礼会最》。《汉事会最人物志》，是为做《后汉书补注》储材，他把汉代有关人物的事情，都记录在一条下，有的只提"《后汉书》卷某某""《太平御览》卷某某"等，就没有了。这是他给自己提醒的，我将来查资料的时候我到那儿去找，完全是个资料储备。你说这东西怎么整理，根本认不出来字儿，只能影印。

王：这就是一个不成熟的卡片。

漆：他那就是资料集嘛，就是个资料意义的辑本。影印出来倒可以，整理那就又掉到海里头去，汗青无日了。

王：其实这个也还是蛮有意思的。等于做这个《汉学师承记笺释》虽然十多年，但是你看带出多少，一个《笺释》，一个《江藩集》，一个《〈汉学师承记〉研究》，还有一个《东吴三惠诗文集》，带出多少东西来。所以做一个东西，刚开始做，做成什么样，自己也不知道。但是慢慢摸摸就是一堆东西，当这一堆东西整个出来之后，你就变成这方面的权威了，谁也超不过你。所以现在的学生他们有时候觉得做这个有什么意义，怎么做，其实这就是盲人摸象的，要摸一个阶段，多摸摸，大概就清楚了，也是做学问的一个方法。

漆：我是个好奇心比较强的人，本来在研究某个问题，其中又涉及另一个问题，可能就又追过去了，这样一边摸索，一边走着，一边瞅着，一边抓着，慢慢慢慢除了你研究的课题外，还会衍生出诸多有意思的问题，就像一根藤蔓上拎出许多大大小小的瓜来。所以我们经常说没观点，不知道该做什么。没观点就是你没资料，你不掌握资料你哪有观点，是吧？资料多了，他这个观点可能自然就出来了。其实有时候就还是多下功夫，多下点苦功，你不吃亏，你可能觉得你没用，这个书白看了，世上没有白看的书，这里用不到，那里必然用到，再说你看了才知道没用啊。看了知道没用，本身也是重要成果，因为你可以拍着胸脯说：某某书我看过了，对我的研究没用呐。

比如我做《笺释》前后翻了 2000 来种书，用到的只有 600 余种，但我心中就踏实了啊。再比如说我老讲为什么纪昀到了四库馆，由他来主持这么重要的工作呢？按理来说，他是一个有前科的人，对吧？他是个犯官啊。跟他水平差不多的人多了去了，那为什么让他来做这个总纂官呢？近现代研究者说的理由，都不足以说服我。后来我看到《清实录》中一段材料，就是纪昀在做福建学政的时候，他给乾隆爷上了一道奏疏，他说经史书籍不避庙讳。经史书籍不避庙讳，这过去是约定俗成的，是吧？但纪昀说这个不合适。他说，是不是我们改？乾隆爷一听，脑袋一拍，好，改。所以你不要认为正直的官员就不会拍马屁，他们拍得可响了。那么到底真改了没有？哎！还真改过。因为我在北大图书馆，看到钱大昕《讲筵日记》手稿本，他做日讲起居注官时的日记，钱大昕就分到了《周易折中》等书，白天上班，晚上改这个。可见真改了，改到后来怎么样，那海了去了，怎么改，没法改，只好又下诏说，行行行，就停了吧，不改了。但是乾隆爷心里想，这个纪昀同志“政治正确”，是可以放心重用的，这一点在他心里已经种下很深的印象，四库开馆后立马就想到他了。

又比如说王杰，王杰跟和珅对着干，王杰殿试的时候乾隆爷把他由探花换成了状元，本来状元是赵翼啊，那你王杰就得卖命了，所以王杰一生清白正直，退休回陕西韩城时，嘉庆爷赐诗称“直道一身立廊庙，清风两袖归韩城”。王杰做浙江学政时，上了一道折子，乾隆爷在没即位以前的作品叫《乐善堂集》，王杰说皇上您那个《乐善堂集》啊，可真是太好了，这宝书不印出来，浙江的士子们无福敬读，真是太可惜太遗憾了。他说我不用官帑，我用自己的薄俸，想办法刻，只要您老人家钦赐同意。乾隆爷一听，嗬！这年头竟然还有愿意读我书的人，尤其是江浙一带，这还了得，好吧，刻吧。这马屁拍的，既妥又稳，对吧！我们读书时偶尔遇到一些材料，好像没关系，积攒多了，你会发现有些材料之间是有关联的。所以你看做纪昀研究的人那么多，没有人去认真看《清实录》。《清实录》里头多少纪晓岚的材料啊，你翻一翻《清实录》再做个《年谱》，就比现在那些好多了。就没有人愿意花这点功夫，就是在几本书基础上查一查，抄一抄现成的东西。

古往今来，著述如林，插架森森，有多少能传下去呢？你著作等身，糊弄骗人，可你不知道你的书在骗你自己。书虽然出了，也拿不出手，硬拿出来也没人看，或者过个三年五载甚至一月半月，就消失无影了。我们在学辑佚学的时候，总是说书的亡佚有这个原因那个原因，其实最残酷也最公正的就是大浪淘沙，时间是最公平的审判者。有多少彪炳当代的赫赫大师，骗吃混喝，蛮霸一世，但肉身腐朽，后世寂寥，无人知晓，就是因为他的书和人一起被时间淘汰了！

十、清代考据学研究

王：多年来，你专心于清代学术研究，从你了解的情况来说，现在要研究清代学术，究竟怎么样看待分派，要不要分，或者怎么处理这些问题？

漆：清代考据学分派，源自章太炎，太炎又受到江藩《汉学师承记》的启发。但江藩没有分派的意识，他只是把每卷按地域或师承关系列了出来，他并没有说这是什么流派。后来太炎先生就把他的标题目录给端过来，分了吴、皖，其实江藩真无此意。我自己也分了个派，分为惠、戴、钱三派。一是我对钱大昕的抬举，另外学术论文嘛，你要立意出新，总要跟别人写的不一样。清代学者当中我最欣赏的就

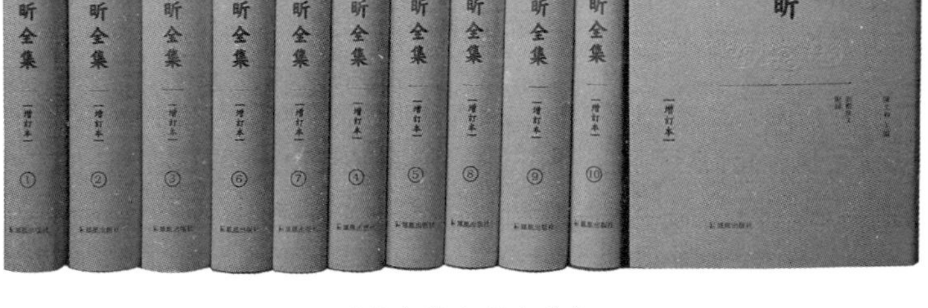

《嘉定钱大昕全集》

是钱大昕，钱学也确实不同于惠、戴。钱大昕、王鸣盛他们在嘉定，嘉定一地在宋理宗嘉定年间才设县，一直以来寂寂无闻，不要说嘉定，上海又有几个人知道呢？但明代归有光曾续娶嘉定王氏，在嘉定安亭讲学，有光曾参与修《顺宗实录》，有厚实的史学功底，所以他给嘉定栽下的是史学基因，后来唐时升、娄坚、程嘉燧、李流芳等“嘉定四先生”，以及明末黄淳耀、严衍等，一时雄起，尤以治史如治《通鉴》等见长，钱大昕他们所继承的正是嘉定史学传统，与苏州、徽州之学有着明显的不同渊源与风格。

实际上我们说分派是为了研究的便利，你为了分派而分派就没意思了。现在越分越细，越分越碎，分着分着没意思了。比如纪晓岚算哪一派？没地方归。所以像卢文弨有人归吴，有人隶皖；王念孙父子一会儿放到扬州，一会儿放到皖派，就乱了。我的主张就是别分了，好好做就是了。

王：但问题就是这几年也有些硕博士论文不断地在分，怎么样来消除学生这种思维方式？

漆：大家读书不多，稍读几册，遇到自己不知道未曾见过的，就以为是新发现，可以标新立异，同时又有地域门户，学术门户，就越分越多，既苛细如牛毛，又胆大如猛虎。比如钱大昕，还有人说江藩《汉学师承记》《经师经义目录》对钱大昕不重视，因为他不收钱大昕的经学著作。我说钱大昕没有经学著作啊，江藩怎么收？但并不是说钱大昕没有经学研究，他经学研究很深的。正因为钱氏没有经学专著，所以江藩《汉学师承记》钱大昕篇幅是最长的，除了三惠那一篇，但三惠是三个人合传啊。为什么钱大昕最长，他就是把钱大昕《潜研堂文集》和《十驾斋养新录》里的经学观点都给罗列出来。江藩的意思是既然钱氏无经学专著，我就把他的主要观点列出来给读者看。《师承记》抄录了太多钱大昕的成果，所以甚至可以说是江藩与钱大昕合纂的。又如还有人说《经师经义目录》不收谁的谁的书，我说你没看江藩侄儿懋钧说了嘛，在世的不录啊，那个人还活着，中国人讲盖棺论定呐。有的人基本的常识都不知道，就轻发议论，这种情况很多。另外有人还说某人研究《论语》，他就是《论语》派，某人研究《易经》就是《易经》派。现在还有分什么对校派，理校派，那更乱了。你想想，清代学者谁不研究《论语》，谁不研究《易经》，几乎每个学者都会涉及到的，另外哪个学者校书没有对校，没有理校，没有对校和理校怎么校书，这都太勉强了。所以，别硬掰了，越掰越乱。

王：现在清代学术研究，清代考据学研究，你觉得哪些方向将来是可以接着做的，或者是有哪些值得做的课题？

漆：我觉得可以用八个字：正名、继承、整理、研究。我们至今仍看不起清代考据学，经常听到大学者讲“我们不搞繁琐的考据”，或者说“考据无用”，实际上什么是考据他根本不懂，他也做不来考据，整天谈思想义理，可是他论述的基本事实都错了，义理是建立在沙滩上的危楼。我们要正视清代考据学既是清代学术的代表，也是历代学术中极其重要的一环才行，只有给他们应有的地位，才能客观公正地评价其学术。

说到继承，就是将清人的研究成果充分利用起来，过去我们认为“五四”咔嚓一刀就把传统斩断了，现在大家也不这么认为了，实际上也不可能斩断。现在你看研究“五四”的一批人在搞晚清，就是发现如果不搞清代，“五四”是说不清楚的。近现代说的许多观点，实际都是清人早说过了的，比如梁启超说的好多话我们认为很有新意，其实多是翁方纲的话，程瑶田的话，程晋芳的话，凌廷堪的话。凌廷堪就讲过：“今夫天地之气，一废一兴，一盛一衰，学术之变迁亦若斯而已矣。”这话是清人说的，不是梁启超说的，但我们不读清人书，可梁任公还真是读过的。另外，好多清人已经纠正了的错讹，我们仍在重犯，包括我今天讲座讲的像“庄公寤生”这样的例子，清代人已经把这个问题解决了，现在人还在犯这样的错误。文字、音韵、训诂以及其他经、史、子、集诸多的成果，我们继承的还是不多。

说到整理，前面我们已经提到，现在虽然出了如《四库全书》《存目丛书》《禁毁丛书》《续修四库全书》《清代别集丛刊》等大套的书，其实清人别集点校整理出来的也不会超过二百家吧，好多抄、稿本也应该再印一些出来。比方说清代子书札记类，才印了多少？没多少。太多的需要整理点校，需要影印。现在一方面大量的书蒙尘插架，印不出来；一方面又整天是顾炎武、曾国藩等，有全集本、有单行本、有选本、有注本、有重印本，多了去了，重复出版，真是浪费啊。现在研究清代的学者还是太少，一个重要原因就是文字、音韵、训诂这些大家不搞，不搞，清人的东西没法做。再加上从观念上大家看不起，觉得清代考据嘛，没什么意思的了。

还有就是研究，前面也谈到了，不把清代学术搞清楚，“五四”及其以后也很难搞清楚，因为你中间断了，你认为可以割掉，但实际割不掉，你不把清中叶这一段弄清楚，前后接不上。你把清中叶这一段掐掉，前后更续不上。比如“实学”一词，前人无所议。上世纪80年代末，有些学者以16世纪至19世纪鸦片战争前三百年间之社会思潮称为“明清实学思潮”。后又将实学范围延至自宋迄清末，并谓实学即“实体达用之学”，又有中、日、韩三国实学之比较研究。然此实学思潮中，却摈斥清代考据学，大概认为考据学家穷治训诂，琐琐考证，故摒弃而不许纳入。但实学一词，你如果考察一下，与其所对应的，要么就是科举的弊病，要么就是释道的玄妙，要么就是词章的藻丽，此外没有其他的对立面。如唐时杨绾极言科举的弊病，就曾说应当取《左传》《公羊》《谷梁》《礼记》《周礼》《仪礼》《尚书》《毛诗》《周易》等书，任通一经，务取深义奥旨，通诸家之义。希望数年之间，人伦一变，既归实学，当识大猷，居家者必修德业，从政者皆知廉耻，浮竞自止，敦庞自劝，教人之本，实在兹焉。又比如明代杨慎曾经说儒教实，以其实天下之虚；禅教虚，以其虚天下之实。又说今之学者，循声吠影，使实学不明于千载，而虚谈大误于后人也。宋明学者以治小学训诂为虚，以明性理之学为实；清代汉学家，又以经术训诂为实，性理之学为虚。但都是以科举时文、释道二教与华丽辞赋为虚，历代相同，没有什么不一样。

尤其是“实学”这个词，如果按说得次数最多的，更应该是清代考据学家，他们每每言之，几乎成口头禅了。比如《四库全书》开馆前，清高宗遴选馆员，当时就说上方崇奖实学，思得如刘向、杨雄者任之。这里说的“实学”，就是精擅目录文献之学如刘向、杨雄的人。又如《四库全书总目·凡例》主张，说经主于明义理，然不得其文字之训诂，则义理何自而推？论史主于示褒贬，然不得其事迹之本来，则褒贬何据而定？今所录者，率以考证精核、辨论明确为主，庶几可谢彼虚谈，敦兹实学！这里谈的“实学”，就是“考证精核、辨论明确”的著述，不是虚谈义理的语录和讲章。《四库全书总目》还说，盖明代说经，喜骋虚辨。国朝诸家，始变为征实之学，以挽颓波。古义彬彬，于斯为盛！这里的国朝诸家，就是指顾炎武、阎若璩、胡渭这些人，“实学”与“喜骋虚辨”相对而言。又比如洪亮吉论四库开馆后学术界之情形时说，乾隆时惠栋、戴震，其学识始足方驾古人。及四库馆之开，邵晋涵和戴震又首膺其选，由徒步入翰林。于是海内之士知向学者于惠君则读其书，于君与戴君则亲闻其绪论，向之空谈性命及从事帖括者，始骎骎然趋实学矣。洪亮吉以“空谈性命及从事帖括者”与实学相对而言。又如钱大昕任紫阳书院院长后，与诸生谭经史性命之旨，切谕以浮慕虚名无补实学，由是士之驰逐声华者渐变气质。此又以“浮慕虚名”与实学相对。当时考据学家提倡学术风气，评价学者标准，也都以实学为标准，如钱大昕说通儒之学，必自实事求是始。卢文弨评价戴震之学精诣深造，以求至是之归。洪亮吉称邵晋涵治学尤能推求本原，实事求是。阮元自称其治学也是推明古训，实事求是。但主张明清实学思潮的学者，却好像对这些话视而不见，以考据学为不足取，排除在“实学思潮”之外，如果起乾嘉诸老于地下，他们能甘心颔首而接受吗？

因此，我们要多读清人的书籍，知道他们说了什么，做了什么，要边整理边研究，客观地和平等地看待这一段学术，和西方比较研究可以，但不是较劲儿。动不动认为他们在造船造炮，我们在搞这个，这个类比性不大。总而言之大家都去摸、都去做，做目录的也可以，做校勘也可以，做一些整理性的研究也可以，做个案个人的研究也可以，做学术史也行，或者你认定哪个重要都行。现在就是大家都不去碰。明清这么多人的东西没人做，你挖个坑就是你的。包括御制的这些书，比如康熙爷颁发的那些讲义，好多是结合社会现实问题谈的，这比纯粹研究“三礼”要更好，“三礼”毕竟是停在纸面上的。我们现在认为只要是帝王编的书都是垃圾，完全否定。我想不至于，就是我们没有去做认真深入的研究，没有去钻，我们要相信编书的那帮人还是学者，不是一帮整天造垃圾的人。

十一、清代学术研究的其他著述

王：在清代学术研究方面，你还有一些其他的著述与清人古籍的整理，谈谈这方面的情况吧。

漆：我已经说了好多次惭愧了，就再说一次吧。我这些年真的很少进图书馆，很少能坐下来整天地读书，所以可说的并不多。

我在北大读书的那几年，生活过得相当困难。我被录取的时候是计划内招生，但后来西北师大跟来一纸协议书，就变成了定向委培生，委培生名义上是带工资上学，但那时工资很低，我一月大概也就 200 元，当时计划内博士生的助学金也是 200 元左右，相差无几，但大家感觉带工资上学的似乎要日子好过些。当时博士生奖学金一是钱少，二是数量少，所以北大各院系一般情况下，对于委培生在奖学金等方面，就不怎么考虑，因此我在上学期间我记得只拿过一次 300 元的奖学金，只能说聊胜于无了。

当时不仅我，同学们都拮据不堪，我同宿舍的黄凤显兄，来自广西马山，壮族。他和现在西北师大的李并成教授在北大硕士生期间是同学，经李兄介绍凤显兄认识了他现在的嫂夫人，是我们兰州来的。我在来北大前，凤显兄的岳母带了些东西给外孙女儿，这样我到北大后和黄兄同住一舍，当然感情上就自然要亲密一些，加上他是老北大，带我在校园里走东逛西，使我尽快熟悉燕园。黄兄家眷当时在烟台，女儿上小学还在学钢琴，他经常为交费而发愁，所以我们就带些留学生教汉语口语，赚点儿生活费。有一年盖洛普公司受委托给一家公司取名，在北大校园向学生征名，我俩揽的生意是在校园内四处贴广告，冬天太冷，等刷到三角地的时候，我的手都冻僵了。凤显兄人脉广，他认识当时和北京燕山出版社任德山社长谙熟的冯涛先生，我们在一起策划了一套中国古代散文选注的书籍，黄凤显承担先秦卷、九四级的程水金兄负责秦汉卷、他同级张宏负责魏晋南北朝卷、比我们高一级的孟二冬负责隋唐卷、九四级王德保师兄负责两宋卷、明代卷，由我负责清代卷，全书由冯涛、黄凤显主编，当时编纂这套书，疗饥的目的远大于学术的追求，但我们这套书编的我认为还是相当有水平的，大家都非常认真，从选篇到注释都做到人无我有，在注释上做到了精注简当，我在选编清代卷时，也考察了当时能看到的清代散文选本，感觉我的选文无论从篇目还是内容上，都较前人要更进一步，甚至八股文我也选了，因为我认为八股文就文体而言，是明清学子必读必写的，影响极大，历来散文竟视如无物，这是不对的。

可惜的是，这套书后来在九州出版社出版，出版不久，前后主持其事的任德山、冯涛相继故去，我们只是每人拿到一套书，至今一分钱的稿酬也没拿到。更为可惜的是，这套书的销路似乎也不畅，书店里根本就看不到。

王：这套书我好像还真没见过，那可以再重印一下。

漆：主编者和作者中的孟二冬兄，已经都物故了。我也觉得应该再版一下，虽然我们当年是博士生，但那时编书，还算认真，也费了不少功夫。近年来类似之选编套书也不断出现，但我觉得我们的那套书应该再版，因为从质量上看，后来的本子也并没有超过我们。

王：我记得咱们还一起出过一套版本目录方面的小丛书，是北京燕山出版社出版的。

漆：是的。北京燕山出版社是北京市文物局下属的出版社，以出版北京文史书籍为主，但一直不景气。他们想出一些既有卖点，又有质量，又常见常用的古籍。我们知道叶德辉《书林清话》是版本目录学界最常用常见的一本书，甚至都成了工具书，人人放在案头，我也非常喜欢这本书，因为他既讲学问，还玩掌故。另外，叶德辉当年被红军枪毙，本身这件事令我好奇，因为我想恶霸地主怎么会写出这么好的书来呢。同时当时还真没有好的点校本，恰在那个时候东北的一家出版社出版了一套“新世纪万有文库”，其中收了《书林清话》，我买来一本看了，发现点校错得太离谱了，每页都有无数的错误，句子、书名、作者、引文大量错讹，就连《说文解字》这样的书也不核对一下，两首七绝诗都能框在一对双引号中，我非常气愤，就写了一篇书评，后来发表在《中国典籍与文化》上。当时就想，还是我来点校吧，正好燕山社也想组织一些书，于是请高路明老师点张之洞《书目答问》，王岚师姐点《经籍会通》，王锷兄点《藏书纪事诗》，杨琥兄校《辛亥以来藏书纪事诗》，我点《书林清话》，组成了一套小丛书。结果这套书后来据说也反复被印刷，但我们只得到过一次稿费，就再无人理会了。

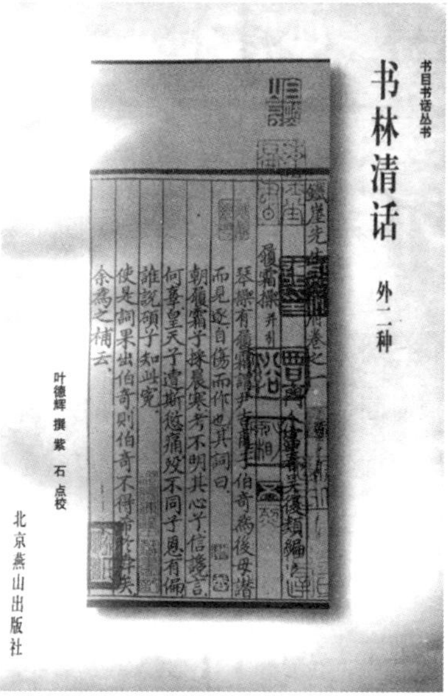

《书林清话（外二种）》

最近《书林清话》的点校本逐渐多了起来。我当时因为一些原因，没有直接用真名，而是署名“紫石”，很多人不知道，刘蔷说她手头用的就是这个本子，感觉用着很顺手，后来才知道是我点校的。最近北京有家出版社报了北京市古籍出版项目，没想到竟然通过了，我做了些修订，前面写了一篇长序，估计今年底或者明年初能印出来吧。

王：《书林清话》的确是一部奇书，叶德辉学问精深，和王先谦可算是当时湖南学术界的代表人物。

漆：是的，也是两个大恶霸，可以说是坏透了，叶德辉被枪毙，某种程度上也是罪有应得。叶德辉藏书虽多，但以明清版本为最，比宋元版他无法和清中叶的黄丕烈百宋一廛、陆心源皕宋楼等相比，论学识水平他也没有乾嘉时人高深，如果按传统版本学著述撰写如《皕宋楼藏书志》那样的书，他肯定就死定了。所以，叶德辉想了一个办法，就是既有中国传统书志学的传统写法，又有札记体的写法，还加入了一些西方人章节体写作的影迹，结果写出了一个怪怪的体裁，就是《书林清话》，结果反出前人之上。和此书相类似的，还有皮锡瑞的《经学历史》也是传统体裁，加上西方章节体写法，成了一部杰作。这也充分说明了创新的重要性吧。

王：你发表过百余篇围绕清代考据学的论文，没想过挑选一部分出版一个论文集吗？我想出版了对学术界也会有积极的参考作用的。

漆：想过，但没怎么敢。我们的师长辈，大多著述量并不大，他们写一篇文章，是深思熟虑，真正有见解才写，到了晚年将自己的论文摘出部分印出一部论文集，可以算是他们的代表作，其谨慎如此。今天完全变了，一个博士生刚刚毕业，就可以出版论文集，竹头木屑，死牛烂马，全往里塞，反正掏钱就会有出版社出版，这已经远远失去了前辈先生们出版论文集的原意。我自己呢，文章发表的倒真是不少，但自己满意的确实不多，所以就一直不敢也不愿出论文集，但前两年北大中文系 115 周年系庆，系里为了纪念，组织全系在职教授每人出版一部专著或论文集，算是庆祝。我这才翻来倒去地找，总算勉强凑了十几篇文章，因为曾经在《北大学报》发过一篇文章，题目是《乾嘉考据学新论》，略有些新意，索性就做了论文集的书名，算是应景之作，否则我真没信心编本论文集印出来。

王：我记得你过去就喜欢笔记札记体古籍，札记写得也不错，杜泽逊《国学茶座》前几期有你的札记连载，很受欢迎，目前手头有多少，能不能成书出版？

漆：札记体的确是我最喜欢的古人著述体裁了，从当年本科时候读《世说新语》《颜氏家训》，就喜欢得不得了，那时候笔札点校出版的非常少，个别有的咱们既看不到也没钱买，我就得空便在图书馆借或者抄，从魏晋唐宋这样往下搜寻阅读，大概读了几十部。后来做了清代学术研究，清人笔记札记是他们著述的主要组成部分之一，所以从《日知录》《潜邱札记》《九曜斋笔记》《十驾斋养新录》等，就读的更多了，遇到好有趣的，就摘抄下来。从另一条线上，我当时发愿读完“二十四史”，也是一边读一边抄录奇闻逸事，名言妙语，卡片抄了一大堆。当时还没读到《清稗类钞》，读了《宋稗类钞》，也想仿其例，将我抄录的部分按类排列，编成一本书，但总是为衣食奔波，又老是搬来搬去，卡片也散逸得差不多了，这件事也就搁置起来了。

在阅读欣赏的同时，我也喜欢写点儿札记。我们知道札记体自魏晋以来，就是中国学术著述的主要写作体裁之一，《困学纪闻》《容斋随笔》《日知录》《十驾斋养新录》等，都是名著。但近百年来，已经快消失了，学界不以其为文，杂志不发表这样的文字，可是我喜欢得不得了，喜欢到骨子里去了，有一知半解，就写下来，也可以分成两种：一种如《近视眼与近视镜》《此时有子不如无》等，我叫做通俗有趣类，就是杜泽逊主编的《国学茶座》上发的那些，连载了几期，颇受欢迎，可是我供不上货了，没时间写，这玩意儿不好写，写一条不比写一篇论文容易；一种如《汉学与宋学》《师承与家法》《学案体不始于黄宗羲》《小珰》《克什》《紫团》《紫燕》等，算学术与名物典制方面的。前后公开发表的大概有五六篇文章，大约150条左右，还有不少或未经整理的，等有空了我再慢慢整理吧。目前发表的这150多条，有家出版社愿意出，我已经整理出来了，快的话大概年内也能见到书吧。

王：你前些年担任系里的工作，也是耽误了太多时间，现在换届不做了，可以将原来的计划逐一落实，估计最近两三年会有一批成果出来吧。

漆：目前就是赶快做项目。另外，我对清代科举制度与科举趣闻，还有禁书与文字狱也非常感兴趣，这些方面也积攒了不少材料。当年在写博士论文的时候，陆续收集了有关禁书与文字狱的材料不少，后来又日积月累，到现在收集到大约230多起文字狱案，应该是收集比较全面的了，材料也都是半成品。多年来出版的关于禁书与文字狱的书籍不少，有些部头还很大，但戏说的成分居多，严肃讨论问题的极少，等我手头项目结了，我再来慢慢收拾续余，做这些有兴趣的问题吧。

其实，我最想做的是写一部比较扎实厚重的《清代考据学史》，这个远没有提到议事日程上来，尚自在畅想的阶段呐。

十二、《清人文集篇目分类索引全编》

王：后来你跟杨忠先生主持做那个《清人文集篇目分类索引全编》，当时为什么想到要做这个项目？

漆：清人著述太多了，存世古籍十分之九是清人著述，查资料时绕不开王重民先生的《清代文集篇目分类索引》，但就是收得少，不过瘾。正好当时李灵年、杨忠先生主编的《清人别集总目》，柯愈春先生的《清人诗文集总目提要》，王绍曾先生的《清史稿艺文志拾遗》，相继出版了。这几部书印出来之后，我突然觉得可以做件大事了，那就是在王先生基础上，编纂《清人文集篇目分类索引全编》。当时也是太轻敌，我想有三五年就把它拿下了，所以当时还没有申请项目的时候，我们就已经开始做了。我就自己先拉了一个《清人文集目录》，勾了个大目录，大概 12000 多种，这就又有点基础了，觉得做这个项目有些底气了。

清史编纂委员会文献类项目中，我们这个算是大项目，给了 93 万元。有了目录，有了钱，就马上开始做档案，清代作者一人一档，订制了一万多个档案袋。我们组织了一批本科生和研究生，一到周末就借用古委会的大会议室，剪刀加浆糊，把杨老师他们的书和柯愈春的书，复印、剪贴、装档。档案很快，半年弄完，就按省分了嘛。然后项目组按地区、按省分了下去，进入正式抄录阶段，这可就无边无际收束不住了。幸亏贵校同仁参与项目，王老师也参加了，还跟南昌大学同仁合作。有的地方，比如国图、上图、首图等，我们就委托他们代抄，前后有一百多人在做。我自己也跑出去抄，现在我们收了四千多家，大概也是好几十万条。这个书出来嘛，肯定有错误。错在什么地方？主要是分类的错误。另外就是抄丢了一条，这都不知道了；抄错了字，这也不知道了。最大的问题，还是分类的错误太严重。

王：那现在核也没法核啊。

漆：没法核。当时我们也开了个会，也请了一些老先生来帮我们出主意、提建议。有人提议说这一篇书信里头，他又讲了音韵的问题，又讲了文字的问题，又讲到《诗经》的问题，是不是就是三属啊？《诗经》也归上去、音韵也归上去、文字也归上去，查阅更方便。我当时想：那可真就汗青无日了。

王：这是一个理想化的状态，真正做根本不是那么一回事。

漆：这就是章学诚的互注与别裁嘛。我在讲课的时候也讲，互注、别裁从目录学的理论上讲是非常完美的，但是为什么后来实践的很少呢？因为做不下去。你一互注或者别裁，如果一本书分在十个地方，全乱套了，等于没有啦，所以私家目录可以这么玩，公家目录或大型目录玩不起。我们的索引提出一个原则，很通俗易懂的，我叫“打死不互见”。一条篇目只有一个归处，什么情况下互见呢？比如说钱大昕他给谁的别集写一篇序，这个序呢在那个人的集子里面收了，钱氏本集也收了，这时候两见。这个呢，我们不能动，不能删一条，这你删谁的都不合适，只有在这种情况下一条篇目才出现两次，其他一概只出现一次。

当时我在韩国，所以就开了个博客，在网上不断回答同学们的问题，回答的文字多得可以出本书的，都有大概将近 10 万字。就反复讲，哪条往哪归，哪条在哪类，哪个应该怎么做。前段时间我还在翻，觉得这个东西还挺好的，可能对目录分类、篇目分类、文体分类、学者断代等，都会有些参考作用。

王：那可以把它集下来。

漆：对，可以出个小册子。所以当时真是太乐观，过于自信了，你看到现在十年都过去了。我跟泽逊兄开玩笑说，他在做“清史项目”上是先进典型，我是反面典型。“清史项目文献组”都已经撤了，我们是最后一个未结项的项目，太拖人家后腿了。

王：因为这个东西真正做的时候，其实你看，我们这边还算快了。我们四个人，江庆柏老师、陈敏杰老师、杨新勋老师，加上我，我们承担了两千多家。我自己大概做过五六十家吧，到无锡图书馆去抄。就像你刚才说的，有些人他老爹老娘过个大寿，寿序里面都会谈到学术的问题，当然有些纯粹是寿序说好话，所以真正归的时候这些东西是很难归的。现在怎么样？出出来大概有多大量？

漆：现在交出去了，复印了25册。将来出版的话，如果按目前印的，就算一册出一本的话，也得二十来本吧。

王：那也有上千万字啊。

漆：上千万字是肯定的。现在主要是分类问题，你比如说把明清的俗礼，给扔到《十三经》的《三礼》里面；把碑传文字，给归到史部的传记类里去了。现在全是这种问题，这个人家就要笑话你了。

王：这很有可能。但是这个多了嘛，肯定有问题，偶尔一条半条也是没办法。

漆：另外就是文章有时候实在很难归，晚清民国以来不是西学进来了嘛。比如电报很多啊，我们最后搁哪儿去了？搁在“诏令奏议”，大臣发给皇帝或朝廷的电报，当然可以的。但有的放在诏令奏议里头不对啊，你儿子结婚我给你发个喜电祝贺，这不能算诏令奏议啊。没办法，我说“电报”就附在诏令奏议下，不细分了，没地儿归，挂在那里代管。

王：那就是电报附一小类。

漆：就附在诏令奏议下面了。再比如说，铁路，那就搁在交通。可是有的文章，像社论、社评、新闻，往哪儿归？古代文体中没有这么一类。还有，这个作者谁是清代，谁又算民国？也遇到刚才说的断代的问题。有文章在清代就算清人，那康、梁，民国的几个大总统都有文章，你把孙中山、徐世昌能算清人吗？所以我们这几个总统没要，章太炎、梁启超、黄兴等民国间活跃的这帮人都没收。这个书呢，我给学生说咱们要有信心，他们一边批评咱们，一边翻检咱们的书，也是咱们的光荣。当然，将来我们也欢迎批评指正，以便修订。毛主席说了嘛，只要你说得对，我们就照你的办。我们按最高指示办。呵呵！

王：从目前的情况来看，就做成的这个情况，比起王重民先生那个《清代文集篇目分类索引》，有哪些推进？

漆：我觉得至少有四个进步：第一，当然是量比他大多了，所收作者是王先生的10倍，当然他收的都是大家，我们有大有小；第二，我们的小类比他分得更细，有些类目是我们的创新，比如我们把目录、版本、校勘等单独分类了，因为这是清学特征；再如像《古今图书集成》、《四库全书》、禁书与文字狱等我们也另分小类，又是清代政治与文化的特征；第三，我们遇到了新式文体和新的时代问题，比如刚才说的电报、社论、新闻等文体，以及公路、铁路、租借、合同等新式的东西，王先生书中都没有遇到，我们都采用系联体，给隶附在各类下了；第四，我们在条目后面还有个附录，就是文章题目看不出来是什么性质的情况下，你给简单地用几个字概括一下，比如钱大昕有篇《两马》，就注明“寓言”，而不是动植类。

这些附录文字将来出版前可能会删除，也有人建议保留，但保留就又太多了，现在还没定到底怎么取舍，这次送结项材料时，我们删掉了，不然印出来就太多了。当然，我们的错误也会是王先生的 10 倍不止了。

王：他是收了四百多家吧？

漆：大概是四百二十多家。还有一个，我说将来这个书呢，还可以起到辑佚的作用。现在这四千多个清人集子，不可能永远传世，有的可能传着传着就传丢了，将来研究这个的人，可以把这些篇名从我们的书中再辑出来，可以知道这人原来有这么一部别集，他的文章是这么一个结构，即使文章丢了，我们可以通过这个文章的篇目来研究这个人。这也算我们的一个贡献。另外呢，比如说《诗经·关雎》，相关篇目我都给你堆到一起，将来对于研究清代的诗赋、政治、经济、文化，什么东西都有用。你需要哪一类，在里边去找，都多多少少有了，我都给你凑到一起去了。

王：就是说将来可以利用这个工具书分类编书，比如做“清代《诗经》研究论文集汇编”之类等等。

漆：对。甚至比如说《诗经》的这三百首诗，哪一首清人关注的比较多，哪一首少，这为什么？这里头也有研究的价值。所以，说得大一点，我觉得将来对于整个清代各方面的研究会起到一个很好的助益作用。你要把清人研究某一个问题的东西往一起搁，海了去了。我现在都给你收拾到一起了，你可以查阅有关《卷耳》《野有蔓草》的大部分清人文集中的文章，我觉得就是太幸福了，因为专书好找，零篇难寻，等于大海捞针啊。

王：将来书出来，可能会有人写文章。写文章的人大多数也没干过这个活儿，所以他也没法理解这个事。

漆：这是新式文体和旧式文体的矛盾。文章的分法和书的分法还不完全一样，比书更难，这个分类花了太多的精力。所以我说读者会一边批评一边翻检，也是我们的光荣，现在就是说整个几十万条要审核一遍，量太大太难，我现在一想头就大了。

王：这个还是要尽快把它弄出来，弄出来就少了一个事儿。

漆：要出版还得过段时间。现在还不知道能不能通过结项，刚送审呢。这也是花了十来年。哎呀！耗的我们的时间太多了。

王：花了十几年，几乎是和你的《汉学师承记》并行的一个东西。

漆：到现在终于把它做完了，中间有一百多人参与，杨忠先生始终给予耐心指导，并协调各方的关系。我的研究生几乎都参与了，未能免于此灾，我非常感谢他们！我们用分册主编的形式把学生的劳动成果体现出来，算是回报与安慰，他们将来评职称，填表也还能用得上。现在常说一个大项目结项了，出版了，是“一将成名万骨枯”；但我们这个项目，可以说是“一将未成名，万骨早已枯”啊！

十三、《燕行录》研究系列

王：那你最轻松的几年就是跑到韩国去的那几年，那是干什么去了？

漆：本来想轻松，结果没轻松成，反而陷入更大更深的泥潭里，不能自拔。2006 年夏，北大中文系收到一封韩国高丽大学在全球招聘中文全职教授的函件，工资和韩国教授同等待遇，比较吸引人。当时系里说有这么个机会，你愿不愿意去？我那年职称没过，在到处发牢骚呢，大概是大家觉得这家伙整天啰里啰嗦的，给他一个机会，他要能去呢就走了，眼不见心不烦；他要不能去呢，怪他自己没本事。结果我一报，还真过了。因为我那五六本书刚出来，全是新的，他们一看，好家伙，摞一大摞，所以那几部书评职称没起作用，应聘倒是用上了，这是东方不亮西方亮吗？是喜还是忧呢？颇具讽刺的味道。呵呵！

2005 年后半年起，这五六本书，两百多万字的东西，就反复地看校样，看了三遍，我这耳朵就轰鸣不已，身体也垮了。晚上两点之前没睡过觉，半年就熬不住了。当时我说好不容易给个机会，我就到韩国睡觉休养去，我什么也不带。结果呢，睡了大概两周，劳碌命啊，整天睡也没意思，睡不着，睡不安定啊。我的课很少，一周九节课，我让他们给我排到星期一、二、三，这样我一周有四天是闲的，那睡四天是睡不住的，这很无聊。然后我就到高大图书馆去乱翻书，做清

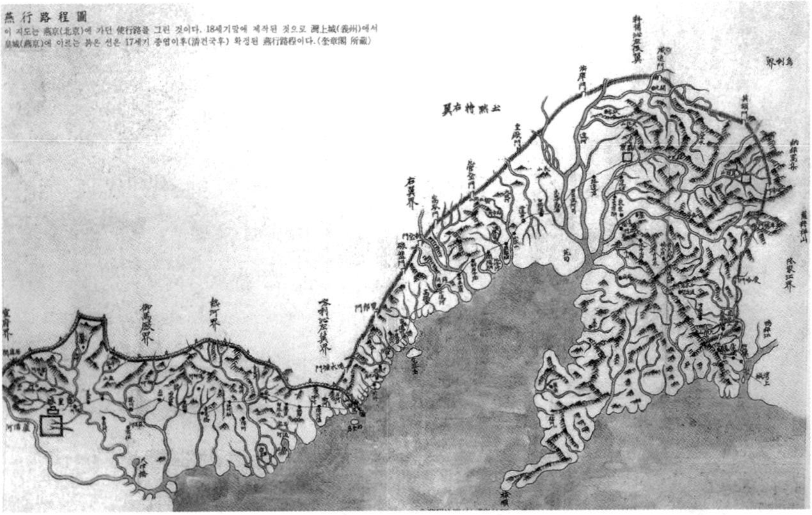

燕行路线图

代嘛，肯定不行，没多少书，就突然翻到《燕行录》。

《燕行录》是汉文的，这个我能看得懂。100册，两大书架，随便拿来翻，一翻就翻出兴趣来了，又是一番天地。我说那没事干我就看这个吧，结果竟一发而不可收，把这100册全都给翻完了。翻完之后呢，第二学期就给研究生开"《燕行录》研究"课程，说不定全世界我是第一个开《燕行录》课程的人。哈哈！我就一边看，一边抄，一边记，这腰椎间盘病就发作了。腰疼啊，坐不住。怎么办呢？站着看，把书垫到胸部这么高，电脑放在书上，站着敲击键盘，这韩国休养就成了一句空话。

《燕行录全集》最大的问题是每种书都不注出处，版本依据在哪里呢？我得追呀，韩国出了一套《韩国文集丛刊》，300多册，我给翻了一遍，从里面辑出来了130多种漏收的《燕行录》。另一套叫《韩国文集丛书》，有个别是《丛刊》没收的，我把《丛书》又给翻了一遍，把《韩国诗话丛编》翻了一遍，《朝鲜王朝实录》更是经常翻检，还有《通文馆志》《高丽史》《同文汇考》《边备司謄录》之类，结果就刹不住车了，越翻越乱，越追越杂了。当时写了一篇《〈燕行录全集〉考误》长文，专门纠《全集》的各类错误。我曾拜访《全集》的编纂者东国大学退休教授林基中先生，林先生很客气，请我吃饭，我向他请教为什么这么多错讹。版本不注出处，林先生似有难言之隐。至于文字页码的错讹，他倒是很谦虚，说韩国没有一个能出100册古籍的出版社，所以才前后错得一塌糊涂。后来林先生又出了《燕行录续集》50册。我们国内广西师大出版社又在重新编纂出新的嘛，他们说有700多种。我回国后呢，就申请了教育部课题"《燕行录》五百种解题"，又扩大到了1000种，现在干这个呢，又掉到深渊里，出不来了。

王：现在是个什么样的状态？

漆：在韩国已经写了部分，回来就几乎没动过，我寄回来的复印资料，前一阵才把箱子拆开，都结成块儿了。目前是半成品，我就想今年年底或者明年前半年，一定要把它弄完，不能再耗了。还有一个呢，当时不是古文献中心报项目吗，我就报了个"从观礼朝圣到行蛮貊之邦——《燕行录》与燕行史研究"，也是教育部项目，又开了个口儿。

王：那进展怎么样？

漆：停滞，没进展。中期检查糊弄两篇文章就对付过去了，明年就要结项了，根本结不了。去年还被人怂恿又报了一个"《燕行录》北京史料类编"，是北京市的社科类重点项目，现在是三个项目，量又都很大，可全都是半拉子，一个都结不了。

王：因为不搞域外汉籍的人对这个不了解，通过你的研究，就你现在了解的情况，《燕行录》里面的东西对我们国内的文史哲研究有

什么价值？

漆：这个朝鲜时代呢，大致跟咱们的明清两朝相始终。从横向关系来说，《燕行录》所讲述的内容，包括朝鲜与中国历代政治、经济、军事、文化、民俗、语言、宗教、戏剧与外交等。从记述角度讲，与中国历代史书不同，《燕行录》是朝鲜人以外人的眼光来观察与了解中国，提供了不可多得的珍贵的不同史料。由于朝鲜方面的重视，出使中国的人员，一般都有着较高的汉文水平，他们出使时的一路见闻，到中国后与当时中国皇帝、官员、士大夫及民间百姓的交往，回国后向朝鲜国王的报告，以及从中国带回的书籍与闻见等，都对当时朝鲜王朝的政治、经济、军事、文化与学术诸方面产生了较大的影响，无论从研究朝鲜王朝历史，还是研究中朝关系史，燕行使的研究都是重要的一环。

我算《燕行录》有两个标准，和别人不一样，我要求更严。一个必须是负有国家使命到中国来的使团成员，一个你必须到过中国，没到过中国不算。如果扩展一下，至少也是改编使团成员写的使行录。在明代叫《朝天录》，入清后他看不起清代，就叫《燕行录》。张伯伟先生认为“燕行录”有歧视的含义，我说“燕行录”也可以接受，相对比较中性，最准确的说法应该叫“使行录”。他们从汉城出发，过了临津江，一路北向，再过了平壤和义州，渡鸭绿江，然后经辽东半岛，来到北京，走一路，看一路，写一路，骂一路。

他记载的东西很好玩儿，比如他到琉璃厂，他记载各种旗幡，门头的挂杆儿上边什么标志，写琉璃厂的炕，他觉得很新鲜啊。尤其是明末清初这一段，比方说洪承畴投降、袁崇焕和清兵打仗，有许多细节的描写，很多是中国史书上不记载的。另外他记中国的皇帝，我们的史书，皇帝都是“龙颜隆准”一个模子。这里呢，从顺、康、雍、乾一直下来都有记载，比如康熙在七八岁的时候，他们就说“如十二三岁成人”，说明他小时候发育得很好，这些东西中国是不记载的，谁敢呢。

《燕行录》存在的问题是，记载很多，热热闹闹，但有真有假，前后抄袭，非常严重。比如他这一趟来了，没到过颐和园，他也写颐和园风光。你看他稿本很简略，就是“十三日，晴。鸿胪寺演仪”，回去不断地补充，东抄一点西凑一点，如抄中国的方志、一统志、邸报等。现在国内《燕行录》研究比较热了，博士硕士论文很多。最大的问题，一个是研究谁他就挑这一段，他说这个话了，就认为是他说的，不对！这个话前头的人早就说过了，那就得追源头才行啊。真真假假，材料的区分和溯源很重要。

王：也就是说存在辨伪的问题和材料的来源问题。

漆：对，这个很麻烦。我现在写《解题》，很是头疼。为什么呢？就是日记好写，诗文和札记部分不好处理。他们的诗呢，你说好，也还可以，但也好不到哪去。如果我写十个人的，我可以写十种方式，几百人要写出各自不同，太难。有的只有四五首诗，有的只有十几首诗，你也得说几句啊。写解题不能老批评，比如说“诗不入品，文不成样”，那怎么行，这可就麻烦啦。现在我愁就愁在怎么写出每个人的不同来。另外，绝大部分的札记，都是前后相袭，根子在哪里，到底是谁写的，哪些是真正他看到的，哪些是抄了中国史籍的，哪些是抄了前代燕行使的，哪几条才是他自己写的，你看看，纷如乱丝，太不好理了。

王：同一类型的东西，太多了，就比较麻烦。

漆：都一样啊，你说谁有什么特点，他们自己写序嘛，当然吹得很好，诗有唐音，文带宋风，包括请中国士大夫写的序，说几句顺水人情话夸一下，那都不可靠的。札记呢，你要只看一家，感觉都是他自己亲验目睹的，看多了就知道太不靠谱了。

王：那你把这一堆东西出版出来，又可以出好几种东西了。

漆：这个出来我估计能出一大套。《解题》估计要上百万字，这部书如果出版，应该会是研究《燕行录》者很好的一部工具书吧。《〈燕行录〉与燕行使研究》现在还没计划呢，《〈燕行录〉北京史料类编》可能量也比较多，至少在百万字以上，还有一个博士生黄雅诗在做《〈燕行录〉研究论著索引》，我说你尽量多收，要不行咱们俩合着写，我写著作提要，你编论著索引。我还想弄个《〈燕行录〉诗文选》，编选百万字，上下两册；还想把相关的札记也整理成一本书，比如叫《〈燕行录〉拾趣》之类。这样加起来大概又有五六种书，四五百万字了，但这似乎又是遥远的幻景。

王：根据你的了解，就域外汉籍研究或者说是关于韩国文献的研究，假如说是《燕行录》要有人做的话，有哪些方向是可以努力做的呢？因为这几年做这块的人也比较多。

漆：能做的可多了。我曾和林基中先生探讨过能否叫响“《燕行录》学”，成立一个“《燕行录》研究学会”。高丽大学崔容辙教授、东国大学我的哥们朴永焕教授，也希望我牵头组织，说如果在北大成立，那是最好的，但我是光杆司令啊，我手下无兵，囊中无银呐。

《燕行录》研究，首先一个是资料的整理，《燕行录全集》《续集》错误太多，又不明版本来源。国内除了广西师大出版社外，复旦大学、南京大学也都在做选印与校点的工作。另外，大陆与台湾有没有收藏《燕行录》呢？都值得关注。整理之外，就是史料真伪的鉴别问题，刚才已经谈到了，史料不追根溯源，你就没法用，这个工作也海量了。至于其他研究，那从政治、经济、军事、文化、生活等无所不包。一个大的方向就是研究东北亚的关系，比如“壬辰倭乱”，这一仗打下来影响太大了。明朝从此开始就走向没落，满洲兴起，日本也消停了很多年，朝鲜就更不用说了，一蹶不振，这一仗就把后面两三百年的变化走向，基本给定型了。当时明朝动用了近三分之一的军队，那就可以说是“倾全国之力”的大规模战争，部队络绎不绝，跨过鸭绿江，你想有的从四川叮叮当当去打仗的，那得费多少银子呐！有位川军女将姓秦，威猛如男子，很像戏剧中的穆桂英、樊梨花，可以编戏写小说啊。

像当时处理和明朝的关系，和清朝的关系，和元朝的关系等，对今天东北亚各国关系的研究，《燕行录》有重要的参考作用。比如为什么今天韩国、朝鲜都如此“去中国化”？从历史上看，和平时期固然多，但双方不好的时期也多，可人家就记恨你打他的呀。你看元代在半岛设了征东行省。这个蒙古铁骑啊，呼的就来了，呼的又走了，就跟一股旋风一样，来无踪，去无影，根本挡不住。后来为什么刻《高丽大藏经》呢？李奎报写的《大藏刻版君臣祈告文》现在还在。高丽君臣想，人挡不住，那就希望佛祖帮我们挡一挡，就把《大藏经》给陆续刻出来了。后来不堪袭扰，他们就把都城迁到江华岛，蒙古人善陆战，水上就不行了，江华岛攻不下。元朝派人来谈判，说你看这多不好，你回到陆地上来，咱们这个舅舅和外甥，一家亲啊，有什么不能谈的呢？高丽人说的话特别可怜，他说现在你就是守在洞口的一只大猫，我就是躲在洞里的小老鼠，你在洞口说出来咱们商量，我一出来你一爪就把我打掉了。所以后来跟清朝打的时候，仁祖国王就跑到南汉山城去守着，让世子领着大臣家属避到江华岛。结果清军很快就把江华岛拿下了，最后只好投降了，死守只能是死路一条啊。

王：其实也就是从元代以来，元、明、清与他们的关系也是时好时坏。

漆：我们的历史课本，总讲什么“一衣带水”“友谊长存”，可他们不这样看，事实也不是这样。你看东北亚历史上的关系，你就明白为什么现状如此。你看越南人撰写的史书与诗歌，有的甚至把中国当成世仇。越南甚至在乾隆朝，来了个假国王阮光平来朝贡。这都是历史上留下来的，给今天处理和周边国家的关系，带来了太多的困扰。

你看甲午海战这一仗打下来，朝鲜丢了，就门户大开。然后中法战争在越南和法国人打，仗虽然打胜了，但是从此中国开始借外债了。咱们汉族人不喜欢借钱，不喜欢欠账，中国历代王朝也是，当铺一兴盛，国家就快玩完了。所以朝鲜、越南一丢，这就门户洞开，外债累累。

韩国三星总裁李健熙说他们就是一块夹心饼，就是夹在美国、日本、俄罗斯、中国之间，就是个受气包，朝鲜半岛的地理位置就决定了。过去说巴尔干半岛是欧洲的火药桶，我看朝鲜半岛就是东北亚的火药桶。

王：它的存在有一个缓冲地带，但是它不存在就麻烦了。

漆：过去是日本，现在还有美国和俄罗斯。现在韩国朋友讲，你们为什么当年“壬辰倭乱”也罢，“韩战”就是“抗美援朝”也罢，你们帮我们或者揍我们，都是因为我们是门户，你们为了保护自己。这话也对也不全对，“壬辰倭乱”初期，两京陷落，南部尽失，宣祖在义州遣大司谏郑昆寿为请兵陈奏使，叮咛说“所受之任，极为重大”“国之存亡，在卿此行”。当时李好闵送郑氏诗说“申包痛哭看天意，南八男儿对夕曛”。郑昆寿到了北京，真的就在礼部衙门仿申包胥，呼天号地，叩头痛哭，请天朝亟速出兵以救朝鲜。宣祖被追到鸭绿江边了，他就给万历爷上折子说干脆把我收编了，就算一个行省得了。明朝还是很仗义，没有趁人之危，说你坚持抗战，顶住，等着，我们来救你。然后万历君臣在朝堂上吵架，跟咱们当年抗美援朝出兵前一模一样，打还是不打，下不了决心，历史真是惊人的相似。当时的兵部尚书石星，坚决主张打，后来中间不是一度打得不顺利吗，石星下狱，就死在监狱里了。当年打得很辛苦，《燕行录》记述的很多，朝鲜派来请兵请粮的告急使团，相逢于道，络绎不绝，有时四起使团同时住在玉河馆，让他们自己都既感且愧。其实朝鲜朝讲的“事大主义”，费正清讲的“朝贡关系”，还有学者讲“礼仪秩序”，都是非常表面化的，实际上从骨子里来说朝鲜对明朝也不满意，他们在明代写的诗也骂骂咧咧，这个不好那个不好的。

但是到清朝为什么“思明”，为什么“尊周”了呢？变成一种政治口号，一种迷惑百姓的说辞了。当时义理派，就是以金尚宪以及后来宋时烈为主的这批人高倡义理，喊打死不投降，可打死不投降你国家就灭掉了。金尚宪高喊与南汉山城共存亡，但仁祖投降需要大臣辅护的时候，他自己先溜了，保命去了，所以我说义理派就是站在道德制高点上唱高调，无补于国。宣祖驾崩，二儿子孝宗即位干了十年就大归了，当时他们说如果孝宗健在，我们就可以“北伐”，恢复大明朝。怎么可能呢？做梦嘛。那就像当年蒋介石反攻大陆一样，就是政治口号。实际上这里头的关系不是简单的朝贡关系，双方从根子来讲，都从来没有过信任的。尤其朝鲜，他给清朝写的表笺文章，一心事大，忠诚不渝，但是骨子里他看不起，燕行使写的诗文，一路都在詈骂痛惋。有一次乾隆爷说，听说使臣会写诗，把你们的诗抄来给朕看看。他们一听就吓坏了，那怎么成？那都成“现行反革命”了！就连夜写连夜赶，写颂圣体的。所以你现在看《燕行录》那些诗歌，基本全是骂的，夸的很少。表面上一团和气，骨子里恨之入髓。

通过《燕行录》还可以体会朝鲜半岛人的性格脾气，自古以来，他们就性格卞急，容易暴躁，要面子，比中国人还爱面子。韩国俗语说：韩国人不能把糖块含在嘴里吃。意思是说他的性子太急，耐不住，吃糖嘎嘣几下就咬掉了。朝鲜时代的燕行使到了中国，和中国人喝酒，中国人是细品慢呷，朝鲜人是一口猛干，就是急性子的具体反映。他们特别敏感，一方面看不起你，认为“文明礼乐尽归我东”，但实际上知道明清比他强太多，所以到中国境内又唯恐中国人看不起他们。在元旦谒阙时，如果他们的位次排在琉球、越南使臣后面，他们就不依不饶，觉得受到极大的伤害。他们派往日本的使臣叫“通信使”，通信使水路去，在日本一上岸，就穿戴整齐，褒衣博带，吹笳排秩，如部伍行军，八面威仪，因为他认为朝鲜是礼仪之国，日本是倭寇岛夷，所以一定要给倭人看看什么是三千威仪，什么是衣冠文物。但在进入中国后，行走在东北大地上，辽东的小孩子跟在他们后面追着喊“戏子，戏子”，因为他们穿的是明朝的服饰，他们只能摇摇头，骂几声非我族类而已。到北京，入了朝阳门，在东岳庙才换上朝服，列队进城，入住在玉河馆。

又如中国士大夫笔谈讨论问题，在双方关于某一问题争辩时，比如关于程朱理学和陆王心学，朝鲜人排斥王学，谈到最后，总是中国人心服口服，你信还是不信？中国使臣到朝鲜去，朝鲜一路接风洗尘，将沿路朝鲜人题咏或撤去，或遮挡，怕中国使臣笑话。同时其中必不可少的，就是双方诗歌唱和，往往是朝鲜大臣为远接使，同时带一批能写诗的人，一批人对付两个中国使臣，留下来的诗集就是《皇华集》。他们到中国出使，一般在北京要呆四十至六十天甚至更长，五天左右会放出去观赏一回，有甲军跟随保护，行前还要开市贸易，他们仍然不满意，上疏抗议，认为应该随便出入，本来明初是可以随便出入的，但他们倒卖物货，违法乱纪，后来就门禁很严，他们也承认是自己造成的。但中国使臣到朝鲜去，明代还稍好点儿，偶尔在汉江泛舟，吟诗作乐。到了清代，使臣一般就呆三五日，哪里也去不了就返回了。所以，燕行使可以想尽各种办法收集中国情报，而中国使臣既骄傲自大，对方又不让观览，回来也就带回一卷朝鲜纪行诗或简单的日记而已，了无用处。

朝鲜王朝时期，平均每二三十年总会发生一次惨烈的“士祸”，就是激烈的“党争”。初时分为东、西；东人又分为南、北；北人又分肉北、骨北、大北、小北、清小北、浊小北，又有所谓缓北、中北；又有老论、少论等。结党营私，分崩离析。每次士祸，都是腥风血雨，或杀，或流放，或罢免一批官员，隔一个周期，又来一次，反复震荡。我们知道人才培养周期一般正好需要二十来年，刚有一批人才冒头，就来一次士祸，国家在惨烈党祸中，派系林立，你死我活，人才消磨殆尽，国家元气大伤。燕行使中有“陈奏使”和“辨诬使”，比如这次士祸把一批人判为逆臣贼子，就派人来中国陈奏备案，下次士祸，又把前次受害者平反昭雪了，就又派“辨诬使”来说明，要求中国改史籍。反复如此，中国朝廷往往不知道他们究竟谁对谁错，就老责备朝鲜“主弱臣强”，结果就又招来一起“辨诬兼陈奏使”，说这是污蔑，我们有话要奏要辩，事实不是这样的。

王：这里面能反映很多的国际关系吧！

漆：很多的国际关系。中、朝、日互相刺探消息，互相提防，互不信任，再加上虎视眈眈占尽便宜的俄罗斯，这种历史一直沿续到了今天。到了晚清，西方列强来了，就更加复杂而多变。这时候中国衰微，朝鲜半岛也是风雨飘摇，朝不保夕，这个时期两国关系才有所好转，感觉到可以抱团取暖了，中国希望朝鲜保持自立，不被日本吞并，朝鲜希望依靠中国以护身保国，但这个母国已经自身难保了。而中国已经腐朽衰败，根本对朝鲜半岛情况不了解，日本侵略朝鲜，说日本人都打到元山了，元山在哪？中国朝廷竟然不知道，还何从谈胜利，何从谈保卫属国。我们的使臣去，就是宣个诏，带点礼品，一路写点诗歌游记，大事就毕了，对朝鲜半岛完全不了解。当年琉球也是这么丢的，日本人已经控制了那霸，中国使臣去的时候，琉球人说的话，就完全是日本人教的，中国使臣在的时候，日本人就躲起来不上街，所以在日本吞并琉球之前，早就实际控制了。

研究《燕行录》不仅可以了解东北亚历史，更重要的是我们要对当前中、韩、朝、日、俄的关系，再加在背后搅和的美国，必须有清醒的认识，要吸取教训才行，否则将来仍免不了吃大亏。

十四、《韩国旅游锦囊》

王：前后你在韩国待了三年？对韩国已经很熟悉了，记得你还编了本《韩国旅游锦囊》的书，谁要到韩国旅游，漆老师这个书是很好的导游。

漆：前后呆了三年。2001 年，在韩国外国语大学；2007—2008 又待了两年，在高丽大学。我把韩国都走遍了，还有一个比我走得多的是清华大学的陈为蓬教授，他每个地方都去了。比如朝鲜王陵，形状都是一样的，我看一两处就没兴趣了，他一个一个地全部看了一遍。

《韩国旅游锦囊》

王：那个书是当时就写的吧？还是随时写的后来又辑到一起的？

漆：没有，当时我不是开了个博客吗？用来回答学生清人文集抄录的问题嘛，回答问题的同时，我白天逛了哪儿，晚上就写一点，比如写一写三八线板门店，写写海印寺，写写济州岛，写写华阳洞之类。后来回国后大家说这个挺好，你把他攒一本书，就加加减减成了这本书。还有一本叫《客韩闻见录》，一直顾不上整理，现在看有的话题已经过时了。

王：这个还蛮火的。

漆：我觉得在国内现行旅游书里，应该是蛮好的。现在的旅游书都是几张美食或者美人照片啊，几张门票啊，几条线路图啊，既简单又没有丝毫文化的成分，我这本书中谈旅游谈文化，尤其谈中国人到韩国应该去的地方，但反响实际并不如人意，因为我们的国人现在不要文化，到了韩国目标只有一个——购物，买化妆品、衣服、人参和海苔。

王：这个还会有人看的。

漆：我看网上的评价说是这个书不好，理由是不谈化妆品，到韩国嘛，就是要买化妆品。我哪懂化妆品呢?

王：侯婕可以借这个书写很多的韩国攻略。若有人要到韩国去，把这个书读一遍，对了解好多地方是什么情况还有很有用的。

漆：这个里面除了旅游地之外，我去过三趟济州岛，去了七趟庆州。韩国朋友说庆州就像中国的西安。他们古代一些历史遗址如大陵苑、佛国寺等都在那边。

王：你觉得这个书里面，对于要到韩国去的一般文化人，可以给他们一些什么样的指导性意见?

漆：这个里头除了一些所谓韩国的著名旅游地之外，我还去了很多韩国人都不知道的跟中国有关的史迹。你看杜甫的后人在韩国，文天祥的后人在韩国，石星的后人在韩国，另外有关中国人的遗迹很多。陈为蓬老师懂点韩语，他能简单交流，我负责找什么地方可去，他负责研究线路。我们俩都是属于走路很快又喜欢跋山涉水的人，每到周末我们就出去了。像这个大统庙啊，三田渡啊，慕华馆啊，万东庙啊，我们专门去找。三田渡是什么地方呢？在首尔汉江边上，就是清朝发兵朝鲜，拿下汉城、江华岛，朝鲜君臣从南汉山城出降，他修个高坛在那儿举行受降仪式，交出明朝印信，归顺清朝。完了皇太极就让他树碑歌功颂德，你得谢我不灭你社稷之恩呐，就是《大清皇帝功德碑》。仁祖找谁，谁都不写，后来李景奭写的，李氏晚年痛悔莫及，老说想把自己的手砍断。那个碑一度被埋入地下，现在又翻出来了，韩国朋友挺有意思，除了碑外，他们做了一面墙的雕刻，仁祖跪在那里受降，大概是提醒“不忘国耻”的意思吧。

在首尔不远的清平，就是离风景点南怡岛不远的地方有个朝宗岩，有大统庙，有朝宗川，“朝宗”恰与《禹贡》“江汉朝宗于海”之义相偕。你看旅游的中国人，多少人去南怡岛，因为那里拍过《冬季恋歌》等影视剧，是中国、日本哈韩族的最爱，日本老太太到那里，就“卡哇伊，卡哇伊”地喊，满足得不得了。可是谁去看大统庙呢？没有。朝鲜降清绝明之后，当时处士许格等致书宋时烈，想在此地摹刻碑字，得到宋氏肯定，并寄赠崇祯帝御书“思无邪”条幅，也是使臣在中国搜罗到的。于是，“崇祯帝”这三个字，以及宣祖“再造藩邦”，孝宗“日暮途远，至痛在心”等字，就摹刻于朝宗川北岸石壁，“思无邪”三字高高居上，其他字则在下，后来还在这里建了大统庙。

朝鲜肃宗时，在昌德宫秘苑，建立了大报坛，以示宗明蔑清的“尊周大义”。宋时烈弟子权尚夏等，在忠清道清州华阳洞建了万东庙，取宣祖“万折必东”之义。大报坛、万东庙与朝宗岩，把朝鲜“尊周”思想和义理派推到了至高无上的地位。如果说大报坛的建立，是朝鲜国王的意志，代表着国家，万东庙的建立，是士大夫的意志，代表朝鲜儒林，那么，朝宗岩大统庙的建立，则代表朝鲜的明遗民后代与他们的浓厚的“尊周”观念。大统庙正是由这些明遗民后代世守并主祭的，现在还供奉着洪武、万历和崇祯三帝。李成桂篡位后，新王朝竭力事明，希望洪武爷给他们赐个国号，自己预先选了两个：一个是朝鲜，一个是和宁。朱元璋说你们过去叫朝鲜就叫朝鲜吧，他认为这是大皇帝赐给我们的，我们得感谢洪武爷。万历爷不用说了，他把日本人赶下海，我叫做第一次“八年抗战”。崇祯爷当年想救他们没救得了。崇祯派的军队想救朝鲜，吊诡的是，结果让清兵和被裹胁的朝鲜军队一起给打退啦。所以他感谢这三个皇帝，大统庙等处就专门祭祀这三个人，直到今天。

我和陈老师还有北大一位老师，一路打听，去访谒大统庙，庙是新修的。庙院下山坡上有个老头，在闲坐着。庙门锁着，韩国的庙墙很低，半人高矮，那难不住擅长翻墙上树的我们几人啊，唰地就蹿进去了，进去把主殿门打开，里面桌上供着三个牌位，黄布套子套着，摘下来一看，正是洪武、万历、崇祯的牌位。我照完相，刚把套子套好，那个老头就气急败坏地冲进来了，叽里咕噜很愤怒。后来陈老师就给他解释说，我们是中国教授，我们特意来谒拜大统庙，然后就跟他聊。他说他祖先是中国济南人，我说你是王以文的后代，他目瞪口呆，老人知道济南，可他不知道山东，有点知晓魏晋，不知秦汉的劲儿。

这怎么回事呢？就是清朝把朝鲜拿下以后，仁祖的三个儿子相继在沈阳做人质，这个老大昭显世子就被清朝同化了，奢侈腐败，装修宫室。当初，朝鲜在沈阳馆所也设立了吏、户、礼、兵、刑五曹，相当于一个小朝廷。大臣就劝世子说，我们是做人质的，屈辱求生，应该卧薪尝胆才对啊，怎么还能搞奢侈腐化呢。这老大身体本来就弱，有疝气，天天吃药，从北京回去不到两个月就被朝鲜给弄死了，因为他将来做了国王肯定就成清朝傀儡啦。宣祖驾崩后，就让老二继位，就是孝宗。在沈阳有九个中国人，孝宗回来的时候，九人随他到了朝鲜，被称为“九义士”，其中就有济南人王以文兄弟。所以那个老者在破挂历纸背面写“王”，我就写了“王以文”，他高兴坏了，他觉得你还知道我祖先的故事，又是中国的教授，崇敬得不得了，我们聊得可亲切友好了。你看，知道一点儿历史啊，真好。

我就专门去寻找这样的古迹，韩国南山有诸葛亮“卧龙庙”，东大门有关羽庙，首尔至少有三个关羽庙，其他两个都很小。“壬辰倭乱”期间，中国将士思家心切，打仗也危险啊。有一次杀到要紧三关的时候，就看到有人帮他们打，说关公显灵，这样就修了关羽庙。这种跟中国有关系的文物古迹很多，所以我们专门找那种地方去凭吊。朱熹对朝鲜影响也很大，他们什么都仿朱子，朱熹不是有“武夷九曲”嘛，他们仿了好多“九曲”。所以我书里写了不少这种地方，旅游书上没有，韩国人都不知道。

王：所以我说去韩国到文化景点旅游，这是很好的一本向导书。

漆：我觉得以后的旅游书，都应该这么写。希望国人出去以后，能知道些这个国家的历史与文化，参观一下人家的工厂、图书馆，看看戏曲，接触老百姓的生活，尽可能真正了解这个国家。不要只是“上车睡觉，下车撒尿，到了景点拍照，回家什么都不知道”吧。

十五、“大学国文”课程与《大学国文选本》

王：我们上大学时，除中文系之外，其他专业都有一门《大学语文》，记得你编有《大学国文选本》教材，请你谈谈大学国文教学的情况。

漆：咱们那时候上“大学语文”，我记得用的是徐中玉先生主编《大学语文》，去年华东师大给徐先生办百年寿诞，我还扛了个红漆盘子前去祝寿，并代表北大中文系撰了一副寿联：“护叶扶根，引领国文新气象；辉容骏德，清扬松鹤旧精神。”先生风貌依旧，精神矍铄，堪称人瑞。我们在西北师大，讲授“大学语文”课的是牛得权先生，一口兰州话，一笔漂亮的书法，讲课慢悠悠，有韵味。最记得真切的是他讲《说文》六书，说有的字可以讲清来龙去脉，有的字可能永远都讲不清为什么造成这样，他用兰州话说：“娃娃们！我教你们十二个字：‘没意思，没道理，记不住，死记下。’”用兰州话快读才有意思，这话说得太好了，我一直记着，也教给我的学生们。

中学生进入大学后，语文素养就中学培养的那点儿东西，甚至有的同学对语文只有反感更谈不上进一步学习了。导致文科生不会写论文，有理说不清；理科生做实验结果出来，写不出通顺有次序的实验报告。所以，“大学语文”课在今日尤其必要。

北大的“大学语文”课程，90年代钱理群先生他们上的时候，

《大学国文选本》

曾经红火过一阵，后来随着选修课与素质教育课程的增多，就逐渐淡了下来。到本世纪初，一学期有时开一个班，有时开两个班。中文系老师讲课都非常随意，如果古代文学老师讲，就有可能讲一个学期的《诗经》；现代文学的老师讲，又讲成了鲁迅专题。就不是语文课，而是专书或专题或专人课了。到了我负责本科生教学，当时的系主任陈平原教授给校长写信，希望北大能够给一年级新生开“大一国文”课程。学校要求中文系做调研。我们调查发现，目前市场上的“大学语文”教材有上千种，我当时让学生到书店去，随意买来各种此类课本 85 种，我们从台湾买到 15 种，加起来 100 种，对这 100 种教材做了各项数据统计，发现一是重复率高，就是名篇的重复选择机会高，比如《春江花月夜》竟然在 100 本书中入选 70 多次，吃惊吧！同时无论怎么编，无非是或者按文学史式样编，或者按专题编，或者按理、工、农、医类编，或者按古文、现当代文、外国文编，很少有例外的。

目前“大学语文”课上得最好的是南开大学，是全校必修课，已成为他们的品牌课程，非常受欢迎，我们还曾经去南开取经，虚心学习。我们组成立了由年轻教师为主的《大学国文选本》编纂委员会，经过反复研讨，采取了既分类别，又按时代编次的大纲，选文分古代诗词，古代散文（含应用文）、小说、戏曲，现当代散文、小说、诗歌、戏剧，语言与应用文四大类。另外，尽可能多收作者与诗文，只有《诗经》三见、鲁迅两见，其他人无论多大的牌子，一人仅一见，主要考虑到一是给学生尽量提供更多的作者与文章，另外考虑到中文系老师讲课自由度太大，我尽量给你多选，你就委屈在这些文章中选讲，不要再另起炉灶了。

《大学国文选本》2014年在北京大学出版社出版，此书由我主编。作为“大学国文”课程的专用教材，《选本》的编纂形式也体现了这门课程所追求的目标：不仅重“文”重“语”，还兼顾文化、学术与应用，重视写作训练的示范性、模拟性与实用性。考虑到理工科院系低年级学业压力较大，我们放弃了‘大一国文’的设想，只要学生在四年之内有一学期学这门课就好了，其实大一最好，大四就意思不大了。

我曾经打头阵，给两个班的同学上过课，从课堂反映来看，还是非常乐观的。第一个是我们不点名同学们都愿意来，90人的课，教室里往往要坐100多人，还经常有到处搬凳子的；第二个就是同学们都集中注意力看着你，而不是在低头玩手机、看电脑，这就说明老师讲课的效果还是很好的。从学生反响来看，对于开拓理工科学生的人文视野，培养他们对生活的敏感和对文学的喜爱，用自己的眼光看待世间万物，用自己的脑子来思考和分析问题，是有一定帮助的。从实用方面来说，希望能够帮助同学们提高一点写作能力、交际能力与鉴赏能力吧。

台湾大学的大学国文课程，还有深入进阶课程，就是你“大一国文”后，如果有兴趣，还可以选高级写作、国文专题等课，北大教务部也希望中文系开设，可能将来会有这样一些课程开出来。我曾经说：“我们知道这很难很难，但我们正在努力，一步一步朝前挪移！”希望在新课改以后，“大学国文”能不受影响，继续开下去，成为中文系的品牌课程吧。

王：你多年来主管北京市语文高考阅卷工作，也深度参与北大招生工作，花了很多精力，你对我们国家目前的高考怎么看？

漆：如果要戴一个帽子，那么我们必须给现行高考制度予以充分的肯定，甚至是唱唱赞歌，因为如果没有高考，像王兄和我是不可能今天坐在这里做什么访谈的。有人主张废除高考，但在没有更好的选拔人才制度前，高考仍不可替代，“文革”十年废除高考，实行工农兵推荐制度，即所谓“工农兵学员”，其中有几个是真正的工人、农民、解放军？是另一种腐败。高考的诸多弊端，实际是整个社会出了问题，治理高考和净化高考环境，实际也是社会治理，是系统工程，全部怪罪于中学和大学，既不公平，也无补于事。

从我自己来说，咱们从本科毕业，我从 1987 年参加高考阅卷，判历史卷子，到现在刚好三十年。到北京后断断续续参加阅卷，有时候当个小组长。北大讲是一流的本科生，二流的硕士，三流的混日子就是博士，我说我就是来混日子的博士。但我觉得就语文的基础知识而言，他们还不如我当年，那时候我就有点疑惑，中学语文教学的问题到底出在哪里？

那么到了 2008 年，我不是接了中文系副系主任的工作嘛，我主管的是本科生和留学生的教学，我们的规矩是谁负责这一摊儿，谁就顺道来负责北京市语文高考阅卷。北京的五个点是北大负责语文，清华是数学，二外是管英语，文综、理综是北师大、首师大各一个。但是媒体关注的就是语文，谁去关心数学？没人关心数学。那么干这个事呢，就看学生的高考作文，这就不能不看了。所以咱们甘肃的《读者》杂志载：漆永祥说高考作文“不说人话，不辨男女”。我说这话我确实说过，不同地方说的，所以 2011 年、2012 年我接受了《中国青年报》专版的采访，我说这个就是“高考体”，现在大家都在用这个词。我说因为它这个高考作文，包括出题的方式没有地方归类，高考作文就是大家把自己都装在套子里，眼睛都不外露，很少说实话。我每年看高考作文看得非常地痛苦，我在北大给大一本科生上“大学国文”，我问，你们愿意再看一遍你的高考作文吗？他们都头摇得像拨浪鼓，说不愿意。我说你们第二遍都不愿意看，我们要看多少遍，我们造什么孽，让你们这样折磨。

漆先生参加北京市语文高考阅卷工作

好吧，我说那咱们就从北京的作文高考阅卷开始，尝试进行纠偏。新课改以后，说九零后嘛，要提倡孩子的个性，放飞他们的梦想。好家伙，在北京就开始流行一种作文方式，就是写什么都好，作文不审题立意，只要写得顺畅，六十分满分的作文就给五十分。我说这个不对啊，作文必须要审题立意啊，古今中外都是如此，你跑题了那就不合适啊，但是我们当时羞羞答答不敢说。到 2012 年的后半年开始，我说那我下到中学去做调研。因为 2012 年我们没有给一篇满分作文，就没有一篇六十分的作文，实在找不出来。那媒体就不干了，说你这不对啊，你怎么这样。我说那好，我下去做解释做研究。

北大星期五下午全校没课，所以我每周五就跑北京中学，跑了二十几个地方，好学校我也去，普通学校我也去，郊县我也去。我说我就是一个普通的阅卷员，咱们聊聊天，我不希望你写什么样的作文，希望你写什么样的作文，你放马过来，有本事你大胆写！你喊“四十分万岁”，那我就给你四十分。我希望你写点自己的故事，写点自己周边的人和事，写点比较朴素的，自己想说的话，别老杜撰遥远的故事。尤其从初一写到高三就四个故事：李白、莎士比亚、拿破仑、王昭君。我当时叫他们四大金刚、四大护法。这四大护法护了六年，作文没有任何长进。所以我下去说你们明年再来四个故事，顶多四十分，多一分没有！结果被我忽悠了一圈之后，2013年开始，李白、杜甫在北京高考作文中绝迹，一个都没有！感动中国十个人物，本来不认识啊，高考阅卷一结束，那都很熟！一个上午看了十几篇“最美妈妈”，因为老师给孩子准备材料就准备这些东西啊。

王：老师具有导向作用，都想短时期内在高考成绩上见效果。

漆：是啊！结果就被我一吓唬，名人消失了，一个都不出现了。所以记者采访，我说：“哎呀！李白、杜甫他们放假了，我们就觉得很不适应。”我们就杀这股歪风，往年你给五十分，今年我给你三十分，所以我们从阅卷来把风气带一下，命题既然动不了，那我们从阅卷来撬动一下。所以这几年还起了一些效果，北京的作文现在比原来的风气要好点，至少有的敢说了，有的敢写了，有点促进与松动，我曾经说我保持小幅度谨慎的乐观。

王：学生敢表示自己的真实情感了。

漆：哎！有点真实情感了。从前年开始，北京高考把作文题又分成了“三小两大”，就是三个小作文，三选一，叫“微写作”，十分，从六十分拿出十分来。我和北京四中的杜蘋老师、作家程青女士，我们三个还到北京电视台专门做了个节目，讲什么是微写作，希望你怎么写，有什么方法和技巧。微写作这十分呢，有的孩子敢写，因为他想反正就十分嘛，你总要给我六分吧，那剩下的四分我冒一把险，我就大胆写一把，你欣赏了就多给点分，不欣赏了四分我不要了。这么一想，放手来写，还真出了一批好作品。

但现在写着写着又写坏了，所以最近我在《中学语文教学》发表了一篇文章叫做《微写作仍然是写作，不是知识问答》。就是微写作现在被老师们给训练成知识问答了，第一、第二、第三、第四，讲几条理由，就开始这么写了，没有一点文采。你像第一年出的那个题目叫做“纪念自己的十八岁”，有的孩子真的写得跟花一样，太漂亮了。当然一般的就从零岁到十八岁流水账，但是有些敢写的。去年出了个“圆”，方圆的“圆”，今年出了荷花的“荷”，敢写这种的，都是胆子大的，会写的，那就有一些高手。其中有一个孩子就写《奠十八岁》，祭奠自己的十八岁，他写了首小诗，就讲十八岁是一个灾难，最后他说十八岁我希望你赶紧过去，我永远不要和你再见。

我们北京有三天的试评，这个全国不一样，因为我们卷子少，三百多人在看六万份卷子，我们前三天就是把命题组长、小组长全部招来，就是刷卷子，反复刷反复刷，和命题组给我们提供的那个参考答案来对，看孩子们是怎么答，如果孩子们和它走向不一样，我们来修正。作文就是找样卷，六十分的，五十九分的，五十八分的，依此类推，每一个分值都有三四种不同的样卷，记叙的，议论的，抒情的等等。这个榜样的力量是无穷的，光讲不行，阅卷员一看样卷，就明白多了，也好操作多了，我觉得我们北京做得还是比较好的。我经常鼓励我们的阅卷人员说，咱们一定是全中国做得最好的，我们对得起考生，对得起良心。

《奠十八岁》这篇作文，当时讨论，基本上都主张给三分，我和孔庆东我们说十分，满分。大家问为什么，这个没有一点正能量！我说为什么一定要有正能量呢，十八岁，谁说一定要像一朵花，我说我十八岁还吃不饱饭呢！这个孩子可能遇到一个什么坎儿，也许他失恋了，或是家里出事了，或是他生病了，或者说他就讨厌这个高三。这高三大家都过过，多痛苦的一年，他希望你赶紧拜拜。我说我跑到中学讲你要说实话，这个孩子说实话了，你现在“啪”给他个三分，那这个孩子永远不说实话了。所以我说给他十分，以后遇到这种作文，告诉我们，我们来判断。所以提倡这种说真话，写自己，写生活，写现实。

另外我们在阅作文的时候，提倡敢打高敢打低，你往高了打，打了我们复核嘛，三十分以下也敢打，就“撕”一下。中间不是有个大肚子吗，我形容这个字叫做“撕”，往两头撕，可见多难啦。我反复告诉阅卷老师：高考是给大学选拨人才，而不是高中会考。所以不能任凭你自己的感觉阅卷，大学的理念必须贯彻到底！

所以就跑了这么些年，我前后也做了将近十年了，专业基本上就荒了嘛，你看我十年没出一本书了。但是总结一下我觉得也没有白过，我觉得将来我到老了退休了，回忆一下的话，这十年我还是比较充实的，就算说我再写两部《乾嘉考据学研究》这样的书，又有多少人看呢？可高考这个东西，它给北京的中学生有个好的导向，好的影响，指给他们一个明确努力的方向，还可带动一下全国高考的变化，这是积德行善造浮图的事儿。所以现在北京的中学语文学界，大家都知道我是搞语文的，没人知道我是教授。真是非驴非马，很尴尬了。

王：对你专业虽然有影响，但你对高考是有贡献的，高考牵动着亿万人民的心啊。

漆：是，做了一些这样的工作，我觉得还行。北京这些年，再加上北大的自主招生嘛，后来更是成了“北约”“华约”，现在又没有了。北大的语文考试题目其实特别活，你们要一看我们那个题，难度并不是特别大，但是题非常活，强调答案的非唯一性，就是答案不是死的，不是只有一种，你只要讲得有道理，就给你分，包括填空题也是很活的。比方说“分析”“保证”“质量”，给你三个词，你给我写同类型的三个词，那你背从哪背啊？那就先想“分析”“保证”“质量”是个什么类型的词，脑子转过弯来，知道是同义词连用，那我就可以写“议论”“增加”“命运”“介绍”等，太多词了。“介绍”可以写成“绍介”啊，这类词的特点是，可以倒转过来，意思不变，“介绍”是最典型的，民国时期不说“介绍”，都说“绍介”。明白了，你可以填一千个词；不明白，一个都填不进去。

再比如我看到有一家报纸，在莫言获得诺贝尔文学奖之后，用通幅的大字号外，极其醒目八个大字“莫言空前莫言绝后”。我一看，太好了，一道非常好的语用题，就让学生分析这个标题，可以有多少种说法或者歧义，写出五种即可得五分。我们的题都是这样的，不固定，很随意，但并不脱离中学生知识背景，灵活，好玩。我们也影响到了北京市，北京市这两年的题也变活了。

另外，多年来我还参与北大中文系与重庆《课堂内外》杂志社举办“创新作文大赛”，就是在高考之外，提倡作文正脉，主张创新求变，为改变“高考体”而努力，目前已经举办了十二届，已经成为国内最有影响的作文赛事了。

这些年，我也写了不少关于中学语文教学的文章。比如说关于古文，作文啊，也接受过《中国青年报》两次采访，还有《语文学习》的访谈。我现在攒本书，把这些鸡零狗碎儿都凑到一起，大概明年能出来，我交到人教社去了，我说也算是我干了这十年有一个总结和纪念，也算给自己一个交待吧。

十六、北大招生工作与在甘肃招生

王：你还替北大到甘肃招生，做甘肃招生组组长。通过这段时间的观察，你认为咱们甘肃的高考是个什么样的情况，有什么好的建议？

漆：招生嘛，原来我在北京组。因为我们文科生招生问题最大，中文系生源不愁，我们的一志愿率百分之七八十嘛，但是就是女生太多，这里没有歧视女生的意思。去年我们招 99 个人，只有 23 个男生，还包括 4 个国防生。所以我们到北京的这些中学去跑嘛，就希望能多来点小伙子，北京的好多中学我都跑过，站台，在那里宣传。

后来这甘肃呢，因为落后地区呀，从西南到西北这一线，大家传统观念认为北大是文科学校，清华是理科学校，这北大可吃亏吃大了！可是这个观念你想转过来是很难的。再一个咱们那边农村孩子穷啊，喜欢钱啊，这是个现实问题，你不能说人家错了吧。再加上前些年是“大清天下北大荒”啊，这个影响多大？电视上一看《新闻联播》，都是清华的坐在主席台上，高中生爹妈一看：孩子！将来你就干这个。你瞧！他就这样想的。

2016 年漆先生在甘肃招生现场

所以我去了甘肃，一个就是宣传北大是文理皆强，你愿意学工科当然你去清华，北大也有工科，我们的工科是新能源、新材料，比较新；清华也有人文社科类专业，你也可以作为一个选项。先对比看看，然后再选择。另外做了一些宣传的工作，前些年，包括现在有好多学校宣传，就比如我放PPT，我们学校有多少院士，世界排名多少，学科排名多少第一，我们有多少牛人，得了多少这个奖那个奖。现在孩子对这个不感兴趣了，他被陈词滥调反复地播放，每所大学狂轰滥炸就这些东西，让高中生已经麻木了，产生抗体了，甚至反感了。

我给孩子们讲什么呢？首先是鼓励，我说你看我这么不起眼的一个人，也不在北大混着吗，你们都比我聪明，前途无量。我们甘肃的教育水平和硬件设施，无法和湖南、湖北、江苏、浙江、上海、北京比啊，你比如数、理、化、生、科奥林匹克竞赛，甘肃的孩子得全国一等奖的都极少，更不用说选拔到国家队参赛了。我就鼓励孩子们说，不是你们的脑袋比别人小，也不是你的智商低，而是咱们实验设备不行，指导教师经验不足，所以竞赛很难出好成绩，那你就放开手脚，拼一把裸分，这样考入北大，更光荣。另外呢，给孩子们吹吹风，强调专业与兴趣的结合，不要有个高分，就想学经济，因为有的孩子确实不适合学经济，在理念上给他们一些引导，给他们讲北大自由的学习空气与环境氛围、国际化视野与多样化课程体系、文理工医的综合性院校与专业院校的区别，等等。

还有一个就是我的强项了，给孩子们讲高考作文，讲家国情怀。比如今年我跟他们讲语文素养讲了八点，恰好今年语文高考全国Ⅱ卷的作文题目就是讲语文素养，他才谈了三点。所以后来我到录取的时候跟孩子们开玩笑说，今年你们语文考不好太对不起七爷我了。那么慢慢地，你到中学讲，这些孩子他还是懂的，就有一些潜移默化的影响啊。高一的我也讲，高二我也讲，高三也讲。给所谓的优秀生讲，也给普通生讲，一视同仁。我在西北师大附中给普通班的同学讲，在他们体育馆里。我上去第一句话就说："我太喜欢你们了！因为我当年就是个普通生。我当年还是渣子班的呢！”然后学生就很高兴，觉得这北大教授当年还不如我，我为什么不学得更好呢，所以这个也有点励志的作用吧。另外呢，我也反复讲，一个大学生尤其是想考入北大的学生，必须要有一点儿家国情怀，要有做一番事业的志向，不要只想着我挣多少钱，光耀门楣，夸富斗艳，这个国家将来会交到你们手里，你们的品性如何，就是这个国家的品性，你们的成败也将是这个国家的成败。

还有就是农村贫困生，我也花了好多心思，怎么能将家庭赤贫而肯上进、学习好、懂事明理、孝顺知恩的孩子招进来，因为国家现在有些钱了，贫困生进入北大后，有绿色通道，一个大礼包，里面有笔记本电脑，甚至洗澡票都给你备齐了，基本上各项费用就全包了，我们绝不会让一个家庭困难的学生掉队，这点不是唱高调，真正的做到了，也体现了国家向贫困生倾斜，向西部落后地区扩大招生的政策。因为我也是从深山老林出来的，我见不得孩子受委屈，看到学生困难，我都着急，心疼啊。能够招到贫困生，也是我非常欣慰的事情。当然，也有许多的不如意，每年招生都会受到很大挫折和打击。

王：这也是贫穷、落后的体现，穷怕了！

漆：孩子考了高分，父母就来要价。我从来不许诺钱，没钱，这不是买卖。那么学校里正常的奖学金，你去拿，这个没话说。我说孩子呀，你有本事你上学以后去争取，北大有太多的奖学金，有太多出国留学的机会，但那得通过你自己的努力去争取，高考成绩只能证明你被北大录取，能不能学好，那还早着呢，是骡子是马，拉出来溜溜才知道啊。当然，大部分考生和家长还是理性的讲理的，尽管每年招生过程中，可以说三观毁尽，心瘁力疲。所以我也应该淡出了，玩不动了。

做了近三十年的与高考相关的工作，算是给国家、给北京市、给甘肃、给北大做了些事，至少我觉得与有荣焉，还是一件挺开心的事，从这个角度看，虽然专业基本荒废了，但我也不后悔，总有点安慰吧。

十七、中文学科教学与研究生教育

王：你做副系主任做了几年啊？

漆：前后八年。

王：做了八年，你一直在管教学，我想你对高校的教学也有所了解，有所思考。现在大学里面对这个教学啊，也不满意，老百姓也不满意，我们当老师的也不满意。从中文学科来说，你觉得现在大学里面的教育有哪些优点，又存在什么问题，怎么改？

漆：文史哲相对可能还好点吧。至少北大中文系的传统还挺好的，就是教授坚持给本科生上课，我们的老师认为给本科生上课是很重要的。有好多学校已经当了教授就不给本科生上课了，北大这个倒做得不错。

王：南师也是这样，教授给本科生上课一直在坚持。

漆：现在就是课改改得太频繁，年年改革，我们今年大纲又新修订了。这些年“素质教育”唱得很响，现在各高校都在强调“通识教育”与“专业教育”结合，甚至要学习国外，本科生只分文理学院，不再进行专业划分，到三四年级再进入专业。我想这大概理工科会好些，人文学科像文、史、哲应该谨慎，北大中文系一二年级不分专业，三年级才进入文学、语言、文献专业学习，这也是我们不同于国内外各兄弟院系的地方，更是我们的优势之所在，如果过于强调通识教育，学生学了一堆表面看起来很广博繁多的课程，而实际上都是浅尝辄止，等真正进入专业时，比如古代汉语没学，古代文学没学，文字、音韵、训诂没学，现当代文学没学，那还怎么学文学、语言和文献呢？那可能就不如其他高校的中文系了。90 年代，北大曾试行过文科实验班，学生进校后在文、史、哲各呆一年，最后一年由学生自由选择院系，结果四年下来学了个四不像，后来就没有再进行下去。北大停办以后，没想到全国各地呼拉一下，好多大学又办起来了。现在讲“钱学森之问”，中国为什么出不了大师？我想这也是全社会的问题，大师是培养的，但似乎又不是培养的，整个社会环境不宽松，不向上，短视，只图眼前，投机取巧，唯利是图，弄虚作假，这样的盐碱地，怎么可能长出参天大树呢？现在教育部在做“拔尖人才计划”，最初称“珠穆朗玛峰计划”，主要在理工科实施，北大文、史、哲、考古、外院、艺术也试行，称为“古典班”，有中国传统学术，有西方古典学，已招收五六届了，当时有人说哪怕一届能出一个牛人，我说哪怕五六届能出一个大才，也不枉我们辛苦一场啊。

相对于咱们 80 年代读书的时候呢，现在孩子们的机会多了，选修课多了，必修课也多了，选择的余地更大了，甚至可以自由转系转专业了。但这个选择呢，学生往往是往下走，他不往上走。比如说一门课两个老师在上，一个相对难，一个相对易，我是不是要选那个难的有用的？不，他往往选给分高的，容易的。本来应该是“人往高处走”，但结果是我戏称为“水往低处流”。再比如转系转专业，本来是希望到你有兴趣的专业学，但多数同学都要学光华学经济，难道真的喜欢吗？随大流而已，实际有些同学根本不适合学经济。在机会更多的情况下，怎么把握，怎么找到真正的兴趣点，他们还没学会。一个是拈轻怕重，一个是追求时髦，即所谓热门专业。

我们国家现在出了很大的问题，就是人人可以骂中学、骂大学，似乎个个都是内行专家，其实大多是些不着调的，他们不到中学听一节课，不到大学调研，肉麻地吹嘘国外中学如何好，大学如何好，什么自由学习，什么没有作业，什么个性成长，可是你看英美大中小学，哪有不拼命的。再说中国的大中小学就没有这些成分在内吗？我们真的就天天在“毁人不倦”吗？按我的理解和观察，中国中学、大学有自己的优势，但到了研究生阶段，可能比西方一些大学在教学与科研等方面，会有些落差，本科教育没有差到网上谈的那种程度。

现在很大一个问题是中学生没有专业意向和兴趣，哪怕竞赛生，有部分同学也是为了高考才参加数理化等的竞赛，没有未来规划，这个在国外在港澳也很兴盛的，就是帮你规划。你不管他是竞赛生也罢，特长生也罢，专业兴趣太浅。大学做了很多的招生简章，我说我们各个院系花了多大的心思，相当于将我们最漂亮的一方面打扮出来给你们看，但父母在看，考生不看，没时间看，对专业一点都不了解。你像咱们上学那时候，说我要上某个大学的某个名牌专业，就会瞄着这个专业去，哪怕这所大学并不出名，现在已经没有这种现象了，孩子的专业往往是父母包办的，有的父母恨不能管到孩子八十岁去呐。

现在只要是考了高分，那就是北大、清华两个选项，其他一概免谈。考入北大、清华学生数量的多寡，甚至成为中学教育水平与质量的唯一标志，即使考入其他大学的人再多，如果北清没有，校长可能就得辞职，北大、清华已经成为中学校长的梦魇了。所以就是唯分数论，分数决定一切。再一个本来他想学考古，结果撞上了个状元，媒体一炒作，家长和这个孩子整个就被炒起来了，他不知道姓啥了，升空了，在云里雾里，初心就变啦，要么学工商，要么学建筑，考古肯定是不去啦。所以，我说培养孩子的专业兴趣很重要，另外就是培养家长。家长要放开孩子的手脚，更要有诚信，现在全社会极度缺乏诚信，在招生上尤其突出。孩子一旦拿个好分数，他可以不理他的中学，不理他的校长，来回要自己所谓的价值最大化，你就一点都奈何不了他，有时让我万物虚幻的感觉都出来了。

王：还是一个大环境的影响。

漆：现在就是有三分之一的孩子还是有坚定的专业志向的，他早就想好了要学什么，即使考个状元也不会改变，我们特别需要这样的孩子来北大学习。但是摇摆的很多，一旦拿个好分数，那马上就嘚瑟起来。名次排前的，就挑专业，挑来挑去；中间的就跑来跑去，比较，看谁给的所谓专业好；在线上晃着没把握的，就一而再、再而三地表忠心，老师你只要把我录到北大，随便一个专业我都很满意。可一旦进来了，就立即忘了前面说的话，问老师你能给我调到什么什么专业吗。

王：这个就是人性。

漆：马上就变了。我有时候特意带一些学生去招生。我说你招一次生，你的人生体验比在燕园呆四年强，可以学到很多课本里学不到的东西，你可以看到各种不同面孔的出色表演，可以看到活生生的变色龙。分数出来前认你是救命恩人，分数出来后看你是笨蛋傻瓜，变脸比川剧的脸谱还快的，毫无信用，三观毁尽后，你就来一次重生。我甚至开玩笑说“不参加招生的人生是残缺的人生”。哈哈！

学生的专业意识不强，进校以后稀里糊涂的，拿我们中文系来说，一志愿率上世纪 90 年代最差的时候到百分之三十以下，这些年逐渐上升，今年已经到百分之八十以上了，相当高了。但尽管如此，学生的专业意识和兴趣，仍有待加强。我们呢，在前系主任陈平原教授的倡导下，就开了一个“静园学术讲座”课程，一年级新生必修课，一个学分，两周讲一次，请不同专业的北大或他校的老师讲，从九十多岁的老前辈，到我们这个年龄的老师都有，请他们讲自己的学习经历与人生体验，让孩子们在潜移默化中喜爱中文，坚定专业志向，明确学习目标，起到了很好的效果。目前已经讲了八年，前四年的讲义结集出版了《北大中文系第一课》，颇受欢迎，后面四年的讲义我想再整理一下，可以出个续本。

王：这很好！你们的做法值得借鉴。这些年，你都上过哪些课程？感觉如何？

漆：我在西北师大时，曾开设过“中国历史文选”“中国古代史”等课程。到了北大以后，陆续给本科生开过“中国古文献学史”“史学要籍解题”“中国古籍入门”“古典文献学基础”“中国古代文化”“大学国文”“静园学术讲座”等课，既有中文系的专业课程，也有学部大类平台课和全校通选课程。研究生课有“《汉学师承记》研究”“朝鲜《燕行录》研究”“清代考据学研究”“小学经典讲读”等课。为北大、新加坡东方学院、韩国外国语大学、韩国高丽大学等校学生讲过“先秦诸子概况”“《诗经》讲读”“中国古代文化概论”以及各种汉语口语与写作课程。

我讲课比较随性，任意发挥。比如讲“文献学史”，既能从纵线史的角度谈问题，又要能从横切面看得失，试图把文献学、文学与历史结合来讲。文献学家往往被理解为不食人间烟火的书呆子，我讲他生活在这个世界上，要吃要喝，有血有肉，在这个基础上你再谈他的学问，才能更好地掌握。对一些历史人物的评价，往往根据个人的好恶或某种宣传的需要，进行了有意的美化、歪曲，或回避了某些东西，我们做文献学的，首先要尽可能还原历史的本来面目。要把他们讲成一个可亲可近看得见摸得着的人，而不是一座冰冷遥远的神。同学们有时候说漆老师讲的都是“八卦”，但这个八卦是学术的八卦，这给他们的启发或者说典范的意义可能比强调知识掌握更好一点。清人讲阎若璩读书看问题能“力透纸背”，纸面的东西容易知晓，透过纸面看内里与纸背，可就不是一般读书所能达到的。我也常讲，一个人上四年本科，可能在某个老师课堂上的某一句话，才给他带来了真正的启发与“电击”，成为他日后进阶发展的原动力，哪能老师的话句句有用，言言真理，那太过简单化理想化了，世上没有这样的课呐。

王：我们都在高校，这些年也都带研究生。我们那时候当学生

的时候，或者说跟着老师学习的时候，和今天的环境已经大不一样。你看那时候老师让做什么就做什么，现在的学生呢，比起我们那时候条件有了很大的改善。老师的项目又很多，和学生的沟通接触，各个方面又不太一样。从你带研究生，包括你对北大的招生，带研究生的情况，怎么看老师指导研究生等这些问题，你觉得研究生怎么学，怎么和导师配合，可能对他更有利。

漆：现在跟我们那个年代太不一样了，那时一个是导师少，学生也少，师生的干扰项也少。老师没那么多的项目，老师好好教课，学生好好念书。现在来说老师都被项目控制着，都忙着在开会。学生的机会也很多，他们读书的机会很多，选课的机会也很多，包括挣钱的机会也很多。北大研究生的课都是统一开，我开一门课，硕士生、博士生都能选，跟大课差不多。我可以选你的课，也可以选他的课。像咱们那时候在李老师家里上课，这种事情永远已经不可能了，这种师生关系也就不可能了。

相对来说北大入门这一块还是比较难的，考进来的同学，不管是北大自己的还是外校的，那肯定都是比较优秀的学生，都有一定的目的性。现在问题就是他们的诱惑太多，很难静下心坐到桌前，踏踏实实念书。另外呢，每个老师都有项目，学生都在帮老师做项目，我经常开玩笑说："你们现在做一点，帮老师做项目，等你长大了，你再去欺负你的学生，也让他们做，咱们冤冤相报吧。"做项目当然有其好处，接触一点实际的科研，提升一点动手的能力。但是做项目对学生的学位论文写作，肯定有一定的干扰。尤其是像他做的题目跟这个项目关系不紧的时候，怎么兼顾，这也是很大的问题。

另外一点，现在学习条件好了，图书馆环境好了，硬件设施一点都不比外国差，但学生用功的程度不如我们那个时候了。当年我做博士论文的时候，还没有电脑，就是抄一遍送给老师，老师铅笔改一改，拿来之后我就再抄一遍。你们现在这个不行呀，现在好多同学一遍出来就是定稿，是最终稿，根本没时间改，印出来就答辩。从课程的角度讲，课程选择的余地也大了，各种课程都有，必修课，选修课。同时从延展的角度看起来比我们那时候宽，所以说这时候选择的余地更多，眼前这种眼花缭乱的情况下，如何找到自己安身立命之所，如何真正找到自己喜欢做的事，喜欢读的书，喜欢钻研的课题，撰写真正有点价值的学术论文，恐怕更重要，就是找一个自己的兴趣点之所在。

我们当年在读书阶段，老辈的先生们都不主张发表文章，都是说你多读书，打基础，可是现在不行，现在几乎每所高校都规定博士生必须在正式刊物上发表若干篇论文，北大是发表两篇，我们过去有段时间，只要导师觉得论文达到发表水平即可；现在要求必须正式发表，但不怎么强调期刊的所谓等级。多数学校要求必须是“C 刊”。可是具有讽刺意味的是，即便把全中国所有的“C 刊”，每期都用来发表在读博士生的论文，版面也搁不下呀。我觉得博士生在读期间，能发表文章固然很好，但这种硬性规定逼迫发表文章，只能使学风更为浮泛，学生根本无法集中精力有计划地读书，也很难投入到科研或学位论文的写作当中去。现在许多高校又有“在职博士后”，要求更严，两三年内如果发表不了若干篇“C 刊”论文，就出不了站，这连揠苗助长都算不上，说得难听点儿，这和现在农民种菜养鱼之类，打激素，用催长剂，用大量农药，促其速成，没有什么区别。

也不是年轻人不努力，而国家与高校政策导向，让他们无所适从。我记得 1996 年我毕业的时候，只要是北大博士生，就是没发表一篇文章，用人单位也要，他觉得北大学生我放心。现在不同了，往往北大学生反而吃亏。为什么呢？北大对论文的要求至少中文系不那么严，博士生发表的论文不如外校的多。你看现在博士生找工作的简历吧，能把他们逼疯了。首先，你是否 985、211 高校的本科生，如果王锷兄和我在今天，南师大和北大人事部就把我们的简历撕了，因为西北师大至今非上述高校；第二，有无出国学习与交流的经历，如果没有，在竞争中就处下风，所以在读期间怎么也得出去一趟，其实真的有些同学就是为了简历上的这一行字而出去的，什么也没学到；

第三，有无教学或科研经历，上过什么课，做过什么科研，如果没有，说明你教学与科研能力不行；第四，发表过多少篇论文，有多少“C刊”，多少七差八别等级的刊物，发表一两篇，没有竞争力，无论质量怎么样，越多越好。很多博士生根本凑不齐这些指标，即便凑齐了，他的学位论文也基本是烂篇，因为他心思根本不在论文上，而在如何凑指标上。如果你只有一篇博士学位论文，哪怕写得再好，也没用。这些苛刻无情的硬指标，逼迫年轻人弄虚作假，鼓励他们飘在空中，游来荡去，脚不沾地，现实就是如此的荒谬，将来一定会成为笑谈，比《儒林外史》精彩多了。

经常有学生写信说，漆教授我想报考您的博士生。我就给他们回信，我说今日之北大不是昔日之北大，像漆永祥这样的人到处都是，如果你冲着我来嘛，那没必要。读书是个人的事情，尤其是北大，没有人整天督促你，你来了怎么选自己的题目，怎么读书撰文，完全是你自己的事，当然导师的指导也很重要，导师无非就是你在这条路上走着，他给你看看，你是不是在大路上，钻没钻到胡同里头去。他如果发现你钻到胡同儿里面去了，把你揪出来，或者发现你走岔了，把你给揪到大道上，或者说此路根本就不通，换条道再走。至于具体的写，那肯定你自己写，是吧？你文章怎么写，这得自己操大心啊。所以，导师的指导就是一个引路把关、发踪指示的作用吧。

我也鼓励同学，你做的这个题目你一定是最权威的，因为你看过的资料一定比我多，是吧？你肯定是全世界看这方面材料最多的一个人，那你就要相信自己，就按你的想法来做。尤其是咱们搞文献的，很大的事说出来就变这么小，我们注重材料啊，要拿证据来呀，找了几十万字材料还动不了笔，淹死了，进去就出不来了。所以，既要学会写这种小的考证性的文章，又要学会写思辨性的文章。我能把一件事情说大了，我也能给他捏小了。这是文献专业的学生所缺乏的，所以要有意识地练。不要写小的考据文章条条在理，一旦写义理思辨性的文章就撑不开了，千万不要把自己练成只能写一种文章。尤其你们将来竞争比我们更惨烈，不能只瘸着一条腿走路。各种文体都试试，甚至觉得自己哪个方面不足，有意识的往那方面扭一扭，补一补。这个除了老师给你的点拨之外，你得自己去体会。俗话说“师傅领进门，修行靠个人”，这句话是对的。

说到我自己，惭愧！我这些年对研究生的指导真是不多，我经常说我把学生给误了。天天在开会，在出差，跟学生都见不到面儿，我觉得特别对不起他们。我也在摸索，怎么教学生，好在我这些年带的学生，也都很争气。我经常鼓励他们，要有一鼓作气干到底的劲头。遇到困难要往前推，你绕不开的，必须搬掉石头，前方才有路走。我经常用一个字，叫“顶”，死扛，顶过去。没什么诀窍，没什么捷径，自己咬着牙顶过去就胜利了。趁现在，这几年是你最有时间读书的时候，等你毕业一工作，你试试看，工作压力一大，杂事一多，哪有时间读书。我们当年还不太理解，其实我就是在西北师大读硕士生那三年读了点书，到北大读博士这四年读了点书，工作以后就不成了。时间被切割得七零八落，《汉学师承记笺释》做了十几年的重要原因，就是我的时间全是零碎的，是挤挪出来的。

现在我们说这个所谓名气呢，你说没有吧，好像有多少有那么一点儿，大家都知道你。你看我从今年 9 月起，原来我想中文系的行政工作不干了，高考招生也不干了。从此再没有人给我打电话，我就开始做我的项目，一想到这就美滋滋的。没想到我每周都出来开会，这一排要排到 12 月份去。你就感觉这就是江湖了，一点招儿都没有。所以，你们趁着这个能读书的时间赶紧读点书，就这段时间是整段可以读书的，能读多少是多少。要加油啊！

十八、散文、诗歌与札记创作

王：记得你写了《杀猪》等小说，网络广为流传，你平常喜欢写诗歌，也有不少随笔札记，谈谈这些方面的情况吧。

漆：《杀猪》其实不是小说，是完完全全的生活纪实散文，我只是把当年发生的事原始地忠实地记录下来，甚至没有一星半点的加工。我是个既无兴趣，又兴趣广泛的人，矛盾体。说无兴趣，是读书写字以外，我可能只喜欢登山，就是到风景名胜，别人兴高采烈照相赏景的时候，我也很木然，很少主动地去旅游或者做其他的。小时候喜欢做木活，如果有人带，我可能会是个很好的木匠，现在偶尔到了五金商店，我都喜欢站在斧头锤子锯条之类的工具面前，摸摸这个，看看那个，觉得舒坦。还喜欢体育和音乐，玩过各类体育项目，没有一样玩通的，反而落得一身伤痛，脚断过一次，鼻梁骨断过两次，是个残疾人啊！还吹过口琴、拉过板胡、拉过小提琴、吹过小号，也没有一样玩通的，因为根本没有体育和音乐细胞。我也喜欢演出，有点模仿能力，有表演欲，我想如果有高人指导，从小生活在城市富裕人家，我可能是一个非常好的演员。村里唱秦腔，我喜欢演丑角，如娄阿鼠、穆瓜、赵飞、淘气之类，是我最爱，也能逗得台下观众哈哈大乐。可惜体育、音乐、艺术这些活儿，绝不是一个吃不上饭的穷孩子所能玩的，所以我剩下的就只能是玩读书了。

小学、中学时，喜欢编顺口溜，抄大字报，喜欢照唐人诗模仿，但那完全是瞎写，平仄押韵，通通不懂，光知道四五二十个字就是绝句，类似当下流行的“老干体”。高中时，看到汪曾祺发表的散文，写他的同学，我就想为什么我不能写呢，于是我也写了我的同学寄给杂志社，当然不可能发表。但这种创作的冲动永远是有的，高考语文考砸了，没敢报中文系，但写作梦仍然在，这也是转来转去最后又转回中文系的原始动力。

我第一次写的文字印成铅字发表，是当年看电视剧《渴望》，发了点小感想，写点豆腐块儿，发表在《兰州晚报》上，写的什么内容已经忘记了，但也是莫大的安慰。上学期间，喜欢编杂志，曾编过《史学新苗》，有些空白处，我就写一小篇杂文补白。到留师大工作后，1991 年在《读书》杂志发表了《书籍的困惑与困惑的读书》，是一篇典型的杂文，《读书》那时候的地位是很高的，还有人给我写信，称我为老教授。哈哈！这篇文章得到诸多肯定和鼓励，给了我很大的信心，我至今仍认为是我写得比较好的杂文。后来读清代学者的考据文章，把我害苦坑惨了，整个文风都变了，没有别样文采和欢快轻松的气息了，所以读《诗》《骚》《庄》《列》，读陶、谢、李、杜，和读许、郑、惠、戴，会给你完全不同的感觉，也会形成完全不同的写作方式，从某种程度上说，读清人书，断了我一条好路子。

现在偶尔有友朋说漆永祥的文字还有点特色，有人说我“把痛苦当成幽默来写”，说你受了什么影响。后来我想想，可能和传统戏剧对我的影响有关，因为戏剧的特点是没有废话，哪有剧本里有废话的？还得好玩有趣才行，我中小学期间背了几十本剧本，戏曲文字对我可能产生了不小的影响，所以我的文字相对而言，有生活气息，接地气不死板吧。

工作以后，忙于生计，为斗米折腰，哪有心思写这些东西。近些年有点儿年纪了，老态初显，开始喜欢回忆，越是吃不饱穿不暖的过去，让我越想念越难忘，就在偶得闲暇时写些散文和游记。大概可以分三类：一类是纯粹自己生活的回忆，如《杀猪》《我的太爷老师》《我的小学生活》《我的三驴班长》《吊儿啷当上高中》《筒子楼杂忆》以及今年刚写的《隐耀在旧文科楼里的母校恩泽》等等，从小学一直写到大学，能出个小集子，我给取了个书名叫《五更盘道奈何天》。"五更盘道"是西北歌谣，声调凄苦，传说是秦始皇焚书坑儒时，将儒生埋了以后，让人赶着牛拉着碌础在上面碾压，所以声音悲怆苍凉。歌词唱一个在外流浪的生意人，五更时还在路上，寒风刺骨，思家心切，很有点儿像我的经历，虽然我不经商。一类是《韩国大学与大学生活》《韩国游记名胜》等，曾在《传记文学》连载，大都收到《韩国旅游锦囊》中了。再就是学术类杂文，如《书籍的困惑与困惑的读书》《著书与焚书》《"〈金石录〉十卷人家"藏印》《杨慎与丹铅录》等，有些曾在香港《大公报》连载，还有一些尝试用古文写的序跋、信札与游戏文字，如果有可能，将来也可整理成册，但这都是微不足道的，有没有都不要紧的。

今年过年期间，我曾经在微信中连续写我的老家漆家山，后来起了个题目叫《何处是归魂——漆家山 50 年村史》。这是一直以来想写的，从我出生算起正好 50 年，写 50 年的人事沧桑与自然环境，我想用一种纪传与编年的变体，写这个村子 50 年的历史，原原本本，照实写出。也许今天没人看没意思，但 200 年后可能就是一部信史，因为漆家山这样的村子在全中国成千上万，既无闻人，又无名产，日渐崩塌，自生自灭，将来的人要研究这样的村落，我的书就是第一手可信的资料，可能比正史更可靠。

我们过去批判一种史学观，就是所谓"帝王将相史"，或者说"历史是由胜利者书写的"，其实也有其部分的道理，你看看"二十四史"，难道不是帝王将相史吗？哪部史书中为一个无名的农民立传？正因为这样，司马迁列陈涉为世家，我们才感佩他是伟大的史学家。抛开正史不谈，就是方志中，也没多少凡人的故事，志书中所立人物传记，也都是当时当地赫赫有名的人物。就专名志而言，有《西湖志》

《泰山志》之类，像我的家乡漆家山这样的小山村，亘古以来，从来没有村志以记其事。这正是我们现在中国历史最大的缺憾，试想今天如果有一个宋代的南方或者北方寂寂无名的村落的历史，被人完整地记录下来，那会是一种什么样的奇迹，恐怕会在史学界引起震动的。

所以，我是学历史出身的，我觉得漆家山这个小山村，虽然现在有一半人迁往新疆，已经破败得不像样子，但如果我将这 50 年的历史如实地记录下来，就可以做到村可亡而史不可亡，就会给后世留下一段信史。所以，我说我写的这个村史，是给 200 年后的人写的，所以今天没人看也不打紧。也有可能将来的人在研究这本小册子的时候，查了无数的资料，也只能在“漆永祥”的传记材料里面写，“生卒籍贯及其事迹无考”，那我也非常高兴，太有阿 Q 精神了。哈哈!

写诗一是喜欢，一是闹着玩儿。咱们北方人写诗，真的不成。诗是要讲“性灵”的，考据学家最反对这个词，当年惠栋他们跟袁枚吵架，就是因为袁枚提倡“性灵”，所谓“随园弟子半天下，提笔人人讲性情”。诗就是江南水乡的人写的，北方清代的王渔阳，大文豪了，南方人都看不起，何况我们西北的李梦阳，评价更低。所以，我很知趣，不是一个钟灵毓秀细致入微的人，写不出好诗，但我写的都是纪实之作，我冠以“竹枝词”，也就介于顺口溜与“老干体”之间，给自己遮个羞，诗家看了会笑掉大牙的。我前后也写了一大堆，有的在北大中文系学生刊物《北社》刊登过，有些就不敢拿出来晒。至于填词，我从来不沾这个，词更讲求声律，更细密，也更不好玩，咱就别怎么丑怎么丢人显眼怎么来了。

写小说的心，时时都有，终究没有尝试。也许如果我退休了，那时身体还好，心态还行，我可能会尝试写点小说、相声之类，只是在当下，既无时间也无心思，寄望将来吧。

十九、师友渊源与交往

王：我们都从农村出来，自己打拼，非常不容易，这么多年想来你也得到诸多师友的关照提携，才得以发展到现在的样子，谈谈这方面的情况。

漆：我已经五十岁了，该是知天命之年了，但仍然感觉自己很无知很困惑，实在是惭愧至极。从上学的那天起，拼尽了家中老小的气力，受到无数亲友、师长、同学的热心相助，才使我在吃百家饭穿百衲衣的困境中走了出来。我似乎吃了诸多的苦头，但我也曾经说过，在20世纪的中国，有老红军、老八路、老志愿军，有蹲过牛棚的老教授，上山下乡的老知青。与他们相比，我呼天抢地、呜呜不平的这点所谓苦难，不过是蚊声过耳而已。

我今生最该感谢的是我的两位恩师：李庆善先生与孙钦善先生，前面已经谈到了。兰州我的师母张淡云先生九十多岁了，尚康强无恙，每次回去我拜望老人家，她总是问长问短，甚至还挂记着我侄女儿高考的事，从兰州打电话来询问成绩如何。每见一次，师母都说下次就见不到你了，然后像大归前的永别似的，泪汪汪地看着我走，让我不忍转过身去。今年六月招生结束后，她特意把一儿一女两位李老师叫来，我们在兰州景阳楼一起吃了顿饭。老人家刚强得很，上台阶不要人扶，我想她一定会健康长寿的！

西北师大教我成长，授我以渔的师长们，前面已谈到了。到了北大，我还旁听过不少中文、历史、哲学系的课程，如汤一介、田余庆、裘锡圭、袁行霈、王福堂等先生的课，都获益良多。做《全宋诗》以及后来，陈新先生对我的教益最大，从他那里学到如何真正做古籍整理，以及细心认真的态度和严谨求实的学风，我的《汉学师承记笺释》等几种书，都请陈先生审过一遍，才敢拿出来示人。博士论文撰写与答辩期间，得到陈铁民、王俊义、安平秋、杨忠、黄爱平、张衍田诸先生的热情指导，并给予我很高的评价和鼓励。

老辈先生中，像已故南开大学来新夏先生，对我多有耳提面命。有次在香山开会，我曾提到方志不可信，来先生不大同意，他是方志研究大家，但只是在他房间很温和地给我谈方志的重要性，也承蒙来先生抬爱给我写过书评，谬奖有加。

又如黄永年先生，我做《汉学师承记笺释》，有些藏书印认不出来，曾请黄先生指教，他还赐我《清代版本图录》。黄先生在学界以直言不避、嫉恶如仇著称，我戏问他北大如何，他说北大稍好点儿，至少骗人也得拿“学问”两个字骗。我带学生到西安实习，他家里养两只猫，有一只猫专吃金枪鱼味的猫粮，西安没有，我们去都给他背两袋。我请他讲关中文化，他摇摇头说：这个地方是没有文化的。他在陕西呆了一辈子，死看不起陕西。他给北大学生讲课说：四十岁以下的人写的书，你们就不要看。我当时还不到四十岁，就说：听黄先生训示，我的书就不要看了。他瞄了我一眼说：他的书还可以翻一翻。呵呵！太好玩的一个老头。《笺释》出版后，我寄去请黄先生赐正，他给公子寿成说：有本书必定要参考的，但漆永祥没引用到。后来我见了寿成兄问是什么书，寿成兄说忘记了。本来想有机会到西安了再请教黄先生，没曾想翻过年，先生就遽归道山了。

白化文先生流略四部，博杂深通，又是掌故大家，讲课聊天妙语横生，对我颇有影响，为我这么一个晚辈后学撰写书评，提携有加。严绍璗先生也是位掌故库府，非常关心我，我做《燕行录》缺乏资料，借他的《燕行录全集日本所藏编》，他说我很少用，送给你得了。

像山大的董治安先生、刘晓东先生，武汉大学宗福邦先生等，都给过我具体指导，我博士论文评议时，曾在论文中夹了一张《正误表》，宗先生来信说，里边还有不少错讹字，可见先生真是认真辱目看了。

又如戴逸先生，在我们申请《清人文集篇目分类索引全编》项目时，我曾当面向他汇报，我当时比较激动，说可能这个项目要花很长时间，我现在还是个副教授，哪怕我升不了教授，也要完成这个项目。戴先生听后，也直着身子激动地说：年轻人有这决心，有志气，一定要支持！这才有了这个项目的。

中华书局编审崔文印先生，满脸笑容，因为耳背，跟他说话就像吵架。1994 年前后，有次和先生闲聊，我提到我的太老师金少英先生和业师李庆善先生所编校的《大金吊伐录校补》稿，已经在中华书局搁了很长时间了，金先生早已故去，现在李先生有严重的肺心病，不知李先生在世时，这书能不能印出来。崔先生就积极协调，将书稿转至他手中，亲自任该书责任编辑，让我非常感动。虽然由于各种原因，书出版时李先生也已经过世，但如果没有崔先生，这部书稿的出版恐怕还要被搁置一些年呢。

南开大学原副校长陈洪教授，乐善幽默，给我们调研“大学国文”课程等方面，给予了很大的支持。在教育部教支委的工作中，也经常得到陈先生的指教。

上世纪 90 年代末，我曾到台湾“中研院”文哲所参会，第一次与林庆彰、蒋秋华、杨晋龙、张寿安等先生相识，另如叶国良、黄沛荣与林玫仪、张素卿、赖贵三等先生，或多有提携，或过往从密。去台前在香港中环办旅台证，把眼镜碰碎了，林先生让助教带着我配了新眼镜，那时我刚工作，身无分文，我也不知道台币和人民币的兑换率是多少，很可能这钱就是林先生垫付的。

陈鸿森先生也是那次会上初识，他评议我的文章，毫不客气。会后他请我吃海鲜，他第一次来大陆，我陪他去西安，我俩坐三轮车赶火车，可是委屈他了。近些年他来北京，我要么在开会，要么在出差，都碰不上面。陈先生已经退休，渐渐来的次数也少了，我也很少去台湾，这样和台湾的师友来往也就淡了。

我不是个主动和别人结交的人，同辈学友中，在大陆学术界往来的，如果模仿微信群的话，按时间顺序，可以分成五个群：一个是我初高中时代的同学，一个是本科与硕士期间在西北师大的朋友们，一个是在北大求学期间的同学，一个是工作以后的学术界各方友朋，一个是中学语文学界的道友们。

我高中上了五年，前后“二进宫”，在漳县有两批同学。我上大学第一个月交的 30 斤粮票，是待我极厚的兄长王耀州兄给的，他那时已经在城关公社工作了，在我本科期间给了我太多的帮扶。像张建成、蔡爱林、高建荣、梁建明、郭强、陈荣、边疆、李满存、张永忠等一帮兄弟，我十八岁就离开老家在外面漂，可父母兄弟一家七口都在老家，家中大情小事，都是这帮弟兄罩着，不然有时就寸步难行。我每次回去，好吃好喝，车接车送，大家都把我当成个物什，人五人六的。我对他们了无果报，有负兄弟们太多了。

西北师大是我的根据地，我在兰州前后十年，从十八岁到二十八岁，人生最好的年华啊，是在师大度过的。亦师亦友的如魏明孔、李华瑞、贾允河、伏俊琏、刘进宝、胡小鹏、田澍、王锷、张兵、黄正林，以及我同宿舍的朱红亮、赵忠祥、杨思信，我的同班哥们马克林、谈振好、黄兆宏和兰州的一帮兄弟，至今都关系融洽，我一回到兰州，就有回家的感觉。

北大读博期间，我们有幸住在静园四院，据说当时法律系腾出四院后，多家单位都想搬到那里，结果学校摆不平，最后索性就做了一届博士生宿舍。我住 101 室，是南边靠球场那排最里面的一间，房间比较大，所以住了广西黄凤显、重庆尹国均和我。当时中文系孔庆东、臧力、史成芳，历史系李万生、黄春高、韩久根，法律系黄河、李汉军、孙国瑞，数学系阎卫平、王福正等。因为我们住在四院嘛，我们就自尊为“院士”，别人称我们为“和尚”，毕业造通讯录，我还写过一篇《四院院士名录序》呢。大家一起吃饭，一起打牌，一起看球，又一起打球，我经常负责给大家占球场，度过了非常愉快的三年时光。

在北大工作已经整整二十年了，在中文系和古文献专业，和同仁相处融洽，气氛非常好，适合我这种懒散无纪律的人生存。做中文系行政工作前后八年，我至今也不知道陈平原教授为什么当初选择我来配合他的工作，接平原君的是陈跃红教授，在两届系主任领导下做牛马走，我能力有限，但脾气不好，两届班子成员，都对我很包容，很支持。我自己做得不够好，但也是兢兢业业，如孟子所言“尽心焉耳矣”。

学术界交往的朋友们，基本都在中文、历史行当内和各大图书馆。如果说在各方面对我有诸多帮扶，年纪稍大于我或同龄人中，像华东师大严佐之，复旦大学吴格，上海图书馆陈先行，上海古籍出版社王兴康，南京大学张伯伟、武秀成，南京图书馆徐忆农，贵校赵生群、江庆柏、陈敏杰，南开大学赵伯雄、孙卫国，南昌大学王德保、程水金、段晓华、文师华，浙江大学张涌泉、陶然，中山大学黄仕忠，福州大学施晓宇，山东大学王学典、杜泽逊、王承略，湖南大学吴仰湘，武汉大学骆瑞鹤、于亭、司马朝军，安徽大学杨应芹、徐道彬，东北师大曹书杰，陕师大贾二强、黄寿成，扬州大学陈文和、田汉云、刘建臻，中华书局徐俊、顾青、俞国林、刘彦捷，中国国家图书馆张廷银、孙学雷，中国科学院图书馆罗琳，清华大学图书馆冯立升、刘蔷，故宫博物院图书馆朱赛虹，首都图书馆刘乃英，天津图书馆李国庆等。或执简请教，或疑义相析，或直言讹错，或借阅古籍，没有他们的护佑与助力，我的那些书稿大概是很难完成也很难出版的。还有很多师友，挂一漏万，不能一一道来了。

而隔三岔五碰面聊天的兄弟，山大杜泽逊兄和王锷兄相对多些，尤其近几年，我每年总要跑山大好几趟。每次见面，都能胡拉八扯，谈到个大半夜，郁闷之气，顿为舒展。我曾和杜兄戏谑相约，仿效古人，谁先报销，后死者要给先行者写墓志铭，现在不兴墓志了，写篇传记也成，我对长寿没有信心，一定是他给我写。呵呵！

由于工作的关系，和兄弟院校如清华刘石、北师大过常宝、复旦陈引驰、华东师大谭帆、南大徐兴无、南开沈立岩、武大赵世举与涂险峰、中大李炜、厦大李无未、山大郑春、兰大古世仓、陕西师大张新科、山西大学刘毓庆与郭万金师徒等各位院长与系主任，也多有来往，亦师亦友，诸贤不以我为固陋，得以随其踵后，浸兰薰香，也是难得的愉悦。

近十余年来，在中学语文学界，也交了一批志同道合的朋友，无论下中学，做招生宣传，还是高考阅卷等，都少不得他们的大力支持，朋友们太多，我就不一一提名了。

二十、未来与目标

王：今后在科研方面，有没有什么目标，或者将来有没有更大的科研计划？

漆：你说的这个，我可没那么大志向。前段时间，我到杜泽逊兄的“校经处”，和他的弟子们闲谈，也有同学问我，说漆老师你研究的宏伟计划与目标是什么？我说：孩子啊！你吓我一跳。我哪有什么宏伟的计划，你们杜老师整理“十三经”，这才是宏伟计划。我有的只是随路而行，随遇而安罢了。从来没有远虑，而多近忧。从踏入学术圈子以来，所做都是在大环境裹挟下的适应与挣扎罢了。目前先把手头的项目，想办法完成了；再有就是刚才说过的，想写一部厚实有用的《清代考据学史》。还有一点就是我一直觉得中国传统学问的根底在先秦，应该深入全面地研究一部先秦两汉的著作，或经或史或子皆可，我做了下游，再尝试做一下上游，那才是真正的根柢之学。但无论如何，除非逼不得已，大项目我是不愿意再做了，太累太伤人了。自己能做多少就做多少，慢慢往前拱吧。这都是一时之思，认不得真的。呵呵！

我们很幸运，生活在一个相对和平的时代，没有战火兵燹、骨肉乱离；但我们又很不幸，生活在一个人文学科积衰的时代。现在有人提倡“国学”，或者说“传统文化”，认为唯有此法方能救国理政，解纷治乱；有人则坚决反对，认为是给僵尸唤魂，无补于世。我觉得两种提法都太过极端，所谓“过犹不及”。中国传统学术及治国之略，都已经几乎被全盘西化所取代，这其中有必然性，也有偶然性，今天想再闭关锁国，独立自乐，是不可能的，只能随世界步伐前行。但我想既然数千年来中国人能够在这个险恶多变的世上生存至今，那么“祖宗之法”一定是起过大作用，而且将来也一定能起到作用的，我坚信这一点。

拿我个人来说，来自深山老林，常为生活所迫，不能一心专力于学；先后天都条件有限，外语水平极差，不能读西人书，也未出国留学，沐浴西风；又不嗜仙道，不通佛理，清季俞正燮说乾嘉时没有大学问家，原因就是考据学家不通佛学，这话有部分的道理。所以说呢，我不过是个志大才疏、眼小识暗的残次品而已。在今天全球化时代，显然是一个落伍者，而不是“预流”者，唯一能做的也就是整理几部古籍，守先人典册，并冀望于后人，同时尽可能做些为国家社会服务的工作。我们对明末清初顾炎武的评价至高，捧在神坛，但炎武本人，给自己的定位是“白首穷经，使天假之年，不过一伏生而已”。他给弟子潘耒的诗中也说，愿望是“儿从死父传楹语，帝遣生徒受壁经”，也说自己只不过是晏子传书、伏生授经罢了。堂堂顾亭林尚且如此，何况小小如我！

在如今学会林立，山头高矗，有帮有派的学术界，我几乎是个三无人员，曾经是历史文献学会会员，但也多年不参加年会了。所谓贤者不亲，能者不近。我是一个懒散愚拙的人，不太愿意主动和人打交道，交往的师友不是越来越多，而是越来越少。逢迎奉上，随世百变，更是万般不能。我给自己的定位，就是古代一个流浪京城、坷碟不平的落魄读书人而已。昔年崔东壁有联曰：“传僻书痴，甘把逢迎输俊杰；敝衣粗食，得无冻馁即神仙。”这也算是我自己的写照吧。

王：刚才漆老师讲了，你们的条件比我们好，但是有一个麻烦，就是现在的学生受干扰比我们那时候多，另外一个就是想法也相对多一些，都会受到影响。漆永祥听李老师话，他做乾嘉考据学这一块，后来到北大接着做。做的时候也不知道会做成什么样，现在他那个乾嘉考据学的著作，真的到目前你找不到替代他的书。他做《汉学师承记笺释》时，我到北大去看他，他在那弄得很辛苦，但是那一本书，带出多少东西来！到韩国去，《燕行录》是一个消遣的东西，又消遣出这么多东西来。所以，和我们做古籍整理一样，老师让你做事，你会问做完会怎么样。我也不知道，做着看。做一做，看的东西多了，你自然会把脑子里的知识点连成一条线，连成一个面。一大片东西整个都通了，什么时候通，我也不知道。人的这个轨迹也很难说。你说他是做什么的，他做高考，做《燕行录》，做乾嘉考据学，谁知道他干嘛的？我们熟嘛，了解他是干嘛的。但是不管哪一块，就这几块在国内都做得很有影响。做任何事，都要认真，平时要下功夫，轻易不要改变，难就难，往前爬。泰山高，难爬吗？当然难爬，你鼓着一股气，爬到顶就到顶了，爬到中间时候你觉得爬不上去，不想爬了，那你永远到不了顶。就像孔夫子说的："譬如为山，未成一篑，止，吾止也；譬如平地，虽覆一篑，进，吾往也。"道理是一样的。

漆老师上午开会，下午报告，晚上接受采访，已经非常辛苦了！我代表学礼堂谢谢你！

漆先生为学礼堂题字

2016 年 11 月 5 日，王锷老师于桂香书屋采访漆永祥先生，访谈稿由瞿林江、井超、李学辰、刘晓咏、陶晓婷、李猛元、曹晋婷、侯婕、董政、吕梁、王少帅整理，已经漆先生、王老师审定。